निबन्ध

ढलान से उतरते हुए

लेखक की कृतियाँ

कहानी-संग्रह
परिन्दे (1959), जलती झाड़ी (1965), पिछली गर्मियों में (1968), बीच बहस में (1973), कव्वे और काला पानी (1983), प्रतिनिधि कहानियाँ (1988), सूखा तथा अन्य कहानियाँ (1995), थिगलियाँ (2024)

उपन्यास
वे दिन (1964), लाल टीन की छत (1974), एक चिथड़ा सुख (1979), रात का रिपोर्टर (1989), अन्तिम अरण्य (2000)

यात्रा-संस्मरण/डायरी
चीड़ों पर चाँदनी (1963), हर बारिश में (1970), धुंध से उठती धुन (1997)

निबन्ध/व्याख्यान
शब्द और स्मृति (1976), कला का जोखिम (1981), ढलान से उतरते हुए (1985), भारत और यूरोप : प्रतिश्रुति के क्षेत्र (1991), इतिहास स्मृति आकांक्षा (1991), शताब्दी के ढलते वर्षों में (संचयन, 1995), दूसरे शब्दों में (1997), आदि, अन्त और आरम्भ (2001), साहित्य का आत्म-सत्य (2006), सर्जना पथ के सहयात्री (2006)

नाटक
तीन एकान्त (1976)

अनुवाद
पराजय : अलेक्सांद्र फेदेयेव (1954), बचपन : टॉल्स्टॉय (1954), कुप्रिन की कहानियाँ : अलेक्सांद्र कुप्रिन (1955), रोमियो जूलियट और अँधेरा : यान ओत्चानाशेक (1964), खेल-खेल में : चेक कहानियाँ (1966), इतने बड़े धब्बे : चेक कहानियाँ (1966), झोंपड़ीवाले और अन्य कहानियाँ : मिहाइल सदौवेन्यु (1966), कारेल चापेक की कहानियाँ (1966), बाहर और परे : इर्षी फ्रीड (1967), आर.यू.आर. : कारेल चापेक (1972), एमेके : एक गाथा : जोसेफ़ श्कवोरेस्की (1973)

पत्र
प्रिय राम, प्रिय निर्मल (2006), देहरी पर पत्र (2009), चिट्ठियों के दिन (2009)

साक्षात्कार
संसार में निर्मल वर्मा (2006)

संचयन
दूसरी दुनिया (1978)

ढलान से उतरते हुए

निर्मल वर्मा

राजकमल पेपरबैक्स

पहला **राजकमल** संस्करण 1985 में प्रकाशित

राजकमल पेपरबैक्स में
पहला संस्करण : मई, 2024

राजकमल पेपरबैक्स : उत्कृष्ट साहित्य के जनसुलभ संस्करण

राजकमल प्रकाशन प्रा. लि.
1-बी, नेताजी सुभाष मार्ग, दरियागंज
नई दिल्ली-110 002
द्वारा प्रकाशित

शाखाएँ : अशोक राजपथ, साइंस कॉलेज के सामने, पटना-800 006
पहली मंजिल, दरबारी बिल्डिंग, महात्मा गांधी मार्ग, प्रयागराज-211 001
1, अनमोल सोराबजी सन्तुक लेन, मरीन लाइंस, मुम्बई-400002

वेबसाइट : www.rajkamalprakashan.com
ई-मेल : info@rajkamalprakashan.com

विकास कंप्यूटर एंड प्रिंटर्स
ट्रॉनिका सिटी-201 102
द्वारा मुद्रित

मूल्य : ₹350

DHALAN SE UTARATE HUE
Essays by Nirmal Verma

ISBN : 978-93-6086-776-8

Axioms in philosophy are not axioms until they are proved upon our pulses...until we are sick, we understand not.

—**John Keats** *(अपने एक पत्र में)*

क्रम

भूमिका

इस पुस्तक के निबन्ध पिछले कुछ वर्षों के दौरान समय-समय पर स्वतंत्र रूप से लिखे गए थे। कुछ ऐसे विषय जो बरसों से मुझे उकसाए रहते थे—कहानी का विशिष्ट क्षेत्र कविता से कितना अलग है, उपन्यास से कितना दूर है? हिन्दी आलोचना के प्रति गहरा असन्तोष, काल और कला के बीच अन्तर्द्वंद्वी सम्बन्ध, एक आधुनिक भारतीय का अपनी संस्कृति से लगाव और अलगाव—ये कुछ ऐसे प्रश्न थे, जिन्हें मैं अपने से पूछना चाहता था। किन्तु इसके साथ यह भी इच्छा थी कि जिन विषयों को मैंने बहुत झिझकते हुए अपनी पुरानी दो किताबों ('शब्द और स्मृति' और 'कला का जोखिम') में छुआ-भर था, उन्हें अधिक ठोस और व्यापक फ़लक पर जाँच-परख सकूँ। वास्तव में यह पुस्तक उस चिन्तन-शृंखला की तीसरी और अन्तिम कड़ी है, जिनके बीज और संकेत पिछली दो पुस्तकों में दिखाई दे जाते हैं। एक तरह से सिंगरौली की यात्रा भी उस 'तीर्थयात्रा' की अँधेरी परिणति है, जिसकी शुरुआत इलाहाबाद के कुम्भ मेले में हुई थी।

यद्यपि इस पुस्तक की तैयारी किसी विशेष विषय या थीम के इर्द-गिर्द नहीं की गई, इसके निबन्ध अपने को सहज रूप से तीन खंडों में विभाजित कर लेते हैं; एक तरफ़ हमारी कला का परिवेश है, जो (दूसरे खंड में) हमें अनायास स्वयं इस परिवेश की स्थिति—मनुष्य की अवस्था—की पड़ताल करने को उत्प्रेरित करता है; किन्तु वह 'मन' क्या है, जहाँ से ये दोनों अपना मूलभूत चरित्र, स्वभाव और आग्रह ग्रहण करते हैं? इसका उत्तर देने के लिए मैंने अन्तिम खंड में अपनी डायरी के कुछ अंश देने उपयुक्त समझे, जिन्हें मैं समय-समय 'रास्ते पर' जमा करता रहता हूँ। पता नहीं, दूसरों के लिए वे कितना मतलब रखेंगे!

कहानियाँ अकेले में लिखी जा सकती हैं, किन्तु शायद निबन्ध नहीं। यह पुस्तक असम्भव होती, यदि मैं पिछले वर्षों बराबर एक जीवन्त, स्फूर्तिदायक और कभी-कभी काफ़ी कड़वी बहस के बीच न रहता; इसलिए मैं सिर्फ़ उन स्थानों के प्रति ही ऋणी नहीं हूँ, जहाँ मुझे इनमें से अनेक निबन्ध लिखने की प्रेरणा मिली (भोपाल, दिल्ली, पंचमढ़ी) बल्कि उन मित्रों के प्रति भी गहरा आभार महसूस करता हूँ—जे. स्वामीनाथन, रामचन्द्र गांधी, जीत ओबेरॉय—जिनकी गहन और पैनी अन्तर्दृष्टि, समग्र जीवन दृष्टि पर आग्रह और भारतीय मनीषा के प्रति आस्था मेरे लिए हमेशा बौद्धिक उत्तेजना और प्रेरणा के स्रोत रहे हैं।

मेरी इच्छा तो यह थी कि यहाँ मैं उन लेखकों और पुस्तकों का भी उल्लेख करूँ, जिन्होंने इन निबन्धों को लिखने के दौरान अनेक दुर्गम-स्थलों के बीच मुझे रास्ता सुझाया है, किन्तु उनकी सूची इतनी लम्बी है कि सबका उल्लेख करने के बाद भी मेरा आभार पूरा नहीं होगा; वे अदृश्य रूप से पुस्तक के हर पन्ने पर मौजूद हैं। शायद सबसे बड़ा आभार यह है कि हम यह भी भूल जाएँ कि कौन-सा विचार हमारा 'अपना' है, कौन-सा कितना दूसरों से ग्रहण किया हुआ।

सिर्फ़ यह याद रखना ज़रूरी है कि मेरी ग़लतियों और कमज़ोरियों में उनका कोई साझा नहीं, जिन्होंने अपनी बातचीत, अपने लेखन और अपनी उपस्थिति से इस पुस्तक को सम्भव बनाया है।

—निर्मल वर्मा

स्वतंत्रता-दिवस
15 अगस्त, 1985

काल और कलाकृति

काल और सृजन

भोपाल में एक परिचर्चा हुई थी—'काल और सृजन' पर। परिचर्चा के दौरान मेरे भीतर अनेक जिज्ञासाएँ और शंकाएँ उठी थीं, लेकिन दो दिन की बातचीत में उन्हें ठीक-ठीक शब्दों में निरूपित करना सम्भव नहीं था। बाद में मैंने कुछ नोट्स तैयार किये, जो काफ़ी विशृंखलित और अधूरे हैं—उन्हें किसी भी अर्थ में परिचर्चा पर एक निष्कर्षात्मक टिप्पणी के रूप में नहीं लिया जाए।

शायद इस विषय को चुनने के पीछे कहीं हमारे भीतर एक त्रास मौजूद था—इतिहास और समय के प्रति त्रास। क्या हम मनुष्य के भीतर बहनेवाली सृजन धारा को इतिहास के दावों और दबावों से मुक्त रख सकते हैं—

या यह सिर्फ़ एक आदर्शवादी लालसा और स्वप्न है? यहाँ मैं उन फ़ॉर्मूलों और फ़ैशनों की बात नहीं कर रहा, जो कुछ देर के लिए भले ही कला को कलुषित कर लें, हम जल्दी ही उनके मोह और आतंक से छुटकारा पा लेते हैं। स्वयं कला—कला का सत्य—हमें उसके आवरण से मुक्त करवा लेता है। स्वयं हमारी प्यास और कला की सम्पूर्ति एक बिन्दु पर एकीकृत हो जाते हैं। लेकिन यह त्रास जाता नहीं, कुछ देर के लिए अपने को छिपा लेता है और फिर दुबारा आता है—एक-दूसरे वेश में, एक दूसरी माँग लिए...।

इस बार उसकी माँग में धमकी नहीं है—वह कला से यह नहीं कहता कि तुम्हें सार्थक होने के लिए इतिहास के आगे घुटने टेकना होगा; वह कला से सिर्फ़ यह पूछता है, कि अगर तुम्हें समय की कलुष से इतना डर है, तो तुम किसी 'परम और शाश्वत सत्य' की ओर क्यों नहीं मुड़तीं? अगर मैं झूठ और नश्वर हूँ (इतिहास कहता है) तो तुम किसी प्लेटो के 'प्राइमल आइडिया', किसी ऐसे सम्पूर्ण सत्य की ओर क्यों नहीं जातीं, जो शायद सृष्टि के समूचे कारोबार, कार्यकलाप, ऐतिहासिक परिवर्तनों के पीछे छिपा रहता है—अटल, अद्वैत, एब्सेल्यूट—उसमें न समय की गन्दगी है, न इतिहास का आतंक : क्यों नहीं कला अपनी सार्थकता किसी परम और पवित्र सत्य में ढूँढ़ती? क्यों उसमें रमती है? जो रूप है, बाध्य का यथार्थ है, माया है—क्यों नहीं इस माया को भेद कर उस 'परम' को पकड़ती, जो हर परिवर्तन और विकृति से परे है?

इतिहास के विरुद्ध 'परम' का यह नियंत्रण कम आकर्षक नहीं है। एक बार जीवन की नश्वरता, अनुभवों की अराजक-अर्थहीनता जान लेने के बाद यह प्रलोभन और भी अधिक बढ़ जाता है कि हम समय और जीवन की सीमाओं का अतिक्रमण करनेवाले किसी ऐसे 'परम सूत्र' को पा सकें, जो न केवल हमारे जीवन को कोई अर्थवत्ता दे सके, बल्कि हमारे सृजनात्मक कर्म की चरम उपलब्धि—कला—को

कोई स्थायी मूल्य, कोई नैतिक वैधता प्रदान कर सके। वे लोग भी जो कला के मूल्यांकन के लिए किसी भी आइडियोलॉजी को अप्रासंगिक मानते हैं, क्योंकि समयबद्ध होने के कारण वह कला के शाश्वत भेद को नहीं खोल सकती, चुपचाप किसी परम सत्य के आलोक मंडल को स्वीकार कर लेते हैं। क्या परम की सत्ता आइडियोलॉजी के शासन से कम आततायी है? क्या कोई ऐसा शाश्वत सत्य है—अद्वैत के दर्शन से लेकर वर्ग-संघर्ष के सिद्धान्त तक—जो कला के अभेद्य सत्य—गोएटे के शब्दों में कहें तो उसके 'प्रत्यक्ष रहस्य' को खोल सकती है?

एक लम्बे अरसे से पश्चिम में समय और इतिहास के प्रति एक सशंकित और पीड़ित दुविधा का भाव रहा है : वह 'चीज़' जो हमेशा बदलती है, दुनिया को बदलती है, किसी अन्तिम, चरम बिन्दु की ओर अग्रसर होती है—क्या इतिहास की उस सतत—परिवर्तनशील प्रक्रिया में हम कलाकृति की कोई सार्थक, विश्वसनीय कसौटी ढूँढ़ सकते हैं? कला, जो परिवर्तन के विपरीत, एक स्थिर और चिरन्तन विश्वास पर टिके रहने की चेष्टा है, क्या अपने सत्य का रेफ़रेंस किसी ऐसे मूल्य में खोज सकती है, जो स्वयं इतिहास से उपजा है, और कभी भी मृत, और अप्रासंगिक हो सकता है? शायद इसी विडम्बना से बचने के लिए पश्चिम का आधुनिक कलाकार बाह्य-जगत् के यथार्थ के समानान्तर अपनी रचना करता है, जिसे हम 'नियो-रियलिज़्म' (नव-यथार्थवाद) का नाम दे सकते हैं, या दूसरे चरम पर जाकर वह बाह्य यथार्थ को सम्पूर्ण रूप से ठुकरा अपनी कृति का रेफ़रेंस अपने भीतर, अपने अहं और ईगो के संसार में ही पाता है क्योंकि—अपने में से अधिक इस दुनिया में और कौन-सी चीज़, नैतिकता, मूल्य या यथार्थ विश्वसनीय और प्रामाणिक हो सकता है? क्या दोनों ही स्थितियों में कला का अवमूल्यन नहीं होता? कलाकार के अहं और इतिहास, दोनों के बीच फँसकर क्या कोई भी कलाकृति अकिंचन, क्षुद्र और मूल्यहीन नहीं हो जाती?

अहम-त्रस्त कला और कला में सोशलरियलिज़्म—ऊपर से देखने पर दोनों एक-दूसरे के विरोधी जान पड़ते हैं—किन्तु क्या वे दोनों कला की अद्वैत और अखंडित सत्ता को ठुकराकर नहीं चलते?

लेकिन 'अहं' का एक वृहत्तर और समग्र रूप है—जिसे हम 'सेल्फ़' या 'आत्मन्' कह सकते हैं और यह संसार का विरोधी, प्रतिद्वंद्वी तत्त्व नहीं है : यह अपने सत्य में उस 'परम' का ही अणु है, जो सामाजिक यथार्थ से कहीं ज़्यादा व्यापक और सार्वभौमिक है—जिसमें समूची प्रकृति, जीव-संसार, समय और इतिहास की धारणाएँ शामिल हैं। भारत में महान् कला के ऐसे क्षण आए हैं, जब कलाकार इस आत्म और उस परम के बीच एक जीवन्त सम्बन्ध और सन्तुलन कायम करता है—लेकिन ऐसा भी होता है कि हम अपने भीतर के 'मैं' को अकिंचन मानकर जीवन का समूचा सत्य 'परम' को समर्पित कर देते हैं—क्या इससे कला अपने उच्चतम गौरव से स्खलित नहीं होती? यदि पश्चिम में मनुष्य के भीतर शताब्दियों से इतिहास के प्रति आतंक-भाव रहा है, तो क्या पूर्व में—विशेष कर भारत में—शाश्वत के प्रति एक अगाध सम्मोहन नहीं रहा है, परम सत्य के प्रति सम्मोहन, जो अहं की सफ़रिंग और नश्वरता से मुक्त है, जो अपने में अखंडित है, अटल है, एब्सेल्यूट है। इससे हम कला को इतिहास के आतंक से तो मुक्त रख पाए, किन्तु क्या परम के प्रति इस पूजा-भाव ने हमारी कला को एक अमूर्त और अवायवी 'दर्शन' का ही आनुषंगिक अंग नहीं बना दिया, जहाँ शाश्वत की स्थिरता तो है, अहं का आवेग नहीं? कला के लिए नश्वरता का भय उतना ही संहारी हो सकता है, जितना शाश्वत का सम्मोहन। कला उसकी कोई मदद नहीं कर सकती जो इतिहास से संत्रस्त है, किन्तु जिसने 'परम' में सत्य को पा लिया है, क्या उसे कला की कोई ज़रूरत, कोई अन्दरूनी भूख महसूस हो सकती है? कला में आनन्द स्थिति दिखाना एक बात है, पर क्या आनन्द स्थिति को प्राप्त करने के बाद कला का सृजन सम्भव है?

इसीलिए कला के मर्म को थाहने के लिए हम जीवन की ओर मुड़ते हैं—जो हर क्षण मिटता है और एक जैसा रहता है : एक कलाकृति अहं के अनिश्चय और शाश्वत के सम्मोहन दोनों को अपने में समाहित करती है—इसलिए हर उत्कृष्ट कलाकृति में हमें एक अद्भुत 'स्थिर आवेग' के दर्शन होते हैं—स्थिरता, जो हमें समय और इतिहास और संसार की माया के बीच एक शान्त केन्द्रबिन्दु की ओर ले जाती है। आवेग, जो हर क्षण हमारे भीतर की जड़ता पैसिविटी—निष्क्रियता—के तमस को तोड़ता है। वह हमें निर्वैयक्तिक होना सिखाती है—और निर्वैयक्तिक होने का अर्थ तटस्थ होना नहीं है, समय और संसार का अतिक्रमण करना नहीं है, बल्कि अपने अहं और ईगो की छलनाओं और भ्रान्तियों से मुक्त होना है, ताकि हम सच्चाई की सब दिशाएँ और आयाम एक साथ देखने की सामर्थ्य जुटा सकें। चूँकि बन्धनों और छलनाओं का सिलसिला मृत्यु तक समाप्त नहीं होता, इसलिए मुक्त होने का आवेग निरन्तर जारी रहता है। कला में वह स्थिर आवेग (still passion) है, जहाँ हम एक साथ, एक ही समय में काल और कालातीत, जीवन और मृत्यु, इतिहास और शाश्वत में वास करते हैं। सच्चाई यह है कि एक के विपरीत दूसरे का पलड़ा भारी होते ही कला की गरिमा नष्ट होने लगती है, क्योंकि स्वयं मनुष्य अपने 'मनुष्यत्व' के गौरव से वंचित होने लगता है...यदि सार्त्र ने अपनी चरम हताशा में मनुष्य को 'अर्थहीन आवेग' (useless passion) माना था, तो इसलिए कि वह कभी इस भ्रान्ति से मुक्त नहीं हो सके कि मनुष्य सिर्फ़ ऐतिहासिक जीव नहीं है : आवेग सचमुच कहीं नहीं ले जाता, यदि उसका अर्थ एक स्थिर बिन्दु में वास नहीं करता। कला में इस अविश्वास के कारण ही सार्त्र जीवन-भर 'स्वतंत्रता' की बात करते रहे और साथ ही साथ उन सब 'दर्शनों' का समर्थन करते रहे, जो मनुष्य को एक निर्मम आततायी, टोरिलेटेरियन ग़ुलामी की तरफ़ घसीटते थे...किन्तु क्या यह समूचे इतिहास-दर्शन की ट्रेजेडी नहीं है?

इतिहास की छलना के विपरीत एक दूसरा सत्य है—जिसे मैंने कभी एलीफेंटा गुफा में शिव की मूर्ति में देखा था। वहाँ ये दो चरम सत्य—सम्पूर्ण स्थिरता और सम्पूर्ण पैशन—एक साथ चट्टान के पत्थर से निकाले गए थे। एक ओर शक्ति का अपूर्व वैभव और सौन्दर्य—दूसरी ओर पुरुष का पौरुष संकल्प और लौकिक सम्पन्नता—दोनों ही जीवन, प्रेम, कर्म, प्रजनन और श्रम के गौरव से मंडित हैं—लेकिन इन दो अग़ल-बग़ल की मूर्तियों से हटकर जब आँख बीच की मूर्ति पर ठिठकती है, तो सब कुछ स्तब्ध और स्थिर-सा हो जाता है। शिव ने मानो अपने चेहरे पर पुरुष के वैभव और शक्ति के सौन्दर्य, दोनों को एक शान्त, निर्वैयक्तिक, अटल बिन्दु पर केन्द्रित कर लिया है—एक असाधारण तन्मयता में—जो महज़ ठहराव नहीं है, बल्कि वह एक ऐसा अदृश्य बिन्दु है, जहाँ सब गतियाँ निश्चल हो जाती हैं। वह उस अद्‌भुत सन्तुलन का क्षण है, जहाँ सृजन और सौन्दर्य, माया और यथार्थ एक-दूसरे में घुलकर एक असीम एकाग्रता और निस्संगता का भाव जाग्रत करते हैं, जो शायद ही किसी अन्य कलाकृति में देखना सम्भव हो—एक ऐसी दुर्लभ कलाकृति, जो कला के अपूर्व सौन्दर्य और उसकी परिभाषा को एक साथ आलोकित करती है। दुनिया में कितनी ऐसी कलाकृतियाँ हैं जो कला का रहस्य जीवन के अर्थ में और जीवन का रहस्य कला के अर्थ में एक साथ उद्‌घाटित करती हों?

मैंने ऊपर 'कला के अर्थ' का उल्लेख किया है। एक कलाकृति का अर्थ कैसे निकलता है? क्या वह विज्ञान या समाजशास्त्र या गणित के सूत्रों या सिद्धान्तों से जो अर्थ निकलता है—उससे अलग है? परिचर्चा में स्वामीनाथन् ने एक जगह बहुत सुन्दर और सारगर्भित बात कही थी कि कोई कलाकृति या तो अपने में सम्पूर्ण रूप से अभेद्य होती है या हज़ारों अर्थ खोलती है। जब हम किसी कलाकृति को किसी एक ख़ास अर्थ के साथ नत्थी कर देते हैं, उसी समय हम उसकी समग्र और संश्लिष्ट

अर्थवत्ता को नष्ट कर देते हैं। इस सन्दर्भ में हाईनिरिख ज़िमर की बात याद आती है : भारत की पौराणिक कथाओं की व्याख्या करते हुए उन्होंने इस बात पर ज़ोर दिया कि भारतीय लोक-मानस में यदि विष्णु और शिव ने अपनी लोकप्रियता में वैदिक देवताओं—ब्रह्मा-इन्द्र-वरुण को पीछे छोड़ दिया, तो इसका कारण यह था कि वैदिक देवताओं की तरह शिव और विष्णु की अवधारणा किसी एक ख़ास अर्थ या प्रयोजन के साथ नहीं जुड़ी थी। शिव संहार ही नहीं करते, पृथ्वी की रक्षा के लिए गंगा को अपने शीर्ष पर वहन भी करते हैं, वैसे ही विष्णु पोषण ही नहीं करते, नरसिंह अवतार लेकर हिरण्यकशिपु का नाश भी करते हैं; दोनों देवताओं में विरोधी तत्त्वों को आत्मसात करने की अन्तहीन क्षमता है—क्या यही कारण नहीं है कि प्राचीन भारतीय कला में विष्णु और शिव के बहुमुखी, द्विविधात्मक बिम्ब को जितना विभिन्न रूपों में चित्रित किया गया, उतना किसी और देवता को नहीं? इससे हम एक अनोखे निष्कर्ष पर पहुँचते हैं कि कोई कलाकृति एक ख़ास दर्शन या आइडियोलॉजी से उत्प्रेरित हो सकती है—किन्तु एक कलाकृति की सत्ता में उसका अर्थ उस दर्शन या आइडियोलॉजी के सन्देश या डॉग्मा से कहीं अधिक व्यापक, और संश्लिष्ट हो सकता है—उसके विपरीत जा सकता है : आधुनिक जीवन में ईसाई धर्म का उतना केन्द्रीय महत्त्व नहीं रहा जो यूरोपीय मानस के लिए मध्यकाल में था—लेकिन बाइज़न्टाइन कला, गोथिकगिरजों का स्थापत्य और ईसा मसीह के जीवन और मृत्यु से प्रेरित असंख्य चित्र आज भी—शुद्ध कला के रूप में—हमें आलोड़ित करते हैं। महत्त्वपूर्ण यह नहीं है कि एक चित्र के ऊपरी बिम्ब या प्रतीक क्या हैं—वे किसी भी धर्म या आइडियोलॉजी से उधार लिये हो सकते हैं—फिर वह चाहे 'ॐ' का चिह्न हो, सलीब का प्रतीक, या हँसिया-हथौड़ा ही क्यों न हो! महत्त्वपूर्ण बात यह है कि कलाकृति की अर्थवत्ता इन चिह्नों और प्रतीकों के राजनीतिक-धार्मिक सन्दर्भों का

अतिक्रमण कर लेती है, खुल जाती है—एक स्वायत्त इकाई बन जाती है और इस तरह समय के गुज़रने के साथ यदि उसके प्रतीक और बिम्ब अप्रासंगिक या अर्थहीन भी हो जाते हैं—तो भी चित्र का कलात्मक अर्थ रत्ती-भर मलिन नहीं पड़ता।

कलाकृति से एक अर्थ निकालना—अथवा उसमें अपने विश्वासों का सबूत ढूँढ़ना—दोनों ही बातें झूठी नैतिकता को जन्म देती है। कला की नैतिकता इसमें नहीं है, कि वह हमारे संस्कारों या विश्वासों का समर्थन करे, इसके लिए हमारी दुनिया में जज और मौलवी और कॉमीसार हैं, जो हमें एक ख़ास व्यवस्था में रहने और जीने की मर्यादा सिखाते हैं—क्या वैध है, क्या अवैध : हमें यह करना चाहिए, यह नहीं। कला सिखाती नहीं, सिर्फ़ जगाती है, क्योंकि उसके पास 'परम सत्य' की ऐसी कोई कसौटी नहीं, जिसके आधार पर वह ग़लत और सही, नैतिक और अनैतिक के बीच भेद करने का दावा कर सके। तब क्या कला नैतिकता से परे हैं? हाँ, उतना ही परे जितना मनुष्य का जीवन सामाजिक व्यवस्था से परे है—जहाँ व्यक्ति का अनुभव इतना विलक्षण और अनूठा है कि उसे किसी भी व्यवस्था की मर्यादा अर्थ नहीं दे सकती। यहीं कला की 'नैतिकता' शुरू होती है—कोई अनुभव झूठा नहीं, क्योंकि हर अनुभव अद्वितीय है। झूठ तब उत्पन्न होता है जब हम किसी 'मर्यादा' को बचाने के लिए अपने अनुभव को झुठलाने लगते हैं। सीता के अनुभव के सामने राम की मर्यादा कितनी पंगु और प्राणहीन जान पड़ती है—इसलिए नहीं कि उस मर्यादा में कोई खोट या झूठ है, बल्कि इसलिए कि राम अपनी मर्यादा को बचाने के लिए अपनी चेतना को झुठलाने लगते हैं। परिचर्चा में डॉ. रामचन्द्र गांधी ने एक बहुत महत्त्वपूर्ण सत्य की ओर संकेत किया था जब उन्होंने कहा कि भारतीय मनीषा में अन्त:करण (conscience) पर ज़ोर नहीं, ज़ोर हमेशा 'चेतना' (consciousness) पर रहा है—एक अखंडित, और स्वच्छ, और पारदर्शी चेतना, जो काल और स्पेस की

सीमाओं को भेदकर सब कुछ एक साथ देखती है। नैतिकता की पहली शर्त है—हम कितना कुछ देख सकते हैं। क्या कला की भी पहली शर्त यह नहीं है? क्या अपने सगे-सम्बन्धियों, गुरु-पितामहों को मारना अनैतिक नहीं है? अर्जुन का यह प्रश्न महत्त्वहीन नहीं है, किन्तु प्रश्न की गहरी नैतिक पीड़ा केवल उस समय अर्थपूर्ण हो सकती है, जब वह उसे—उस प्रश्न को—आसपास फैले समूचे यथार्थ के सन्दर्भ में देख सकें। कृष्ण का ब्रह्मरूप और कुछ नहीं—सिर्फ़ विभिन्न यथार्थों को एक साथ देखने की चेतना है। यह चेतना हर व्यवस्था की नैतिकता के परे—मनुष्य को समग्र और समूचे यथार्थ से जोड़ती है; कला का सत्य इस चेतना के भीतर है जो सब कालों को समेटे है, इसलिए जब किसी विशिष्ट युग या समाज व्यवस्था के मूल्य इस चेतना को धुँधलाते हैं—अथवा स्वयं मनुष्य का अहं और दुराग्रह उसे झुठलाता है—तभी कला का हस्तक्षेप अपने सबसे मूलगामी अर्थ में नैतिक हो जाता है। क्या यह महज़ संयोग है कि मनुष्य जाति के आदिकाव्य—महाभारत या इलियड की घटनाओं या सफोकिलीस के नाटकों ने निरन्तर इस विराट् चेतना की परतों को खोला है? इडिपस की ट्रेजेडी यह नहीं है कि उसने कोई अनैतिक काम किया है बल्कि यह कि वह अपनी चेतना पर पर्दा पड़े रहने देता है, आँखें रहते हुए भी अन्धा रहता है; अन्त में पश्चात्ताप के क्षणों में जब वह सचमुच अपनी आँखें फोड़ लेता है, तो उसका यह भयानक कर्म उसके समूचे जीवन-कलाप की तार्किक परिणति जान पड़ता है। धृतराष्ट्र की जन्मजात अन्धता और इडिपस का स्वेच्छा से अन्धा होना—ये दो विभिन्न संस्कृतियों की कलाकृतियों को कितना समीप सरका देता है। दोनों ही पात्र मोहानिष्ठ हैं—दोनों ही दृष्टिहीन हैं—दृष्टि, जो चेतना है। दोनों ही हमें इस विराट् प्रश्न की देहरी पर लाकर छोड़ देते हैं कि कला में नैतिकता का संकट क्या हमारी द्वैत, खंडित चेतना का ही तो परिणाम नहीं है?

लेकिन इसे संकट क्यों मानें? क्या यह सृजन का कुरुक्षेत्र नहीं है, जहाँ दो विराट् सेनाओं के बीच एक ख़ाली जगह पर यथार्थ, भ्रम, माया और सत्य के बारे में बहस होती है—पर्वत शिखर के अकेले एकान्त में नहीं—बल्कि सत्य और असत्य के बीच फैले मैदान में। कितनी शताब्दियाँ बीत गईं जब गीता में ये प्रश्न उठाए गए थे। आज की हर महत्त्वपूर्ण, कविता या उपन्यास इन्हें छूता है, इनसे भिड़ता है—क्योंकि कला में जब तक मनुष्य जीवित है, कोई प्रश्न पुराना नहीं पड़ता और कोई उत्तर अन्तिम नहीं होता। जीने की अखंड, अदम्य धारा में—जिसे परिचर्चा में मुकुल घोषाल ने 'सागर की तरह अपार और विस्मयकारी' कहा था।

हम कई बार मरते हैं, अनेक बार अप्रत्याशित क्षणों में शाश्वत का बोध करते हैं, कितनी बार अपने खंडित अनुभवों में बदहवास होते हैं, किन्तु ऐसे दुर्लभ अवसर भी आते हैं, जब एक चकाचौंध में पूरा पैटर्न दिखाई दे जाता है जो हमारी ग़लतियों, गुनाहों, अज्ञान और अधैर्य के पर्दे के पीछे छिपा रहता है, कला जब यह पर्दा हटाती है तो अचानक लगता है—हाँ, यह सत्य है, यही मेरे जीवन का अर्थ है—लेकिन विचित्र बात यह है कि अगर हमसे कोई पूछे, तुमने वाल्मीकि से क्या अर्थ पाया, शेक्सपियर या टॉल्स्टॉय ने तुम्हें क्या दिया—तो एक भी उत्तर सन्तोषजनक नहीं जान पड़ता—क्योंकि हम जानते हैं कि जो हमें मिला है, वह कोई जीवन का हल नहीं है, किसी समस्या का समाधान नहीं है—हम सिर्फ़ एक बड़ी रोशनी में आ गए हैं। हम कुछ ज़्यादा देख रहे हैं—हालाँकि दुनिया और हमारा जीवन वही है, जो पहले था। क्या यह कम है?

उपन्यास की मृत्यु और उसका पुनर्जन्म

अरसे से हम यह अफ़वाह सुनते आए हैं कि उपन्यास ने अपना चोला छोड़ दिया है, लेकिन हज़ारों की संख्या में उपन्यास अब भी लिखे जाते हैं। शायद ही किसी विधा को मरने में इतना समय लगा हो जितना उपन्यास को! यद्यपि उसकी मृत्यु की भविष्यवाणियाँ समय-समय पर होती रहती हैं, फ़ीनिक्स की मानिन्द हर बार वह अपनी मृत्यु की राख झाड़कर पुनः उठ खड़ा होता है। लेकिन यह भी हो सकता है कि शायद अफ़वाह सच है और उपन्यास सचमुच मर गया है, जैसा हम उसे अभी तक जानते आए थे। डिकेंस, फ्लोबेर, टॉल्स्टॉय, दोस्तोएव्स्की की रक्त-मांस मंडित प्रेम, घृणा, ईर्ष्या, सांसारिक महत्त्वाकांक्षाओं में लिथड़ी गाथाएँ जिन्हें आज तक हम उपन्यास की संज्ञा देते आए थे, हमारे समय तक आते-आते वे एक अन्धी गली में गुम हो गई हैं, अपने पीछे एक भी ऐसा सुराग नहीं छोड़ गई हैं, जिन्हें पकड़कर उपन्यास की पुरानी गौरवगरिमा को

उजागर किया जा सके। अब हम जिन पुस्तकों को उपन्यास के बहाने पढ़ते हैं, क्या वे उसकी मृत काया की महज़ प्रेत-छायाएँ हैं?

देखा जाए तो उपन्यास हमेशा से तकलीफ़ में था और जितना अधिक वह फलता-फूलता गया, उसके भीतर की अदृश्य तकलीफ़ भी बढ़ती गई। वह आत्म-चेतना की तकलीफ़ थी, जिसने अठारहवीं-उन्नीसवीं शताब्दी के यूरोपीय मानस को एक विशिष्ट और असाधारण मन:स्थिति में ढाला था। ऐसा पहले कभी नहीं हुआ था कि मनुष्य सिर्फ़ एक व्यक्ति में बदल जाए और समाज एक ऐसी भीड़ में, जिसका अपना कोई चेहरा नहीं। मनुष्य का एक व्यक्ति में सिकुड़ जाना और दूसरी तरफ़ समाज का इस हद तक फैल जाना, जहाँ व्यक्तित्वहीनता ही उसका संस्कार हो—उपन्यास की तकलीफ़ इन दो पाटों के बीच फँसे मनुष्य की बदहवासी, लक्ष्यहीनता और अकेलेपन को प्रतिबिम्बित करती थी।

मनुष्य क्या है? यह सनातन प्रश्न है और एपिक, कविता, नाटक जैसी सनातन (क्लासिक) विधाओं में इस प्रश्न को अनेकानेक स्तरों पर उघाड़ा गया था, किन्तु व्यक्ति क्या है? इस प्रश्न के साथ सीधी-सीधी पहली मुठभेड़ उपन्यास ने की थी। व्यक्ति जो चाहे किसी भी वर्ग, सम्प्रदाय, धर्म या परिवार का सदस्य क्यों न हो, किन्तु जिसकी प्रामाणिकता उसकी सदस्यता (belonging) में नहीं, उसके होने (being) में निहित होती है। व्यक्ति जो अपने को 'व्यक्त' करता है और व्यक्त करने के दौरान ही अपने होने का प्रमाण देता है। पहले उसके प्रमाण-पत्र में दूसरों के हस्ताक्षर होते थे, वे उसके होने के साक्षी थे। माता-पिता, वर्ग-जाति और सबसे ऊपर ईश्वर; वे थे इसलिए वह था, उनके बिना वह कुछ नहीं था—महज़ शून्य। समाज में व्यक्ति की अवधारणा ही एक अभूतपूर्व घटना या चाहें तो कहें दुर्घटना थी—क्योंकि उसके होने के सबूत में सिर्फ़ उसका मैं था और ईश्वर और न्याय और नियम की अदालत में मैं की शिनाख़्त स्वयं 'मैं' कैसे कर सकता है?

इसलिए व्यक्ति के अस्तित्व पर शुरू से ही सन्देह की छाया पड़ चुकी थी। उपन्यास ने पहली बार ऐसे व्यक्ति की गवाही लेने का प्रयास किया था जो अपने लिए इस दुनिया में किसी को साक्षी नहीं बना सकता था। नंगा और निरीह व्यक्ति, सम्पूर्ण रूप से स्वतंत्र और सम्पूर्ण रूप से सन्दिग्ध, असंख्य सम्भावनाओं में खुला हुआ और हर सम्भावना को अन्तिम परिणति तक पहुँचाने की ज़िम्मेदारी ढोता हुआ। वह कुछ भी हो सकता था—संत, हत्यारा, शैतान। दोस्तोएव्स्की का यह कथन कि यदि ईश्वर नहीं है तो मनुष्य कुछ भी कर सकता है, न केवल व्यक्ति के जोखिम भरे संसार को उद्घाटित करता है, बल्कि उस संसार की अन्तहीन अराजकता को भी रेखांकित करता है, जिसे उपन्यास ने अपनी विधा के घेरे में पहली बार समेटा था। उपन्यास की तकलीफ़ बहुत कुछ व्यक्ति के जन्म होने की प्रसव-पीड़ा से जुड़ी हुई थी।

व्यक्ति की जिस अन्तरात्मा को उपन्यास ने अपना केन्द्रबिन्दु बनाया था, उसी चीज़ ने उपन्यास को कथ्यात्मक बिरादरी की अन्य समस्त विधाओं से अलग भी कर दिया। एपिक, आख्यायिका दन्तकथा, फेबल, लोककथाएँ, क़िस्से-कहानियाँ—ऊपर से देखने पर लगता है कि उपन्यास इन्हीं प्राचीन कथ्यात्मक शैलियों की आधुनिक और परिष्कृत उत्पत्ति है। इस भ्रम का कारण शायद यह है कि उपन्यास और इन कथ्यात्मक शैलियों में यदि एक चीज़ समान रहती है तो वह है—कहानी। ये समस्त कथ्यात्मक विधाएँ किसी-न-किसी रूप में कोई क़िस्सा-कहानी सुनाते हैं; लेकिन क्या उपन्यास सिर्फ़ कहानी सुनाने का माध्यम है? यदि ऐसा होता तो उपन्यास जैसे विशिष्ट फ़ॉर्म को अन्वेषित करने की क्या आवश्यकता थी—मनुष्य की कहानी को अभिव्यक्त करने के लिए क्या पुरातन-काल से चलती आई कथ्यात्मक शैलियाँ काफ़ी नहीं थीं? काफ़ी नहीं थीं, क्योंकि क़िस्सागो के सुरक्षित संसार में जो मनुष्य बसता था, उपन्यास का व्यक्ति उस संसार की हदों से कहीं दूर जा पड़ा था।

पुरातन कथा-शैलियों में हमें कितने पात्र याद रहते हैं? 'एक राजा था'—कहानी यहाँ से शुरू होती है; कौन-सा राजा? यह अप्रासंगिक है... क्योंकि राजा और रानी और राक्षस और पक्षी हमारे पुरातन—लैंडस्केप की आर्कीटाइप स्मृतियों को उघाड़ते हैं—वे सार्वभौमिक हैं, अटल हैं; कहानी शुरू होते ही वे कठपुतलियों की तरह नाचने लगते हैं।

लेकिन मदाम बॉवेरी? हम उसके बारे में क्या जानते हैं? उपन्यास पढ़ने के बाद जो याद रह जाता है, वह मदाम बॉवेरी की कहानी नहीं, जो हज़ार औरतों की कहानी हो सकती है, बल्कि वे हज़ार घटनाएँ जिनके अद्‌भुत और अप्रत्याशित सम्मिश्रण से एक मदाम बॉवेरी का जन्म हुआ था, एक स्वतंत्र स्त्री, जिसके अपने संकल्प और अपने स्वप्न थे। उपन्यास से पहले की कथ्यात्मक विधाओं में पात्रों पर घटनाएँ घटती हैं, किन्तु उपन्यास में व्यक्ति-पात्र अपनी इच्छाओं और संकल्पों से किसी-न-किसी रूप में इस घटना-चक्र में अपना हस्तक्षेप करना चाहते हैं, इसमें वे असफल हों, पराजित हों, घटनाओं के रथ-तले कुचले जाएँ, यह बात दूसरी है—बल्कि यही बात उपन्यास को कहानी-क़िस्सों में अलग करती है; उपन्यास भी कथ्यात्मक विधा है किन्तु वह कहानी कहने का शुद्ध माध्यम नहीं है। डॉन क्विग्हॉते और मदाम बॉवेरी के स्वप्नों और सांसारिक घटना-चक्र की अनिवार्य लौहवत्ता के बीच एक तनाव-भरा द्वंद्व बराबर चलता रहता है। एक द्वंद्वात्मक टकराव—इसीलिए उपन्यास का फ़ॉर्म पुरानी कथा-विधाओं से इतना अलग है। इसीलिए वे आलोचक, जो उपन्यास को विदेशी विधान मानकर भारतीय उपन्यास का उद्धार पुरानी आख्यायिका, लोक-कथाओं और क़िस्सों की शैली को पुनर्जीवित करने में देखते हैं, शायद समस्या का सीधा-सादा सामना नहीं करते; उपन्यास विदेशी विधा है ज़रूर, किन्तु भारतीय समाज के उलट-फेर में जो व्यक्ति आज आकार ग्रहण कर रहा है, क्या पुरानी कथ्यात्मक शैलियाँ उसके विकट संघर्षमय संसार के बीहड़ अन्तर्द्वंद्वों

को अपने में समेट पाएँगी, मुझे इसमें सन्देह है। क्या यह महज़ संयोग था कि हजारीप्रसाद जी अपनी क़िस्सागोई गप्प शैली में आधुनिक जीवन पर कोई उपन्यास लिखते हुए हमेशा झिझकते रहे? विदेशी बोझ से छुटकारा दुर्भाग्यवश हमेशा परम्परा में ही नहीं मिलता जब तक स्वयं परम्परागत शैलियों को आधुनिक दबाव-तले पुनर्निर्मित और परिवर्तित नहीं किया जाता। उपन्यास के 'भारतीयकरण' की समस्या को उपन्यास से पहले की सहज और भोली और अपेक्षाकृत सरल स्थिति में लौटकर नहीं सुलझाया जा सकता।

लेकिन एपिक? वह तो सबसे प्राचीन कथ्यात्मक विधा है; कुछ उपन्यासों को पढ़ते हुए हमें क्यों बार-बार होमर या वाल्मीकि याद आते हैं? शायद इसीलिए हेगेल ने उपन्यास को 'आधुनिक मध्यवर्ग के महाकाव्य' के रूप में परिभाषित किया था।* जॉयस का यूलिसिस तो अपनी संरचना में ओडिसी के समानान्तर ही चलता है। दोनों विधाओं की यह समानता अस्वाभाविक भी नहीं है; ऐसे उपन्यास हैं, जो महाकाव्य के पैमाने पर विभिन्न व्यक्तियों के समग्र जीवन को एक विराट् भित्तिचित्र

---

* हेगेल की इस परिभाषा का अनुकरण करते हुए/किन्तु दुर्भाग्यवश उनके प्रति आभार न प्रकट करते हुए/डॉ. नामवरसिंह ने भारतीय उपन्यास को 'किसान-जीवन का महाकाव्य' माना है। यह परिभाषा कितनी भ्रामक है, मैं उस बहस में यहाँ नहीं जाना चाहूँगा। सिर्फ़ इतना कह देना काफ़ी है कि जबकि हेगेल के सामने बुर्जुआ वर्ग के विकास का समूचा भविष्य फैला था, वहाँ भारतीय किसान का वह अन्धकारमय—मार्क्स के शब्द में कहें, तो मैलनकोलिक भविष्य डॉ. नामवरसिंह नहीं देख पाते, जहाँ भूमि से उन्मूलित होकर भारतीय किसान का वर्ग-संस्कार=उसका 'किसानत्व' ही संकट में पड़ गया है। प्रेमचन्द ने अपने अन्तिम उपन्यास और कहानियों में किसान की 'मैलनकाली'—औपनिवेशिक विषाद को अभिव्यक्त किया था किन्तु आज की स्थिति में इस 'विषाद' के लिए भी कोई गुंजाइश नहीं बची रही है। यदि व्यावसायिक औद्योगिकीकरण की मार भारतीय किसान पर उतनी ही निर्ममता से पड़ती रही, जिसका दुःस्वप्न मार्क्स ने देखा था, तो अगले कुछ वर्षों में हमें अपने गाँवों में पूँजीवादी फ़ार्मर/जो किसान या peasant नहीं है/या खेतिहर मज़दूर मिलेंगे—किसान नहीं।

की तरह अपने पन्नों पर अंकित करते हैं। यह अकारण नहीं है कि 'ब्रदर्स कारामाज़ोव' या 'युद्ध और शान्ति' या अगर बीसवीं सदी में रचे गए प्रूस्त के 'रिमेंब्रेंस ऑव थिंग्स पास्ट' को ही लें, उन्हें पढ़ते हुए हमें अनायास—क्लासिक युग में रचे महाकाव्यों या आइसलैंडी सागा-ग्रन्थों की याद हो आती है—जन्म से मृत्यु तक मनुष्य के सम्पूर्ण जीवन की गाथाएँ, ज़िन्दगी की विराट् समन्दर, जिसमें हर उठती लहर और मरते हुए ज्वार के भवसागर को नापा जाता है।

ये उपन्यास एपिक की याद ज़रूर दिलाते हैं, किन्तु असल में एपिक की सम्भावनाओं को छूते-छूते रुक जाते हैं, कुछ छोटे पड़ जाते हैं—इसलिए नहीं कि टॉल्स्टॉय या प्रूस्त की यथार्थ की पकड़ कहीं ढीली हो जाती है या उनकी अथक सृजन-ऊर्जा कहीं बीच में मन्द पड़ जाती है, बल्कि इसलिए कि जिस समूचे मनुष्य की विराट् सृष्टि को एपिक एक समय में चित्रित करते थे, वह आधुनिक समाज तक आते-आते खंडित व्यक्तित्वों में ही इतने भयानक ढंग से बिखर गया है कि उपन्यास उसे केवल नॉस्टेल्जिया के क्षणों में याद कर सकता है या कभी दुर्लभ क्षणों में पकड़ पाता है—बाक़ी समय उसे अपना माथा उन दीवारों से फोड़ना पड़ता है, जो न केवल हर व्यक्ति को अपने समाज से अलग करती हैं, बल्कि स्वयं उसकी अन्तरात्मा में एक फाँक की तरह खिंची रहती है। ऑल्डस हक्सले ने अपने एक बहुत दिलचस्प निबन्ध 'एपिक और सम्पूर्ण सत्य' में इस बात को रेखांकित किया था—होमर के महाकाव्यों में कैसे मनुष्य का हर क्षण उसके जीवन की निरन्तरता में सम्पूर्ण बन जाता है। कोई घटना आकस्मिक नहीं है, वह एक समूचे पैटर्न में अर्थ ग्रहण करती है; वह एक तरह का दैवी, पूर्व निर्धारित पैटर्न है, हर चीज़ वैसे ही होगी, जैसे उसे होना है—प्राकृतिक नियमों की तरह अनिवार्य और अर्थसंगत जिसमें पवित्र और सांसारिक, धार्मिक और संसारी सीमाएँ एक-दूसरे में घुल जाती हैं।

उपन्यास में क्यों नहीं ऐसा सम्भव हो पाता? शायद इसका एक कारण यह है कि उपन्यास शुद्ध रूप से सेक्यूलर विधा है, जिसमें से समस्त देवी, देवताओं, प्रकृति के अलौकिक चमत्कारों और नियति की भविष्यवाणियों को बहिष्कृत कर दिया गया है। वहाँ सब कुछ व्यक्ति के स्वायत्त स्वेच्छाचारी निर्णयों पर निर्भर है, इसलिए सब कुछ आकस्मिक और सांयोगिक है। बड़े-से-बड़े उपन्यास को पढ़ते हुए क्यों यह तकलीफ़ मन को कोंचती रहती है कि घटनाएँ नितान्त दूसरी तरह से घट सकती थीं कि उनके पीछे ऐसा कोई दैवी या प्राकृतिक सेंक्शन नहीं, जो उन्हें किसी दूसरे क्रम में सँजोने से रोक सकता हो। क्यों यह सन्देह मन को सालता रहता है कि यदि अन्ना कैरेनिना चाहती, तो अपने जीवन की घटनाओं के पहिए विपरीत दिशा में मोड़ सकती थीं, उनके क्रम को बदल सकती थीं और इस तरह अपने को आत्महत्या के भयावह अन्त से बचा सकती थीं? यह नहीं कि उपन्यास में उनकी मृत्यु विश्वसनीय और अनिवार्य नहीं जान पड़ती—यही तो सबसे बड़ी विडम्बना है—उपन्यास में जो चीज़ सबसे अधिक अनिवार्य और स्वाभाविक जान पड़ती है—जीवन के सम्पूर्ण प्रवाह में वही चीज़ अचानक सांयोगिक (Contingent) और सन्दिग्ध-सी बन जाती है। मेरी मैकार्थी ने अपने एक निबन्ध में लिखा था कि यदि अन्ना कैरेनिना व्रोंस्की से स्टेशन पर न मिलती—जो निरा संयोग था—तो उसकी ज़िन्दगी पूर्ववत् अपनी लगी-बँधी पटरी पर चलती रहती। यह भीषण सत्य है। एक आकस्मिक घटना समूचे जीवन की नियति को बदल सकती है। यह बात मदाम बॉवेरी पर लागू नहीं होती, जो अपनी स्थिति से छुटकारा पाने के लिए किसी भी प्रेमी के साथ भाग सकती थीं; इस दृष्टि से अन्ना का चरित्र मदाम बॉवेरी से कहीं ज़्यादा स्वतंत्र है और उसका प्रेम जितना सांयोगिक है, उतना ही संहारकारी। एपिक की घटनाओं और पात्रों की नियति की अनिवार्यता में कहीं प्रकृति का समर्थन और साधुवाद है जो उसे निश्चित और नियामक बनाता है।

किन्तु उपन्यास की अनिवार्यता एक व्यक्ति के ठिठुरते अरक्षित निर्णयों पर निर्भर है, जिसे बाहर की कोई शक्ति—समाज, प्रकृति, ईश्वर—अपना संरक्षण देकर वैध नहीं करार कर सकती। उपन्यास की घटनाएँ कलात्मक रूप से अनिवार्य होने के बावजूद किसी तरह की नैतिक वैधता (legitimacy) या प्राकृतिक क्रमबद्धता प्राप्त नहीं कर पातीं। क्या औपन्यासिक जगत् की इस अराजक अवैधता को देखकर ही टॉल्स्टॉय ने अन्तिम वर्षों में अपने महान् उपन्यासों को इतनी निर्ममता से अस्वीकार नहीं कर दिया था?

व्यक्ति के इस स्वेच्छाचारी और अराजक संसार के भयावह तर्क को काफ़्का अन्तिम, परिणति तक ले गए, जहाँ मनुष्य को अपराधी तो घोषित किया जाता है किन्तु कोई ऐसा नियम या न्यायालय नहीं, जिसके सामने हम यह पता चला सकें कि आख़िर उसने कौन-सा ऐसा काम किया है, जिसका अपराध उस पर मढ़ा जा रहा है? दोस्तोएव्स्की की अराजक नियमहीनता का संसार—जिसमें व्यक्ति सब कुछ कर सकता है—काफ़्का तक आते-आते अपना पूरा एक चक्र समाप्त कर लेता है, जिसमें व्यक्ति की यही सब कुछ करने की स्वाधीनता ही उसका सबसे बड़ा पाप और अपराध बन जाती है। उनका अन्तिम उपन्यास 'कासल' एक दुर्गम अन्तहीन, यातनामय खोज है, किसी ऐसे सर्वोच्च अधिकारी (ईश्वर?) को पाने की तलाश, जिसके लॉ, नियम या आदेश के अन्तर्गत मनुष्य अपने जीवन की अर्थवत्ता को उपलब्ध कर सके—एक ऐसा ईश्वरीय सन्देश जो हमें अन्तिम और स्पष्ट रूप से बता सके कि इस धरती पर मनुष्य का दायित्व-धर्म, वोकेशन क्या है? काफ़्का अन्तिम उपन्यासकार थे जो उपन्यास की इतरनैतिक और सेक्यूलर सीमाओं को लाँघकर नियम और धर्म की वैध दुनिया में जाना चाहते थे और लाँघने के इस असम्भव प्रयास में दोनों दुनियाओं के बॉर्डर पर ही ख़त्म हो गए थे। क्या उनका अन्त एक अजीब ढंग से हमें वॉल्टर बेन्यामिन की मृत्यु

की याद नहीं दिलाता जो नात्सी यूरोप के अधर्म से छुटकारा पाने के लिए लोकतंत्र की धर्मसम्पन्न व्यवस्था में जाना चाहते थे और जिन्होंने घोर हताशा में धर्म और अधर्म की अन्तिम सीमा पर ही आत्महत्या कर ली थी?

यह वह क्षण था, जब पहले-पहल यूरोप में उपन्यास—या ज़्यादा सच्चाई से कहें तो यूरोपीय उपन्यास की मृत्यु की अफ़वाह सुनाई देने लगी थी। ध्यान से देखें तो पश्चिमी संस्कृति का यह क्षण ठीक वही था जब पहली बार यूरोपीय समाज में व्यक्ति की मृत्यु की चर्चा भी शुरू होने लगी थी—एक ऐसा व्यक्ति—जो अकेला और आरक्षित होने के बावजूद अपनी भावनाओं और विचारों में स्वायत्त था, राज-सत्ता और जन-समूह से अलग अपनी विशिष्ट इकाई पहचानता था : आत्म-केन्द्रित लेकिन स्वाभिमानी व्यक्ति जिसकी छवि को यूरोप के रोमांटिक-साहित्य में अनेक लेखकों ने उकेरा था। किन्तु उन्नीसवीं शती के अन्तिम चरण में जिस औद्योगिक, नागर सभ्यता का अभ्युदय हुआ, उसने एक ऐसी भीड़ को जन्म दिया, जिसकी क्षुद्र बाज़ारू रुचियों को देखकर फ़्लोबेर इतना आतंकित हुए थे; जन के नाम पर जिस चेहराहीन, दृष्टिहीन, रुचिहीन व्यक्तियों की भीड़ ने भेड़ों की तरह यूरोपीय नगर को घेरा था, उससे बचने के लिए फ़्लोबेर ने अपने एकान्त कमरे में शुद्ध कला की साधना में ही जीवन की अर्थवत्ता खोजनी चाही थी; पहली बार कलाकार के स्वतंत्र और स्वायत्त व्यक्तित्व पर संकट की छाया मँडराने लगी थी; स्वयं व्यक्ति का रोमांटिक उज्ज्वल चरित्र एक औसत आदमी की सपाट और सतही और यंत्रचालित दुनिया में अपनी वैयक्तिक विशिष्टता खोने लगा था।

पहले महायुद्ध के बाद व्यक्ति का यह संकट इतना गहरा हो चुका था कि स्पेनिश चिन्तक और दार्शनिक जोंस ऑर्तेगाई गास्से ने अपनी पुस्तक 'द रिवोल्ट ऑव द मासेज' में पहली बार यूरोप के व्यक्ति को

'भीड़ के मनुष्य' (mass man) में कायाकल्पित होते देखा था, और यह भयावह कायाकल्प था—क्योंकि भीड़ का मनुष्य रेनासाँ के विलक्षण और विशिष्ट गरिमा सम्पन्न मनुष्य और उन्नीसवीं शती के रोमांटिक हीरो की अनोखी विशिष्टता से स्खलित होकर व्यक्ति के सबसे औसत, निम्नतम आत्मसंहारी और संवेदन-शून्य संस्करण में बदल गया था, एक आत्महीन मनुष्य, जिसने अपने व्यक्तित्व को एक असहाय बोझ मानकर भीड़ की अमानवीय सत्ता के हवाले कर दिया था। स्वतंत्रता का दर्द और सोच अब उसे नहीं मथता था, एक सोचहीन मनुष्य, जो अपनी अन्तिम परिणति में हमें काम्यू के आउटसाइडर की याद दिलाता है, खाने-पीनेवाला व्यक्ति, जो अपनी माँ की मृत्यु के दूसरे दिन ही स्विमिंग-पूल में तैरने जाता है, अपनी प्रेमिका के साथ सोता है और जिसे ठीक-ठीक याद भी नहीं रहता कि उसकी माँ की मृत्यु कब हुई थी, कल या परसों? ज़रा कल्पना कीजिए दोस्तोएव्स्की के 'नोट्स ऑव द अंडरग्राउंड' के विक्षिप्त, बदहवास, घृणा, प्रेम, आत्म-जुगुप्सा और नैतिक-अनैतिक प्रश्नों की दलदल में कलपता आउटसाइडर काम्यू के अजनबी तक आते-आते कैसे एक उदासीन, दैनिक कार्य-कलापों में डूबे भावशून्य रोबो में बदल गया है? काम्यू का नायक इसलिए अजनबी नहीं है कि समाज से अलग अपनी भावनाओं या आदर्शों में विशिष्ट है—उन्नीसवीं शती के निहिलिस्ट, विद्रोही आउटसाइडर की तरह—बल्कि इसलिए कि उसका व्यवहार शुद्ध रूप से आज के 'भीड़ मनुष्य' का स्वाभाविक चरित्र है—हम सबका चरित्र—किन्तु जहाँ हम अपनी—भावशून्यता और आध्यात्मिक दिवालिएपन को अपने छद्म सरोकारों और संसारी नैतिकता की काई तले छिपाए रहते हैं, काम्यू का हीरो हमें इसलिए अजनबी लगता है क्योंकि उसने इस काई को अपने ऊपर से उतारकर अपने को जस-का-तस प्रस्तुत कर दिया है; एक औसत, दैनिक और आयामहीन पुरुष; दोस्तोएव्स्की का नायक अपनी आत्मा के अंडरग्राउंड

अँधेरे में आउटसाइडर था, काम्यू का अजनबी ऊपर सतह की रोशनी मे घूमता-फिरता नगर की भीड़ का एक ऐसा टिपिकल प्राणी है जो अपने औसतपन की चरमावस्था के कारण भयावह-सा जान पड़ता है; पहला दूसरों के औसत संसार से अलग छिटककर अपनी आत्मा की अनन्त परतों को छीलता है, दूसरा भीड़ के अनन्त समूह के बीच एक औसत इकाई है, जिसकी आत्मा शून्य की अथाह परतों के नीचे दबी है। लगता है, जैसे इन दो उपन्यासों के बीच यूरोपीय मनुष्य ने व्यक्तित्व के चरम बोझ से व्यक्तित्वहीनता के चरम हल्केपन तक की पीड़ित यात्रा तय की है। उपन्यास विधा, जिसका जन्म ही व्यक्ति की विशिष्ट अवधारणा से जुड़ा था, यदि हमारे समय की घोर व्यक्तित्वहीनता तक आते-आते अपने को इतना थका और क्लान्त और सम्भावना-शून्य पाए, तो क्या यह आश्चर्य की बात होगी?

यूरोप में व्यक्ति की यह परिणति, 'सब कुछ' से 'कुछ नहीं' तक की यात्रा क्या अनिवार्य थी? इस प्रश्न को थोड़ा-सा बदलकर ऐसे भी पूछ सकते हैं कि जिस समाज में व्यक्ति की अवधारणा मनुष्य के सर्व-सत्ता सम्पन्न और आत्म-केन्द्रित अहं (ईगो) से शुरू होती है, उसका अन्त यदि इस अहं के आत्मसंहार में हो, एक खंडित और खोखला अहं, तो यह क्या अस्वाभाविक बात होगी? एक ऐसी संस्कृति में, जहाँ आत्मा और अहं, ईगो और सेल्फ़ के बीच कोई स्पष्ट अन्तर न हो, जहाँ एक को दूसरे के साथ उलझाया जाता रहा हो, वहाँ मनुष्य अपने अहं का अतिक्रमण करके अपनी आत्मा के साक्षात्कार करने का जोखिम नहीं उठाता बल्कि अहं के बोझ से छुटकारा पाने के लिए स्वयं अपने सेल्फ़

को ही नष्ट कर डालना चाहता है। बीसवीं शती के उत्कृष्ट उपन्यासों में इस खोए हुए सेल्फ़, इस लुप्त आत्मा को पाने की छटपटाहट ज़रूर दिखाई देती है, जिसके बिना कोई भी व्यक्ति अपनी अस्मिता, अपनी पहचान, धरती पर अपने होने का अर्थ परिभाषित नहीं कर सकता; सॉल बैलो के पात्र हरजौग का कॉमिक ट्रैजिक संघर्ष यही है कि बीसवीं शती की औद्योगिक दुनिया में अपनी असली पहचान, अपने सही रोल, अपनी आत्मा के नक़्शे को निर्धारित कर सके क्योंकि वह जिस दुनिया में रहता है, वहाँ लोगों की अथाह भीड़ तो है, असंख्य अहमों का कुलबुलाता समूह, किन्तु स्वयं व्यक्ति का सेल्फ़, उसका अपनी आत्मा से सम्बन्ध इतना धूमिल और सन्दिग्ध बन गया है, कि यह पता लगाना भी असम्भव बन गया है, कि उसका अपना स्वयं कितना उसका अपना है, कितना दूसरों से उधार लिया हुआ, दूसरों द्वारा अनुशासित। हरजौग अन्धी गली के जिस अन्तिम मोड़ पर पहुँच गए हैं, वहाँ यदि एक तरफ़ हमें यूरोपीय उपन्यास का डेड एंड दिखाई देता है, तो दूसरी तरफ़ वह कुंजी भी मिल जाती है, जो मनुष्य के अँधियारे मन, अहं की परतों तले दबे आत्मन् का ताला खोल सके, जिसके दरवाज़े एक दूसरी दुनिया की तरफ़ खुलते हैं।

कैसी है यह दुनिया, जो यूरोपीय उपन्यास के अहं-केन्द्रित संसार से मुड़कर हमें एक ऐसे मन से साक्षात् कराती है, जहाँ अहं की भयभीत आक्रामक साम्राज्य की सीमाएँ ख़त्म हो जाती हैं, एक ऐसे सेल्फ़ के दरवाज़े खोलती है, जिसके भीतर व्यक्ति का मन इड, ईगो, सुपर-ईगो जैसे अँधेरे तहख़ानों में बँटा नहीं है, बल्कि जहाँ मन, आत्मा और देह एक सम्पूर्ण सृष्टि के मिनिएचर में स्वयं मनुष्य के भीतर अखंडित रूप से मौजूद है? क्या हम इसे 'भारतीय मन' की दुनिया कह सकते हैं? मुझे नहीं मालूम, किन्तु अवश्य ही यह वह दुनिया नहीं है, जिसका चित्र हमें आज तक यूरोपीय उपन्यासों में उपलब्ध होता रहा है।

फिर कैसा है यह संसार, जिसके भीतर इस मन का संस्कार बसा है, जिसके तन्तुओं से स्वयं इस मन का टेक्सचर बना है? यूरोपीय उपन्यास की अहं-आक्रान्त दुनिया से निकलकर यदि हमें इस अनोखे मन, मनुष्य के आत्मन्-संस्कार में प्रवेश करने का अवसर मिल सके तो हमें सहसा लगेगा मानो हर इकाइयों की दुनिया से निकलकर सम्बन्धों की दुनिया में चले आए हैं। यहाँ सब जीव और प्राणी एक-दूसरे में अन्तर्गुम्फित हैं, अन्योन्याश्रित हैं, न केवल वे प्राणी जो प्राणवान हैं, बल्कि वे चीज़ें भी जो ऊपर से निष्प्राण (inanimate) दिखाई देती हैं। इस अन्तर्गुम्फित दुनिया में चीज़ें आदमियों से जुड़ी हैं, आदमी पेड़ों से, पेड़ जानवरों से, जानवर वनस्पति से, और वनस्पति आकाश से, बारिश से, हवा से। एक जीवन्त, प्राणवान, प्रतिपल साँस लेती, स्पन्दित होती हुई सृष्टि—अपने में सम्पूर्ण सृष्टि जिसके भीतर मनुष्य भी है, किन्तु महत्त्वपूर्ण बात यह है कि मनुष्य सृष्टि के केन्द्र में नहीं है, सर्वोपरि नहीं है, सब चीज़ों का मापदंड नहीं है; वह सिर्फ़ सम्बन्धित है और अपने सम्बन्ध में वह स्वायत्त इकाई नहीं है, जिसे अब तक हम व्यक्ति मानते आए थे, बल्कि वह वैसे ही सम्पूर्ण है; जैसे दूसरे जीव अपने सम्बन्ध में सम्पूर्ण हैं। जिस तरह मनुष्य सृष्टि का ध्येय नहीं है, उसी तरह मनुष्य का ध्येय व्यक्ति होना नहीं है, हम साधन और साध्यों की दुनिया से निकलकर सम्पूर्णता की दुनिया में आ जाते हैं। मनुष्य की समग्रता का यह अद्‌भुत साक्षात् हमें मार्कुएज़ के उपन्यास 'One hundred years of solitude' में मिलता है, इसीलिए वह यूरोप के व्यक्ति-केन्द्रित या व्यक्तिहीन उपन्यास से इतना अलग जान पड़ता है। यूरोपीय मनुष्य का ज्वर, जो व्यक्ति के अलगाव और अकेलेपन के कारण उपन्यास की मर्मांतक तकलीफ़ बनकर प्रकट हुआ था, सम्बन्धों की इस परिकल्पना में अपने-आप नष्ट हो जाता है, घुल जाता है। हेगेल ने जहाँ व्यक्ति की अस्मिता दूसरों के विरुद्ध—अन्य के ख़िलाफ़—परिभाषित की थी, वहाँ उसके विपरीत सम्बन्धों की दुनिया

में विवेकानन्द बिलकुल दूसरे कोण से व्यक्ति को आँकते हैं : "व्यक्ति का जीवन सम्पूर्ण के जीवन में बसा है, उसका सुख सम्पूर्ण के सुख में निहित है, सम्पूर्ण के बिना व्यक्ति की परिकल्पना असम्भव है। यह ऐसा शाश्वत सत्य है, जिसकी आधार-शिला पर समूचा विश्व टिका है। इस अनन्त सम्पूर्ण की ओर धीरे-धीरे अग्रसर होना, उसके प्रति अगाध सहानुभूति और समानता महसूस करना, उसके सुख में सुखी और उसकी यातना में दुखी अनुभव करना—यही व्यक्ति का एकमात्र कर्तव्य है। यह केवल उसका कर्तव्य ही नहीं है, बल्कि उसके उल्लंघन में उसकी मृत्यु है।" (*रेखांकित : लेखक*)

विवेकानन्द ने व्यक्ति की मृत्यु के बारे में जो चेतावनी उन्नीसवीं शती के अन्त में दी थी, हमारी शती की ढलती घड़ियों में वह एक साक्षात् और एक क्रूर सत्य बनकर हमारे सामने खड़ी हो गई है। आज के उपन्यास को इस मृत्यु का सामना करना है और वह यह किसी सरलीकृत शॉर्टकट से नहीं कर सकता—न भारत की पुरानी कथ्यात्मक शैलियों में जाकर उसे चित्रित किया जा सकता है, न ही उसे उन्नीसवीं शती में रचित उपन्यास के चौखटों में ही बन्द किया जा सकता है, व्यक्ति जहाँ सर्वोपरि था। उसका सामना केवल मनुष्य के आत्मन्-व्यक्तित्व, उसके सेल्फ़ को पुनर्भाषित करने की दुर्गम और बीहड़ प्रक्रिया में ही सम्भव हो सकेगा। दूसरे शब्दों में, हम जिस नये उपन्यास की परिकल्पना करते हैं, वह पश्चिम के यथार्थवादी, विक्टोरियन उपन्यास से तो भिन्न होगा ही, किन्तु वह परम्परागत अर्थों में भारतीय मन का उपन्यास ही होगा, यह कहना असम्भव है, जबकि हम इस मन को ही संस्कारगत संस्कृति के संकट के सन्दर्भ में पुन:परीक्षित नहीं करते। ज़ाहिर है, उपन्यास की यह परिकल्पना व्यक्ति के खंडित ईगो का अतिक्रमण करके, उसे वैसी सम्पूर्ण स्थिति में देखने से शुरू होगी, जिसमें वह समानता और सहानुभूति के संवेदनात्मक स्तर पर पुन: अपना रिश्ता आसपास फैली सृष्टि से

जोड़ सके—स्वयं उसके बीच जीवित रहने की भूली हुई मर्यादा को याद रख सके, इस याद को एक ऐसी कलात्मक स्पेस में अभिव्यक्त कर सके, जो स्मृति भी है, इतिहास भी, जादू भी, माया और यथार्थ की लीला भी, पुरुष और प्रकृति के बीच एक नये पुराण की रचना जो हमें एक तरफ़ बार-बार अपनी पुरानी कथ्यात्मक विधाओं की याद दिलाएगी—महाकाव्य लोककथाएँ, परी कथा, इन्द्रजाल, तो दूसरी तरफ़ उसमें हमें पश्चिमी उपन्यास के वे सर्वोत्तम, दुर्लभ क्षण भी याद आते रहेंगे, जब व्यक्ति ने अपने अन्तर्मन की अँधेरी गुहा से बाहर सम्पूर्ण से साक्षात्कार किया था। वह स्वप्न जो ब्रदर्स कारामोज़ोव में दिमित्री ने मानसिक यंत्रणा के असहनीय क्षण में देखा था, दोस्तो, मैंने एक स्वप्न देखा है, एक वाक्य जो एक कौंध में मनुष्य का समूचा, पीड़ित इतिहास आलोकित कर जाता है या फिर उस सीधे-सादे किसान की आत्मा में जिसके भीतर टॉल्स्टॉय और प्रेमचन्द ने सम्पूर्ण सत्य से साक्षात् किया था, या भीतर का वह अँधेरा सूरज, जिसकी रोशनी में लॉरेंस ने बीसवीं शती की मशीनी सभ्यता की समस्त छद्म बौद्धिक अवधारणाओं को भेदकर समूचे ब्रह्मांड से ख़ून का रिश्ता जोड़ा था। पश्चिमी उपन्यास में सम्पूर्णता की ये झलकें बहुत दुर्लभ हैं, किन्तु उनसे साक्षात् किये बिना न तो हम व्यक्ति की पीड़ा समझ पाएँगे, न उसका अतिक्रमण करके नये उपन्यास की राह खोज पाएँगे।

उपन्यास पश्चिम की विधा अवश्य हो, व्यक्ति की पीड़ा—एक व्यक्ति की हैसियत से—हर जगह एक जैसी है। यूरोपीय उपन्यास के चौखटों से मुक्त होकर हम जिस उपन्यास के पुनर्जन्म की परिकल्पना करते हैं, उसमें मनुष्य की देह पर उन सब घावों के निशान होंगे, जिसे व्यक्ति ने अपने पूर्व-जन्म में झेला है, किन्तु अब उनकी पीड़ा किसी अन्य के द्वारा या विरुद्ध न हो, सृष्टि के उस समूचे अस्तित्व से जुड़ी होगी, जिसके सुख में सुखी और जिसकी यातना में दुखी हुआ जाता है।

यहाँ देखना, होना, महसूस करना अलग-अलग खंडों में विभाजित नहीं है, जो हमें फ्रांस के नये उपन्यास में मिलता है, जिसकी व्याख्या रॉब्ब ग्रिये ने की है। रॉब्ब ग्रिये के लिए 'नया उपन्यासकार' वह है जो चीज़ों को सिर्फ़ देखता-भर है—एक तटस्थ दर्शक की तरह, जिसमें वह अपनी भावनाओं द्वारा कोई हस्तक्षेप नहीं करता। उसके विपरीत जिस उपन्यास की परिकल्पना हम कर रहे हैं, वहाँ हस्तक्षेप का प्रश्न ही नहीं उठता। क्योंकि वहाँ लेखक देखनेवाला सब्जेक्ट नहीं है और दुनिया दिखाई देनेवाली आब्जेक्ट नहीं है बल्कि दोनों एक-दूसरे के बीच में हैं; मनुष्य दुनिया के बीच में है, प्राणियों में एक प्राणी, जीवों में एक जीव, वह दूसरों को देखता है, तो दूसरे भी उसे देखते हैं—कुछ उसी भाव में, जैसे कभी पॉल क्ले ने कहा था—जब कभी मैं जंगल में घूमता हूँ तो मुझे लगता है कि जहाँ मैं पेड़ों को देख रहा हूँ, वहाँ पेड़ मुझे देख रहे हैं।

यह बिलकुल दूसरा संसार है, जहाँ कोई केन्द्र नहीं है, क्योंकि सब केन्द्र में हैं, एक चमत्कारी, जादुई दुनिया, जिसका जादू सिर्फ़ इस छोटे-से सत्य में है कि जीवन की प्राणवत्ता को सेक्यूलर और धार्मिक में विभाजित नहीं किया जा सकता; जो है, वह पवित्र है। दोस्तोएव्स्की ने कहा था कि अगर ईश्वर नहीं है, तो मनुष्य सब कुछ कर सकता है; आज हम कह सकते हैं कि अगर व्यक्ति नहीं है, तो मनुष्य सब कुछ हो सकता है, पेड़ और पत्थर और धूप और जन्तुओं के जैविक उज्ज्वल संसार में एक जीव—सार्वभौमिक पवित्रता के बीच पवित्रता का प्राण-पुंज। उपन्यास, 'ए ब्राइट बुक ऑव लाइफ़'?* हाँ, क्यों नहीं किन्तु भारतीय या यूरोपीय किताब नहीं—बल्कि जीवन की एक सम्पूर्ण किताब।

---

* डी.एच. लॉरेंस—Novel is a bright book of life.

कहानी : एक शुद्ध विधा?

पिछले वर्षों में साहित्यिक विधाओं के भीतर एक अभूतपूर्व परिवर्तन हुआ है। पहले जो विधाएँ अपने को आत्म-केन्द्रित दायरों में सुरक्षित रखती थीं, अब वे धीरे-धीरे अपनी हदों का अतिक्रमण करके दूसरी विधाओं में प्रवेश करने लगी हैं। उन्होंने अपने बन्द दरवाज़ों को खोलकर न केवल बाहर झाँका है, बल्कि अपनी देहरी को लाँघकर दूसरी विधाओं के संसार में विचरने की उन्मुक्तता दिखाई है। अब वे मुक्त रूप से एक-दूसरे से घुलती-मिलती हैं। पत्रकारिता का प्रवेश साहित्य में होता है। आँखों-देखी रिपोर्ताज कहानी की विधा में स्फूर्त होती है और जब कभी इन 'सम्भोगी' प्रयासों से किसी नई किन्तु अशुद्ध और मिश्रित विधा का जन्म होता है (जैसे—नोबोकोव का उपन्यास 'पेलफायर' या मेलर का आत्मपरक रिपोर्ताज 'आर्मीज़ ऑव द नाइट') तो उन्हें पढ़कर हमारे भीतर जो प्रतिक्रिया होती है, उसे हम आसानी से अब तक की परम्परागत, साहित्यिक विधाओं में परिभाषित या विभाजित नहीं कर सकते।

कोई साहित्यिक विधा अखंडित रूप से शुद्ध और पवित्र हो सकती है, इस बात में एक ऐसी धार्मिक शुद्धता का धूप-कपूर में रसा-बसा वातावरण याद हो आता है जिसके भीतर मलार्मे जैसे कवि तो फल-फूल सकते हैं, लेकिन मेलर जैसे बहुमुखी कथाकार ज़रूर मुरझा जाएँगे। जहाँ तक गद्य का प्रश्न है, हम उत्तरोत्तर एक ऐसी स्थिति में पहुँच गए हैं जहाँ साहित्यिक विधाएँ अपनी संकीर्ण लक्ष्मण रेखाओं से उठकर ख़ुली हवा में एक-दूसरे के साथ मिलने-जुलने लगी हैं।

किन्तु यह भी सच है कि यदि विधाओं की सीमाएँ धुँधली पड़ गई हैं तो भी इसके बावजूद कहानी, कविता और उपन्यास के बीच अन्तर अब भी कायम है। विभिन्न विधाओं के ढाँचे ज़रूर ढीले पड़ गए हों, लेकिन वे विघटित नहीं हुए हैं। कहानी सिर्फ़ इसीलिए कम कहानी या अकहानी नहीं हो जाती, यदि उसने कथा कहने की अपनी पुरानी विधि को त्याग दिया है। एक काव्यात्मक रूपक कथा के समूचे लैंडस्केप को अपनी नोक से बींध सकता है और कोई बिम्ब बार-बार हांट करता हुआ, अपने को दोहराता हुआ कथा की परम्परागत शैली को तोड़कर घटना के क्रम को एक नया अर्थ दे सकता है। किन्तु कहानी का बिम्ब या रूपक अपनी अर्थवत्ता किसी देह के भीतर ही उपलब्ध कर सकते हैं—गद्य की देह के भीतर। किन्तु इसका उलटा भी हो सकता है—कोई कविता किसी कहानी में आकार ले सकती है—पुश्किन की लम्बी कविता 'यूजिन ऑनेगिन' इसकी मिसाल है—किन्तु यहाँ कहानी की घटनाएँ केवल उस देह में स्फूर्त होती हैं, जो कविता ने उन्हें दी है, इसलिए यहाँ रचना का अन्तिम और चरम अनुभव कहानी की घटनाओं के बावजूद केवल कविता में ही अनावृत होता है। अत: साहित्यिक विधाओं का चयन स्वेच्छाचारी ढंग से नहीं हो सकता, वह अनुभव की प्रकृति में ही निहित होता है। कोई लेखक अपने अनुभव को एक विधा से दूसरी विधा में अपनी मनमर्ज़ी से स्थानान्तरित नहीं कर सकता, क्योंकि ऐसा करने

से अनुभव का जीवन्त स्फुरण ही नष्ट हो जाएगा। यह बात दूसरी है कि एक बार मर जाने के बाद कोई भी अनुभव किसी भी विधा में रूपायित किया जा सकता है—नाटक में, कविता में या कहानी में; किन्तु तब वह एक मृत नाटक होगा, एक मृत कविता और एक मृतक कहानी। ऐसा कभी नहीं होता कि लेखक कुछ अनुभव करे और फिर उस अनुभव को किसी कलात्मक फ़ॉर्म में रूपायित करे, उलटे होता यह है कि स्वयं अनुभव अपने फ़ॉर्म के साथ उपस्थित होता है। लेखक अपने अनुभव का फ़ॉर्म नहीं चुनता, अनुभव एक ख़ास फ़ॉर्म में ही लेखक के भीतर उदित होता है, इसलिए हम यह नहीं कह सकते कि किसी अनुभव को कहानी में पकड़ा गया है—कला में 'पकड़ा' कुछ भी नहीं जाता—यह ज़्यादा सही होगा कि अमुक अनुभव केवल कहानी में ही, कहानी के फ़ॉर्म में ही रूपायित हो सकता था—अन्य किसी फ़ॉर्म में नहीं।

हम कहानी को शब्दों में पढ़ते हैं, किन्तु क्या ये वही शब्द हैं जो हम किसी कविता या अख़बारी रपट में पढ़ते हैं? अख़बारी रपट के शब्द सिर्फ़ माध्यम हैं, वे हमें दुनिया और लोगों के बारे में सूचना देते हैं। एक बार सूचना पढ़ लेने के बाद उसके शब्द अपना समूचा अर्थ ख़र्च कर देते हैं, ख़ाली हो जाते हैं। कविता में शब्द अपेक्षाकृत अधिक स्वायत्त होते हैं। शब्द के अर्थ किसी बाहरी माध्यम को पूरा नहीं करते, वे शब्द की आत्म-केन्द्रित इकाइयों में ही अन्तर्निहित होते हैं; किन्तु कहानी में शब्द न सिर्फ़ रपट की तरह माध्यम होते हैं, न किसी की तरह स्वायत्त होते हैं। उनके भीतर एक तनाव भरी चमक रहती है। एक कहानी बाहर की दुनिया की रपट को अपने सत्य की भाषा में परिणत करती है।

ज़िन्दगी और कला के बीच मँडराते हुए कहानी का सत्य शब्द में बिंधा रहता है और यही शब्द वाक्यों में बिंधे रहते हैं, और एक वाक्य दूसरे वाक्य की तरफ़ जाता हुआ एक ऐसा जाल बुनता है जिसमें जीवन की धड़कन को फाँस लिया जाता है, किन्तु एक लेखक मकड़ी नहीं है जो ज़िन्दगी को मक्खी की तरह बाहर से पकड़कर भीतर लाता है, बल्कि वाक्यों के बनने के साथ-साथ कहानी का सत्य उद्घाटित होता रहता है और जाले में जो जीवन पकड़ा जाता है, वह उन रेशों से अलग नहीं होता जिनसे जाला बुना जाता है। कहानी की कला में हम मक्खी को जाले से अलग नहीं कर सकते, जिस तरह हम उसकी फ़ॉर्म को उसके कथ्य से अलग नहीं कर सकते; दोनों अविच्छिन्न हैं।

अत: किसी कला-विधा की पवित्रता वास्तव में वह फ़ॉर्म या रूप है जिसमें लेखक का समूचा दर्शन, स्वप्न-जगत् और कथ्य समाहित हो जाता है। कहानी का कथ्य छोटा या बड़ा किया जा सकता है, किन्तु जिस फ़ॉर्म में कहानी ने अपना रूप और सत्य ग्रहण किया है, वह अपनी विशिष्टता में अद्वितीय है और किसी भी हेर-फेर की अपेक्षा नहीं करता। चेख़ॅव की कहानी का अन्दरूनी और अन्तिम अनुभव इसमें निहित नहीं है कि कहानी क्या कहती है, क्योंकि कहानी में जो कहा गया है, वह कमोबेश अलग-अलग ढंग से चेख़ॅव के अनेक समकालीन लेखकों ने व्यक्त किया था; अगर चेख़ॅव की कहानियाँ एक अनोखे ढंग से अपनी स्मृति की छाप हम पर छोड़ जाती हैं, तो अपनी सघन प्राज्ज्वलता के कारण, जिसके होते लगता है कि हम उनकी कहानियों में जीवन के हाड़-मांस को छू रहे हैं, जबकि वास्तव में हम छू रहे होते हैं सिर्फ़—उनके गद्य की देह-मज्जा को। यहाँ शब्दों का इस्तेमाल न आत्मकेन्द्रित इकाइयों के रूप में होता है और न ही सूचना देने के माध्यम के रूप में; वे केवल एक विस्तार रचते हैं जिसमें होता सब कुछ है लेकिन व्याख्यायित कुछ भी नहीं किया जाता।

कथ्यात्मक गद्य की यह विशुद्धता उस समय प्रकट हुई थी जब कहानी का विकास एक स्वायत्त सत्ता के रूप में हो चुका था। कहानी को अपने आधुनिक रूप में विकसित होने के लिए छापेख़ाने की प्रतीक्षा करनी पड़ी ताकि पत्र-पत्रिकाओं में उसे एक के बाद स्वतंत्र रूप में प्रकाशित किया जा सके। यह नहीं कि कहानियाँ पहले नहीं लिखी जाती थीं, किन्तु पहले वे नीति-कथाओं (पंचतंत्र) या रोमांचकारी क़िस्सों (अरेबियन नाइट्स) या पौराणिक कथाओं की हैसियत से प्रचलित थीं। कमोबेश वे एक मौखिक परम्परा के भीतर आती थीं जहाँ कहानी-क़िस्सों को किसी सम्प्रदाय के सदस्यों को सुनाया जाता था, जिनके अनुभवों और स्मृतियों का एक सामान्य केन्द्रबिन्दु (पॉइंट ऑव रेफ़रेंस) हुआ करता था। शायद कथा-वाचक का नाम भी कोई नहीं जानता था, कम-से-कम महत्त्वपूर्ण नहीं था, क्योंकि वह श्रोता-समूह का ही अभिन्न अंग था और जो कहानियाँ वह उन्हें सुनाता था, वे कथा-वाचक और श्रोताओं, दोनों की ही स्मृतियों में साझा करती थीं। किन्तु आज हम जिस विधा को आधुनिक कहानी के रूप में जानते हैं, वह पुरानी कथाओं से केवल इसलिए भिन्न नहीं हैं कि वह अब मुद्रित होती है, सुनी नहीं जाती, किन्तु एक-दूसरे बुनियादी अर्थ में भी वह उनसे अलग है : आधुनिक युग तक आते-आते कहानी अपनी सामूहिक स्मृतियों के परिवार से बाहर निकलकर धीरे-धीरे एक व्यक्ति की निजी और प्राइवेट कल्पना को उद्घाटित करने लगी। अब उसकी जड़ें एक लेखक की निजी चेतना में रहती हैं और इस वैयक्तिक चेतना के हस्ताक्षर कहानी पर अंकित रहते हैं। कहानी के विकास में यह एक महत्त्वपूर्ण मंज़िल मानी जाएगी कि जिस दिन कहानी स्वायत्त रूप से प्रौढ़ बनी; उस दिन कहानी स्वायत्त रूप से प्रौढ़ बनी, उस दिन उसने अपने-आपको स्थानीय विचित्रताओं से भी मुक्त कर लिया; कहानी की आधुनिकता ही उसकी सार्वभौमिकता भी बन गई। यह महज़ एक संयोग नहीं था कि पेरिस में

बैठे हुए कवि बॉदलेयर, एक सुदूर अमेरिकी लेखक, एडगर ऐलन पो की अद्‌भुत, दु:स्वप्नीय कहानियों से इतना अभिभूत हो गए थे। आज हम जिसे 'तीसरी दुनिया' कहते हैं, स्वयं उसके लेखक भी आधुनिक कहानी के इस सार्वभौमिक प्रभाव से अछूते नहीं रह सके। हमारी शताब्दी के दूसरे शतक में स्वयं प्रेमचन्द यूरोप के कथा-साहित्य को, विशेष कर रूस के 19वीं शताब्दी के कहानीकारों, लेखकों को बड़ी तृष्णा और लालसा से पढ़ते थे।

इसमें कोई सन्देह नहीं कि आधुनिक कहानी को स्वायत्त और सार्वभौमिक बनाने का श्रेय सीधा-सीधा उपन्यास को जाता है, जिसने अपने विकास के आरम्भिक चरण में कथ्यात्मक विधाओं की आत्मनिर्भर स्वतंत्रता के लिए धरती तैयार की थी। इस धरती पर एक ऐसी नई कथ्यात्मक विधा ने जन्म लिया जो अपने स्वर और परिवेश में पूर्णरूप से सेक्यूलर थी; उसने अपने-आपको एकबारगी समस्त पौराणिक और धार्मिक संस्कारों से मुक्त कर लिया था। दूसरी तरफ़ उपन्यास ने अपनी जवानी की उत्कर्ष घड़ियों में मध्यवर्ग की बुर्ज़ुआ नैतिकता के सर्वव्यापी बन्धन से भी मुक्त होकर अपनी स्वतंत्र कलात्मक सत्ता को प्रतिष्ठित किया था। आज जब हम 'कला कला के लिए' के नारे के सौन्दर्यशास्त्र की भर्त्सना करते हैं तो यह भूल जाते हैं कि यही नारा अपने समय में कितना क्रान्तिकारी था। उसमें वास्तविकता से पलायन का भाव नहीं था, बल्कि उसने कला के प्रभुत्व को उस यथार्थ के विरुद्ध स्थापित किया था, जिसे बुर्ज़ुआ वर्ग ने अपनी ओछी और क्षुद्र मान्यताओं से इतना दूषित कर दिया था। आज के तथाकथित क्रान्तिकारी युग में जहाँ कला के मूल धर्म को 'कलावाद' कहकर तिरस्कृत किया जाता है, जो हमें याद रखना चाहिए कि 19वीं सदी के अन्तिम चरण में यही 'कलावादी' लेखक थे जिन्होंने मध्यवर्ग के सब मूल्यों को अस्वीकार करके समाज में एक विद्रोही 'आउट साइडर' की हैसियत से रहना पसन्द किया था।

उन्होंने कला की पवित्रता और स्वायत्तता को ढाल बनाकर समाज की उस छद्म चेतना का सामना किया था जो आज हमारे युग का चरम-अभिशाप बन चुकी है। यह वह क्षण था जब कला की स्वतंत्रता छद्म सामाजिक मूल्यों के विरुद्ध एक नैतिक चुनौती का प्रतीक बन गई थी। इसे जाने बिना हम फ्लॉबेयर जैसे लेखक की पीड़ा नहीं समझ सकते, जो एक तरफ़ अपने उपन्यास लिखते जाते थे और दूसरी तरफ़ उस पब्लिक से घोर घृणा करते थे जो उनके उपन्यास पढ़ती थी।

यह विडम्बना ही मानी जाएगी कि 19वीं सदी के अन्तिम और अवसादपूर्ण शतकों के दौरान ही कहानी को अपनी विश्वसनीय आवाज़ मिली थी। हम जब टॉल्स्टॉय, चेख़ॅव और मोपासाँ की कहानियाँ पढ़ते हैं तो हमें कुछ हैरानी-सी होती है कि उनके हाथों कहानी जैसी संक्षिप्त और सुकुमार विधा ने व्यक्ति की घोर पीड़ा और अन्तर्द्वंद्व को तो व्यक्त किया ही था किन्तु उसके साथ उस समय की दमघोंटती और विषादजनक सामाजिक परिस्थितियों पर भी इतनी साफ़ और संयत टिप्पणी की थी। अब कहानी उपन्यास की ग़रीब बिरादर नहीं थी, उसने स्वयं अपने पैरों पर खड़े होने का जोखिम उठाया था। यह सही है कि उसमें अब भी पुराने क़िस्सों का भावनात्मक लिरिसिज़्म बचा रह गया था, किन्तु उसने अपने अनुभव क्षेत्र के लिए जो दायरा चुना था, वह उपन्यास से बहुत अलग था।

क्या उपन्यास और कहानी का अन्तर इसी में निहित है कि कहानी अपने आकार में छोटी और संक्षिप्त होती है? और क्या इस लाघव्य के कारण कहानी मानवीय स्थिति को उतने सजीव विस्तार और गहनता से अभिव्यक्त नहीं कर पाती जितना एक उपन्यास करता है? अंग्रेज़ी साहित्यकार और समीक्षक मि. प्रिशेट दोनों के बीच अन्तर समझते हुए कहते हैं : "उपन्यास हमें सब कुछ बताता है जबकि कहानी सिर्फ़ एक बात बताती है—पूरी सघनता के साथ।" क्या सचमुच ऐसा है?

एक चीज़ का क्या मतलब है और जिसे मि. प्रिशेट सब कुछ कहते हैं? क्या उपन्यास सचमुच जन्म से लेकर मृत्यु तक मनुष्य के समस्त अनुभवों को अपने में समेट पाने की शक्ति रखता है? सच तो यह है कि इस तरह की कसौटियाँ बिलकुल फेल हो जाती हैं जब हम उन्हें किसी महत्त्वपूर्ण कलाकृति पर लागू करते हैं। टॉल्स्टॉय की कहानी 'ईवान इलिच की मृत्यु' सिर्फ़ एक चीज़ के बारे में है, मरने के बारे में, किन्तु क्या यह एक चीज़ उन समस्त अनुभवों को अपने में नहीं समेटती जिसे ईवान इलिच ने अपनी समूची ज़िन्दगी में भोगा है? यह कहानी जीवन के एक ऐसे नैतिक किन्तु निर्णायक क्षण पर केन्द्रित है, जो पिछले गुज़रे हुए वर्षों की घोर निराशा और अँधेरे को सहसा आलोकित कर जाता है और इस तरह उन सब कृत्रिम विभाजनों को नष्ट कर देता है, जिसे आलोचक 'एक और समस्त' के बीच खींचते हैं। और फिर मिसेज डेलोवे का क्या कहेंगे? यह कहानी नहीं, पूरा उपन्यास है, किन्तु इसकी लेखिका वर्जीनिया वुल्फ़ को इसमें कोई दिलचस्पी नहीं थी कि उसकी नायिका के समूचे जीवन में क्या बीता-गुज़रा है। वह केवल उसके कुछ चुने हुए क्षणों को ही उद्घाटित करती है (मिसेज़ वुल्फ़ शायद उन क्षणों को मोमेंट्स ऑव विज़न कहेंगे) किन्तु बाक़ी ज़िन्दगी एक बन्द किताब की तरह हमेशा बन्द रहती है, उस अतीत के ताले की तरह बन्द, जिसे हम कभी नहीं खोल पाएँगे, इसलिए कहानी और उपन्यास के बीच 'एक और अनेक' का विभाजन निरर्थक है। यहाँ शायद हमारे लिए उपनिषद् दर्शन ज़्यादा कारगर होगा जिसने एक में अनेक और अनेक में एक खोजने का सत्य बताया था और शायद यही सत्य हमें विधाओं को एक-दूसरे से अलग करते समय भी ध्यान में रखना चाहिए।

यह कह देने के बाद मैं तुरन्त यह जोड़ना चाहूँगा कि कहानी और उपन्यास के बीच गहरा अन्तर है किन्तु वह अन्तर नहीं जिसकी कसौटी मि. प्रिशेट ने निर्धारित की है। दोनों में अन्तर एक या अनेक

ब्योरों के बीच नहीं है, बल्कि इन ब्योरों के प्रति ख़ुद लेखक का क्या रुख़ है, उनसे वह किस तरह का सम्बन्ध बिठाता है, कथा-विधा का फ़ॉर्म इस रुख़ और सम्बन्ध द्वारा अनुशासित होता है। ज़रूरी नहीं एक कहानी का दर्शन एक उपन्यास की अपेक्षा कम सम्पूर्ण या कम व्यापक हो—किन्तु इस दर्शन के भीतर कहानी का हर डिटेल एक भिन्न क़िस्म का तनाव और तापमान ग्रहण करता है। उपन्यास की तरह कहानी के ब्योरे केवल माध्यम मात्र ही नहीं हैं, जो एक-दूसरे से जुड़ते हुए अन्त में एक समग्र प्रभाव छोड़ते हैं, बल्कि कहानी में हर डिटेल अपनी ही ज़िन्दगी से स्पन्दित होता हुआ एक स्नायुतंत्र है और जब कहानी ख़त्म होती है तो कुछ भी पूरा नहीं होता, क्योंकि उसमें कभी कुछ भी शुरू नहीं होता। बेशक छपे हुए पन्ने पर कहानी एक बिन्दु से शुरू होती है और दूसरे बिन्दु पर समाप्त होती जाती है, किन्तु चेतना की सतह पर कहानी के जीवन का एक अंश ही दिखाई देता है, अपनी रोशनी में चमकता हुआ। कहानी समय के दरिया में नहीं बहती, जहाँ उपन्यास बहता है, बल्कि वह एक तालाब-सी जमी रहती है जो स्थिर है; स्मृति का स्थिर समय, जिसमें याद करना ही उसकी सतह को थोड़ा-सा हिलाना है। उपन्यास के माध्यम से स्मृति समय की शक्ति के ख़िलाफ़ संघर्ष करता है, किन्तु कहानी में ऐसा पुरातन तत्त्व कायम रहता है जिसमें चीज़ें समय के ख़िलाफ़ नहीं, बल्कि उसके सन्दर्भ में याद की जाती हैं। यही कारण है कि कहानी उपन्यास की अपेक्षा शब्दों पर ज़्यादा निर्भर रहती है। क्योंकि यहाँ शब्द उन घटनाओं के समानान्तर चलते हैं जो हम याद करते हैं, वे महज़ स्मृति को उजागर करने का साधन नहीं हैं, जो व्यतीत हो गई हैं।

यही तथ्य हमें एक महत्त्वपूर्ण बिन्दु की ओर ले जाता है। व्यक्ति की चेतना के बारे में यह एक विचित्र चीज़ है कि जब वह समय के पैमाने में रूपायित होती है तो अनिवार्यतः उपन्यास की विधा में ही ढलकर आती है,

किन्तु दूसरे छोर पर जब वह अपने को शब्दों के कालातीत-तंत्र में समेट लेती है तो हमेशा कविता बनकर बाहर निकलती है। किन्तु उस चेतना का क्या होता है जो समय की गति को रोकने की तो कोशिश करती है किन्तु शब्दों के स्वायत्त तंत्र में डूबना नहीं चाहती? ऐसे क्षण में एक ऐसी साहित्यिक विधा का जन्म होता है जो उपन्यास और कविता के बीच की जगह को समेटती है जिसे अगर हम चाहें तो कहानी का नाम दे सकते हैं, जिसका एकमात्र प्रेरणा-स्रोत यही एक लालसा है कि वह किसी तरह कविता के जमे हुए समय को पिघलाकर उस कथ्यात्मक क्षेत्र में बहा सके जो असल में उपन्यास की ज़मीन है। कहानी अपनी छोटी-सी जीवन-यात्रा में उस अजानी और ख़ाली ज़मीन को पार करती है जो भाषा और समय, कविता और इतिहास के बीच फैली है।

क्या यह एक दुर्लभ करतब है कि कहानी अपनी संरचना में काव्यात्मक हो किन्तु अपने उद्‌देश्य में कथ्यात्मक? किन्तु यही दुर्लभ चमत्कार तो हमें ईसाक बाबेल, हेमिंग्वे, केथरीन मेंसफील्ड और डी.एच. लॉरेंस की कुछ कहानियों में मिलता है जिनमें उन्होंने असाधारण पवित्रता और उज्ज्वल सात्त्विक संयम के साथ कथ्यात्मक ब्योरों को साधने का दुस्साहस किया और उसमें सफल भी हुए। ख़ुद हमारे देश में माणिक वंद्योपाध्याय, जैनेन्द्र और प्रेमचन्द की कुछ कहानियों में उनके उपन्यासों की अपेक्षा यही संकेन्द्रित शक्ति और तन्मयता दिखाई देती है। ये सब लेखक जो एक-दूसरे से इतने भिन्न हैं, कम-से-कम एक बात में बिलकुल समान दिखाई देते हैं, जिसे टॉमस मान ने 'पैशन और पवित्रता' का अद्‌भुत समन्वय माना था। यह बात हमें बाबेल में दिखाई देती है जिन्होंने अपनी कहानियों में अपने समय के इतिहास को इतनी पैनी नोक से भेदा था—तथ्यों और घटनाओं का विवरण देकर नहीं बल्कि एक नंगी और नुक़ीली इमेज के द्वारा जिसमें एक सिपाही द्वारा बतख़ का गला मरोड़ने से जो ख़ून फ़व्वारे की तरह फूटता है और अँतड़ियाँ

बदबदाकर बाहर निकलती हैं—यह एक इमेज इतने कम शब्दों में युद्ध की रक्तिम विभीषिका को जिस भयावह आवेग के द्वारा व्यक्त करती है, उसे शायद भारी-भरकम युद्ध सम्बन्धी उपन्यास भी व्यक्त नहीं कर पाते। यह चेख़ॅव ही तो थे जिन्होंने एक बार गोर्की को सलाह दी थी कि चाँदनी को व्यक्त करने के लिए एक टूटी हुई बोतल के काँच में चाँदनी के अक्स को दिखाना ही काफ़ी है। यदि बाबेल ने इतिहास को एक काव्यात्मक बिम्ब में परिणत किया था तो चेख़ॅव ने दूसरे छोर पर काव्यात्मक बिम्ब को अपने कथ्यात्मक गद्य के शान्त प्रवाह में पिरोया था। गद्य में यह चमत्कार—बिना कविता की काव्यात्मकता और उपन्यास के ऐतिहासिक समय का सहारा लिये उपलब्ध कर पाना—एक तरह से कहानी द्वारा उस चुनौती को स्वीकार करना था जो हमारे भीतर उपन्यास और कविता से अलग एक नया भावनात्मक संसार रचा पाती है।

यही चुनौती हिन्दी कहानी ने स्वीकार की थी, किन्तु सन्दर्भ और परिवेश यूरोप से बिलकुल भिन्न था। भारत जैसे परम्पराग्रस्त समाज में अक्सर साहित्य धर्म या सामाजिक विचारधाराओं का अनुचर होता है जिसके कारण उसकी स्वायत्त सत्ता हमेशा ख़तरे में पड़ी रहती है। यदि साहित्य समाज के विभिन्न सरोकारों के दलदल में धँसा रहे तो वह धर्मशास्त्र या सामाजिक-राजनीति का परजीवी बन जाता है, एक जोंक की तरह उनका ख़ून खींचकर जीवित रहता है और इस तरह आत्मा की आवाज़ बनने का नैतिक अधिकार खो देता है। यही कारण है कि बीसवीं शताब्दी के आरम्भ में हिन्दी कहानी ने अपने को विभिन्न सामाजिक, धार्मिक आग्रहों और पूर्वग्रहों से मुक्त करके एक स्वतंत्र साहित्यिक फ़ॉर्म में विकसित होने का सतत् और साहसपूर्ण संघर्ष किया था। यह सम्भव नहीं हो पाता, यदि हिन्दी कहानी सेक्यूलर होने की लम्बी और पीड़ायुक्त यात्रा तय न करती। सेक्यूलर सबसे अधिक व्यापक अर्थ में—केवल धर्मनिरपेक्षता के अर्थ में नहीं। यदि प्रेमचन्द के साथ हिन्दी कहानी एक

कला-विधा के रूप में इतनी प्रौढ़ हुई तो इसलिए कि वे अपने समय के सबसे अधिक सेक्यूलर लेखक थे।

किन्तु यही शायद प्रेमचन्द और उनके अन्य समकालीन लेखकों की सबसे बड़ी सीमा भी थी, क्योंकि भारतीय सन्दर्भ में महज़ सेक्यूलर होना काफ़ी नहीं है। अपने को धार्मिक रूढ़ियों से मुक्त करना स्वतंत्रता का चिह्न है किन्तु आधुनिकता की झोंक में अपने को धर्मनिरपेक्ष बनाना, यह स्वतंत्र नहीं आत्म-उन्मूलन की बीमारी का शिकार होना है। कहानी में जो सेक्यूलेरिज़्म एक स्वच्छन्द हल्कापन देता है, वही उपन्यास में दृष्टि को सीमित कर देता है। हमारे समाज में धर्मनिरपेक्षता का आधुनिक आन्दोलन दरअसल मुक्ति का आन्दोलन न होकर उन धार्मिक विश्वासों के विघटन को व्यक्त करता है, जो एक समय में भारतीय जनता को इस धरती पर रहने का आश्वासन देते थे। धार्मिक विश्वासों की इस धरती से निष्कासित होकर हिन्दुस्तान का मध्यवर्ग अब एक ऐसे सेक्यूलर युग के खुले रेगिस्तान में फेंक दिया गया है जहाँ उसके संस्कारगत मिथक और प्रतीक उसकी मदद नहीं कर सकते। अतीत से मुक्त होकर वह वर्तमान में अपने को अजनबी और आत्मनिर्वासित पाता है। हिन्दी कहानी ने भारतीय मध्यवर्ग की इस आध्यात्मिक उदासीनता और विषाद को बहुत सशक्त ढंग से व्यक्त किया है, किन्तु भारतीय उपन्यास कुछ अपवादों को छोड़कर नैतिक आदर्शों की खोई हुई पवित्रता से चिपटा रहा है। (रवीन्द्रनाथ ठाकुर का गोरा एक उदाहरण है, जो न विश्वास की गरिमा दे पाता है, न सन्देह की पीड़ा को व्यक्त कर पाता है।) इसके विपरीत हिन्दी कहानी ने उस कीचड़ में धँसने का थोड़ा-बहुत प्रयास किया, जिसकी गन्दगी और गलाजत से आज समूचा भारतीय-जीवन ग्रस्त है।

भारतीय मनुष्य सिर्फ़ आर्थिक मनुष्य नहीं है, न ही उसका औपनिवेशिक-त्रास केवल उसकी आर्थिक पीड़ा को व्यक्त करके चुक जाता है। भारतीय मनुष्य का आधुनिक संकट समस्त औपनिवेशिक

अपवित्रताओं से ग्रस्त है जो उसकी संस्कृति का संकट है। यहीं कथ्यात्मक कला की सबसे बड़ी विडम्बना दिखाई देती है। हम जिसे अभी तक फ़ॉर्म की पवित्रता मानते आए थे वह अनुभव के उस कूड़े-करकट की अपवित्रताओं से बनती है, जिसे जीवन हमारे पास छोड़ जाता है। हम प्रेम करते हैं और घृणा करते हैं और दु:ख भोगते हैं और सारे समय हम अनुभवों के घटाटोप में घिरे रहते हैं, एक ऐसा घटाटोप जिसकी कोई तार्किक संगति नहीं, जिसका कोई पैटर्न, कोई अर्थ समझ में नहीं आता। हमारे अनुभव क्षेत्र की अराजकता जितनी ही बढ़ती है, उतना ही हमारे ऊपर विचारधाराओं के विभिन्न मठाधीशों का आतंक बढ़ता जाता है, जो हमारी असंगत स्थिति को किसी-न-किसी ऐतिहासिक या मनोवैज्ञानिक शास्त्र द्वारा सुलझा देना चाहते हैं। जितना ही संकट गहन होता है, उतनी ही मसीहों और मठाधीशों की आवाज़ें ज़्यादा ऊँची और कर्णभेदी होने लगती हैं, स्वयं कला इन आवाज़ों द्वारा आच्छादित होने लगती है। यदि कला इन सत्ताधारी मसीहाओं की भाषा बोलने से इनकार कर देती है तो उसे चुप रहने के लिए बाध्य किया जाता है और सचमुच दुनिया के उन देशों में उसे चुप कर दिया गया है, जहाँ सत्ता ने भाषा की जड़ों को ही भ्रष्ट और निष्प्राण कर दिया है। एक बार फिर ईसाक बाबेल की याद आती है, जो शायद हमारे युग के सबसे असाधारण कहानी लेखक थे; उन्होंने बहुत पहले सोवियत लेखक सम्मेलन में एक भाषण देते हुए कहा था : "मैं एक नई साहित्यिक विधा का इस्तेमाल करने जा रहा हूँ और वह है—मौन की विधा;" किन्तु गूँगे नारों के कोलाहल के बीच मौन भी विरोध का प्रतीक हो जाता है। ईसाक बाबेल को अपने मौन के लिए लेबर कैम्प में मरना पड़ा।

इससे हमें एक शिक्षा तो मिलती ही है—आज के युग में जहाँ हर तरह की चालबाज़ी और आतंक द्वारा मनुष्य की नैतिक चेतना को संत्रस्त किया जाता है, कला ही एक ऐसी चीज़ बची रह गई है जो

सत्य की भाषा के प्रति सम्पूर्ण रूप से प्रतिबद्ध है—एक ऐसी प्रतिबद्धता, जिसके बिना समस्त सामाजिक प्रतिबद्धताएँ मूल्यहीन हो जाती हैं। मनुष्य को नष्ट करने से पहले उसकी भाषा को नष्ट किया जाता है, किन्तु उसे नष्ट करने की ज़रूरत ही नहीं। आदमी जीवित ही नहीं रहता, यदि उसकी भाषा मृत हो जाती है। इसलिए जब हम कहानी की विधागत पवित्रता की बात करते हैं तो हम कला के रहस्यवादी सौन्दर्य की बात नहीं कर रहे हैं, बल्कि भाषा की अन्त:शक्ति और कल्पना की अन्तहीन ऊर्जा की बात कर रहे हैं, जो अपने सत्य को बाहरी आवाज़ों से भ्रष्ट नहीं होने देती। हम उसकी फुसफुसाहट में अपने सत्य को सुनते हैं। कलात्मक विधाएँ सार्वभौमिक हो सकती हैं किन्तु कलात्मक सत्य नहीं, वे अनिवार्यत: उस भाषा में लिपटे होते हैं, जिसमें वे सम्प्रेषित किये जाते हैं। यदि यह भाषा जीवित नहीं रहती तो हम अपने समय में कला और मानवीय गरिमा को भी नहीं बचा सकते।

कलाकृति और आलोचना की मर्यादा

एक अच्छी आलोचना हमें क्यों उद्वेलित करती है? इस प्रश्न को थोड़ा बदलकर इस तरह भी पूछ सकते हैं कि एक कलाकृति जिस तरह हमें उद्वेलित करती है, आलोचना द्वारा उत्प्रेरित उद्वेलन क्या वैसा ही होता है? एक क्षण के लिए अगर हम शास्त्रीय बहस में न पड़ें कि आलोचना और कला के उद्वेलन-स्रोत कहाँ एक-दूसरे से भिन्न हैं तो फिर इस जिज्ञासा का समाधान कैसे करें कि कभी-कभी कोई आलोचना हमें उतनी ही गहराई से मथने लगती है जितनी कोई कलाकृति—या शायद उससे भी ज़्यादा? एक समीक्षा के द्वारा हम उस समीक्षित-कृति का कोई विराट् सत्य पा लेते हैं, जैसे किसी उपन्यास को पढ़कर हम जीवन के एक अभेद्य रहस्य की कुंजी पा लेते हैं। अगर कलाकृति का सम्बन्ध उस चीज़ से है जिसे हम 'जीवन' कहते हैं, तो क्या उस जीवन का महत्त्व कम है, जो एक कलाकृति में संचारित होता है जिसे आलोचना एक

चकाचौंध की तरह आलोकित कर देती है? इस अर्थ में दोनों ही अनुवादक हैं, लेखक अपने संसार का टेक्स्ट अपनी रचना में अनुवादित करता है, आलोचक उसी रचना को टेक्स्ट बनाकर वापस मुड़ता है—वापस उस संसार में, जो अब कलाकार की व्यक्तिगत सम्पत्ति न रहकर एक सार्वजनिक अनुभव बन गया है—कला का अनुभव, जिसमें सब साझा कर सकते हैं।

यह वापस मुड़ना महत्त्वपूर्ण है, क्योंकि महत्त्वपूर्ण आलोचना इसी 'मुड़ने' की प्रक्रिया में जन्म लेती है। यही चीज़ एक आलोचक को एक पाठक से भी अलग करती है। जब एक समीक्षक किसी कलाकृति का रसास्वादन करता है, वह स्वयं एक पाठक है, बल्कि एक अच्छे आलोचक की प्राथमिक शर्त यही है कि वह कितना भाव-प्रवण, कितना चौकन्ना, कितना उत्सुक पाठक है; किन्तु जब यही उत्सुकता पाठक को उस कृति का पुनरावलोकन करने को उत्प्रेरित करती है, जिसने उसे झिंझोड़ा है तो यहाँ रसास्वादन के साथ एक और चीज़ जुड़ जाती है—आलोचनात्मक जिज्ञासा, जो सिर्फ़ कृति का ही मूल्यांकन नहीं करती बल्कि पाठक को अपनी प्रतिक्रियाओं की पड़ताल करने को भी बाध्य करती है। अब वह कलाकृति का निस्संग भावक मात्र नहीं रहता, सिर्फ़ इसी से सन्तोष नहीं कर लेता कि किसी कविता या कहानी में वह कितना डूबा है; वह डूबते-डूबते ऊपर आता है, उत्सुक और जिज्ञासु निगाहों से देखता है, कौन-सी वह लहर थी जिसने उसे इतने गहरे तल में डुबो दिया था, जहाँ से आई थी? उसने जो डूबकर तल की गहराई में देखा था, अब वही अनुभव उसे तल के ऊपर 'सतह' को देखने के लिए विवश करता है। एक कलाकृति की सतह—उसकी भाषा के दृश्य-संकेत—उतना ही बड़ा सत्य हैं जितनी उसके अर्थ की गहराई; दोनों अभिन्न रूप से कला में सम्पूर्ण सत्य के साथ जुड़े हैं; बिना एक को जाने दूसरे को जानना असम्भव है; दरअसल कला का रहस्य दोनों के अन्तर्निहित रिश्ते में वास करता है।

लेकिन रहस्य की एक अजीब विशेषता है; अगर वह पूरी तरह अभेद्य और अज्ञात हो, तो वह कभी 'रहस्य' नहीं रहेगा, क्योंकि तब वह अपने प्रति हमारी कोई जिज्ञासा नहीं जगा सकेगा। वे सब सत्य—और ऐसे लाखों सत्य होंगे—हमारे लिए कभी रहस्यमय नहीं हो सकेंगे क्योंकि वे हमेशा हमारे बोध के परे रहेंगे। ईश्वर का रहस्य उसके होने या न होने में नहीं है; उसका रहस्य 'ईश्वर' शब्द के बोध में है, जो उसके होने या न होने के बारे में जिज्ञासा जगाता है। दूसरी तरफ़ वह सत्य भी कभी रहस्य का दर्जा नहीं प्राप्त करता, जिसके अर्थ को मनुष्य पूरी तरह उपलब्ध और हासिल कर लेता है, (appropriate) कर लेता है—क्योंकि तब उस अर्थ के परे कुछ भी जानना शेष नहीं रहता। उदाहरण के तौर पर अख़बार की रपट जिस सत्य को सम्प्रेषित करती है, एक बार उसे जान लेने के बाद वह हमारे लिए कोई 'रहस्य' नहीं; रपट जिस स्थिति का वर्णन करती है, वह रहस्यमय भले ही हो, किन्तु स्वयं रपट का कथ्य नहीं। एक कलाकृति का सत्य यदि रहस्यमय होता है तो इसलिए कि वह न तो पूरी तरह बोध के परे है, न पूरी तरह से मनुष्य उसे हासिल कर पाता है; वह कहीं इन दो चरमों के बीच में है; वह कुछ कहती है, कुछ नहीं कहती, इसलिए नहीं कि वह कहना नहीं जानती, बल्कि जो कलाकृति कहती है, उसमें वे अकथनीय सत्य भी शामिल होते हैं, जो अपनी चुप्पी के बावजूद उसमें मौजूद रहते हैं; आलोचना की यह एक बड़ी चुनौती है कि क्या वह कलाकृति के कथ्य से उसके अकथ्य को—उसकी भाषा से उसके मौन को—दो शब्दों में कहें तो उसकी सतह से उसकी गहराई को उजागर कर पाती है या नहीं।

हिन्दी आलोचना में हमें प्राय: ऐसे वाक्य दिखाई दे जाते हैं...अमुक उपन्यास की भाषा बहुत सुन्दर और संवेदनशील है, किन्तु उपन्यास अपने में बहुत 'सफल' नहीं माना जा सकता। सफल शायद इसलिए नहीं है कि वह किसी गहरे, महत्त्वपूर्ण सत्य को सम्प्रेषित नहीं कर पाता।

किन्तु उपन्यास का सत्य अनिवार्यतः उसकी भाषा में संवेदित होता है। और यदि वह सत्य अनुपस्थित या आलोचना की कसौटी पर महत्त्वहीन और अप्रासंगिक है, तो उसकी भाषा को सशक्त या संवेदनशील माननेवाली कसौटी कौन-सी है? क्या भाषा की सामर्थ्य को कलाकृति की अर्थवत्ता से अलग किया जा सकता है? संवेदनहीन भाषा जिस तरह कलाकृति का अर्थ उद्घाटित नहीं कर पाती, उसी तरह उस कलाकृति की भाषा कभी संवेदनशील नहीं मानी जा सकती, जो किसी महत्त्वपूर्ण सत्य से शून्य है। दिलचस्प बात यह है कि ऐसी आलोचना में भाषा के प्रति 'सौन्दर्यवादी' सम्मोहन और कलाकृति के प्रति समाजशास्त्रीय आग्रह—दोनों साथ-साथ चलते हैं—और आलोचक इसमें कहीं भी कोई आत्म-विरोध नहीं देख पाता। वह इस सत्य को अनदेखा कर देता है कि कलाकृति का रहस्य उसके अलग-अलग तत्त्वों या तन्तुओं में नहीं, उसके समूचे संघटन-विधान में जीवित रहता है और ज्योंही हम एक तत्त्व को दूसरे से अलगाते हैं, कलाकृति का सत्य और सौन्दर्य, दोनों ही बिखर जाते हैं, मुरझाने लगते हैं।

कला के इस स्वायत्त धर्म पर विश्वास करना कहाँ तक उचित है—यदि उचित है—तो इस विश्वास का स्रोत कहाँ है? हम यह मानकर चलते हैं कि शब्दों के अर्थ होते हैं और ये अर्थ किसी-न-किसी रूप में बाह्य यथार्थ के अनुभवों से सम्बन्ध रखते हैं; जब हम हरे रंग का शब्द उच्चारित करते हैं, तो कहीं-न-कहीं घास का स्मरण हो आता है। अर्थ और अनुभव का यह साम्य (correspondance) सिर्फ़ बाहरी यथार्थ की ठोस चीज़ों पर ही नहीं, बल्कि हमारे अन्तर्मन की सूक्ष्म और अमूर्त अनुभूतियों पर भी लागू होता है। हर शब्द किसी अनुभव की याद है, किसी जाने-पहचाने यथार्थ की स्मृति जगाता है—किन्तु अजीब बात यह है कि शब्दों में संयोजित कविता अपने में एक ऐसे यथार्थ का सृजन करती है, जो शब्दों के अलग-अलग अर्थों में नहीं चुक जाता, बल्कि एक ऐसे

अर्थ की सृष्टि करती है, जो कविता के बाहर कहीं उपलब्ध नहीं है। शब्दों के अर्थ परिचित हैं, किन्तु कविता में उनका रहस्यमय संयोजन एक ऐसे सत्य से साक्षात्कार कराता है, जो अब तक अपरिचित था, एक ऐसा अनूठा और स्वायत्त सत्य, जो हमारे समस्त परिचित अनुभवों से अलग है और चूँकि सत्य का यह चमत्कार शब्दों के भीतर संयोजित है—वह किसी दूसरी विधा में सम्प्रेषित नहीं हो सकता।

किन्तु यदि कलाकृति का सत्य अपने में बिलकुल स्वायत्त और विशिष्ट है, तब उसके मूल्यांकन की कसौटी क्या हो? क्या यह ज़रूरी है कि कलाकृति का स्वायत्त अर्थ अपने में महत्त्वपूर्ण, जीवनदर्शी और मूल्यवान सत्य भी हो?

एक कलाकृति जो सत्य हमें सम्प्रेषित करती है, वह अपने में चाहे कितना अद्वितीय और अनूठा क्यों न हो—उसका मूल्य अन्ततः उन रिश्तों में उद्घाटित होता है जो वह अब तक के हमारे अर्जित किये, अनुभूत सत्यों के साथ जोड़ पाती है। जब हम कोई महान् उपन्यास या कविता पढ़ते हैं, किसी संगीत-रचना को सुनते हैं, किसी मूर्ति या पेंटिंग को देखते हैं तो वह उन सब अनुभवों की याद दिलाती है, जो न हमें सिर्फ़ दूसरी कलाकृतियों से प्राप्त हुए हैं बल्कि जो कला से बाहर हमारे अपने जीवन-अनुभव के भी सत्य हैं। एक कलाकृति का अनुभव अब तक के अर्जित हमारे समूचे अनुभव-संसार को झिंझोड़ जाती है। वह एक टूरिस्ट का निष्क्रिय अनुभव नहीं है जिसे वह अपनी नोटबुक में अंकित करके सन्तोष कर लेता है। वह एक जीवन्त, सक्रिय अनुभव है जो हमारे अनुभव-संसार में प्रवेश करता है, उसमें अजीब क़िस्म की हलचल उत्पन्न कर देता है। अपने मात्र अस्तित्व से उसके समूचे स्वरूप और पैटर्न को बदल देता है और अन्ततः हमें विवश करता है कि उस कलाकृति के आलोक में अपने समस्त अनुभव-सत्यों की मर्यादा का पुनर्मूल्यांकन कर सकें। एक महान् कलाकृति मनुष्य को नहीं बदलती,

न उसके संसार को बदलती है, वह सिर्फ़ उस रिश्ते को बदलती है जो अब तक मनुष्य अपने संसार से बनाता आया था; लेकिन एक बार रिश्ता बदल जाने के बाद न तो वह मनुष्य ही वैसा मनुष्य रह पाता है, जैसा वह कलाकृति के सम्पर्क में आने से पहले था, न उसका संसार वैसा संसार रह जाता है जो उसे कलाकृति के अनुभव के बाद दिखाई देता है। एक आलोचक जितनी सूक्ष्म दृष्टि से इस बदलाव को परिभाषित कर सकेगा, उतनी ही अधिक प्रामाणिकता के साथ वह उस कलाकृति के मूल्य और अर्थवत्ता को भी रेखांकित कर सकेगा।

अतः यदि समर्थ आलोचना की पहली शर्त यह है कि वह कलाकृति के अखंडित और स्वायत्त यथार्थ को पहचान सके; तो दूसरी शर्त यह भी है कि वह कलाकृति के बाहर फैले यथार्थ को भी एक सम्पूर्ण और अविभाज्य के रूप में स्वीकार सके; एक ऐसा यथार्थ जिसकी अर्थवत्ता सिर्फ़ इतिहास और समाज के अनुभवों में ही समाप्त नहीं हो जाती—जो बिना मनुष्य के भी जीवित था और तब भी जीवित रहेगा जब मनुष्य नहीं होगा। जब तक वह यथार्थ के इस सार्वभौमिक अनुभव को अपनी आलोचना का सन्दर्भ-बिन्दु (reference point) नहीं बनाता, तब तक वह कलाकार की इस अदम्य लालसा को नहीं समझ पाएगा जो इस नामहीन यथार्थ को नाम, आकारहीन यथार्थ को बिन्दु, अराजक यथार्थ को एक अर्थ देना चाहती है। यदि कला का मूल रहस्य मनुष्य की इस सृजनात्मकता में निहित है कि वह यथार्थ के नामहीन अनुभव को रूपायित कर सके, तो क्या सृजनात्मक आलोचना की प्रतिज्ञा यह नहीं होगी कि वह इसी यथार्थ को कसौटी मानकर कलाकार के शब्द, रूप और नामों की सच्चाई और सार्थकता का परीक्षण कर सके? किन्तु इस अनुभव का मूल्यांकन मनुष्य की समूची संस्कृति के सन्दर्भ में ही हो सकता है। इसी अर्थ में एक महान् आलोचक अपनी संस्कृति का भी आलोचक होता है; वह कलाकृति के स्वायत्त अनुभव को मानवीय संस्कृति की निरंतरता में—

जिसे हम परम्परा कहते हैं—उसके भीतर परिभाषित करता है। वह एक साथ दो प्रश्नों का सामना करता है—क्या दुनिया का बाह्य यथार्थ कला के अन्तर्निहित यथार्थ का साक्षी हो सकता है? इससे जुड़ा दूसरा प्रश्न है—क्या कला का अन्तर्निहित सत्य दुनिया के यथार्थ का साक्षी हो सकता है?

ऊपर से देखने पर भ्रम हो सकता है कि कला का यथार्थ और दुनिया का यथार्थ दो स्वतंत्र इकाइयाँ हैं;—एक यदि इतिहास के द्वारा अनुशासित होती है तो दूसरी के नियम कहीं मनुष्य के भीतर परिचालित होनेवाले मिथक और स्मृतियों—एक कालातीत स्वप्न-भाषा—में बसते हैं। यह अकारण नहीं है कि अनेक यूरोपीय भाषाओं में उपन्यास को 'रोमान' या रोमांस की संज्ञा दी जाती है, जिसका अनुभव मनुष्य के दैनिक और दुनियावी यथार्थ से बाहर और परे की चीज़ है। जब उपन्यास जैसी समाजोन्मुख विधा को काल्पनिक रोमांस माना जाता है तो कविता या संगीत जैसी विधाओं की लौकिक मर्यादा कितनी सन्दिग्ध हो सकती है, इसका अनुमान लगाना मुश्किल नहीं है। हम एक ऐसी सभ्यता में रहते हैं जहाँ दुनिया के यथार्थ को कला के सत्य से विलगित कर दिया गया है—पानी में खड़ी दो चट्टानों की मानिन्द—जिनकी छाया एक-दूसरे को भले ही छूती हो—किन्तु जिनका मूल तत्त्व और आधारभूमि एक-दूसरे से बिलकुल अलग हैं। कहना न होगा कि इस अलगाव के रहते न केवल हमारा जीवन-यथार्थ सत्त्वहीन हो गया है, बल्कि स्वयं कल्पनाशीलता की गरिमा—जो हर कलाकृति का ऊर्जा स्रोत है—धीरे-धीरे सूखने लगी है।

यथार्थ के प्रति यह खंडित दृष्टिकोण हमारी आधुनिक सभ्यता की विलक्षण देन है, जो शायद पहले किसी समाज में मौजूद नहीं था। इस दृष्टिकोण के कारण स्वयं मार्क्सवादी आलोचना—जो एक समय में यथार्थ की समग्रता को प्रतिपादित करने का दावा करती थी—आज अविश्वास से उस बिन्दु पर आ खड़ी हुई है, जहाँ बीसवीं शती के शुरू में प्रतीकवादी एस्थेरिक आलोचना थी। यदि एक का अविश्वास उस

'यथार्थ' से है जो कलाकृति में जीवित रहता है, तो दूसरे का सन्देह उस कल्पनाशीलता से है, जो यथार्थ की अन्तहीन सम्भावनाओं को उजागर करती है। हम एक ऐसे विकट समय में रह रहे हैं जहाँ हमने यथार्थ के बहुमुखी स्वरूपों को इतिहास की एक-आयामी धारा में ढालकर सर्वथा श्रीहीन बना दिया है वहाँ कला को सिर्फ़ व्यक्ति के अन्तर्मन की छाया में संकुचित कर एक ऐसी विपन्न 'मिनिमल' अवस्था में डाल दिया है, जहाँ उसका दूसरे की स्मृति और संस्कार में कोई साझा नहीं। दोनों ही स्थितियों में यथार्थ का अनुभव और कला की क्षमता अपने को एक खंडित, और अवमूल्यित अवस्था में पाते हैं।

संकट के ऐसे बिन्दु पर आलोचना का हस्तक्षेप गहरे और व्यापी अर्थों में एक नैतिक हस्तक्षेप होगा, ऐसा मैं मानता हूँ। नैतिक केवल कलाकृति के मूल्यों के निर्धारण में नहीं, बल्कि समूची सभ्यता की मर्यादाओं के मूल्यांकन में, जिसके बिना किसी भी कलाकृति की प्रासंगिकता या सार्थकता को नापना असम्भव है। कलाकृति की मूल्यवत्ता आँकने की तब एक ही विश्वसनीय और प्रामाणिक कसौटी रह जाती है—क्या वह अपने युग के सन्देह और अविश्वास के कुहरे को भेदकर एक ऐसे सत्य से साक्षात् कराती है, जहाँ मनुष्य के मन और बाहर की सृष्टि में कोई विभाजन नहीं रहता? एक कलाकृति में यह साक्षात्कार एक स्वप्न की तरह होता है, लेकिन यह स्वप्न मायावी नहीं है, आत्मछलना नहीं है; यह एक खोया हुआ सत्य है, जो एक समय में मनुष्य के अनुभव-संसार के केन्द्र में था, जिसे आधुनिक व्यक्ति—अपनी खंडित अवस्था के बावजूद या शायद उसी के कारण—एक स्मृति की तरह सँभाले और सँजोए रहता है। आदमी उसी चीज़ का स्वप्न देखता है, जो कभी पहले था, जो आज भी कहीं छिपा है; हम उसकी छिपी हुई मौजूदगी को एक गुज़री हुई याद की तरह महसूस करते हैं—नॉस्टेल्जिया की तरह नहीं, बल्कि एक छिपे हुए ज़ख़्म की तरह। चूँकि हमने इस स्मृति को नहीं खो दिया है,

इसलिए वह कभी भी हमारे यथार्थ में प्रवेश कर सकती है, उसका हिस्सा बनकर उसे सम्पूर्ण रूप से बदल सकती है। हर सृजनात्मक आलोचना इस विश्वास को केन्द्रबिन्दु बनाकर कलाकृति का मूल्य आँकती है—कलाकृति जो ख़ुद अपने में ज़ख़्म है और एक ज़ख़्मी विभाजित जीवन का अतिक्रमण करने का प्रयास भी!

आज तक हम कला को सभ्यता का अंग मानते आए थे, किन्तु पिछले चार सौ वर्षों के दौरान—विशेष कर यूरोपीय रेनासाँ के बाद—सभ्यता के सब प्रतीक—वे चाहे विज्ञान के हों या दर्शन के—मनुष्य को उसके सम्पूर्णत्व, उसके आत्यंतिक और अखंडित 'आत्म' को विभाजित करते आए हैं। यह एक ऐसी प्रक्रिया है, जिसमें मनुष्य की बुद्धि का उसकी संवेदना से, उसकी देह का उसकी आत्मा से, उसके अस्तित्व का उसकी दृष्टि से कोई सम्बन्ध नहीं रह गया है। आज हमें इस अद्‌भुत विडम्बना का सामना करना पड़ता है कि कला जो क्लासिक और मध्यकालीन युग में मानव की सम्पूर्ण चेतना की सबसे समर्थ अभिव्यक्ति मानी जाती थी, हमारे युग में आते-आते उसकी सार्थकता संस्कृति का अंग बनने में नहीं, बल्कि उन मूल्यों और मर्यादाओं को अस्वीकृत करने में निहित हो जाती है, जिसके रहते मनुष्य का यथार्थ उत्तरोत्तर एकांगी, पंगु और विशृंखलित होता गया है। संस्कृति जो एक समय में कला की संरक्षित पीठिका थी, उसे पोषित करती थी—जिसके रहते दांते और तुलसीदास-जैसे कवियों को सहज रूप से ही अपने काव्य-संसार के भरे-पूरे रूपक और प्रतीक मिलते थे, अब उस संस्कृति ने अपनी परम्परागत भूमिका छोड़ दी है। आज का सुसंस्कृत मनुष्य कोई भी हो, कलाकार नहीं है; उसका ऐसी 'संस्कृति' से कोई सरोकार नहीं जिसने व्यक्ति की स्वायत्तता के नाम पर उसे 'आत्म-शून्य' बना दिया है और समूह के नाम पर लोक स्वभाव की सहज धारा और स्मृति को सुखा दिया है। सबसे उल्लेखनीय बात यह है कि व्यक्ति-ग्रस्त और समूह-ग्रस्त, दोनों ही व्यवस्थाओं ने एक ही

समानधर्मा संस्कृति को जन्म दिया है—इतिहास, प्रगति और विज्ञान की आक्रामक मर्यादाओं से मंडित, जिसमें कला समाज के केन्द्र में नहीं, बल्कि मानवीय अनुभव के हाशिए पर ठेल दी गई है—एक उपभोग्य कला-वस्तु (art-object), फिर चाहे उसे मनोरंजन का मात्र साधन माना जाए या समाज के लिए उपयोगी वस्तु, उससे कोई अन्तर नहीं पड़ता।

यहीं पर एक कलाकृति का मूल्यांकन एक व्यापक सन्दर्भ में एक पूरी संस्कृति का मूल्यांकन हो जाता है; एक आलोचक आधुनिक मानसिकता की उस विश्लेषणात्मक शैली को नहीं स्वीकार करता जहाँ कलाकृति के सौन्दर्य को एस्थेटिक्स के हवाले कर दिया जाता है और उसकी प्रासंगिकता को इतिहास के फ़ॉर्मूलों द्वारा मूल्यांकित किया जाता है। वह आधुनिक संस्कृति के इस छद्म वर्गीकरण से ऊपर उठकर कलाकृति के मूल सत्य पर अपना ध्यान केन्द्रित करता है। यह सत्य फ़िलॉसफ़ी या तर्कशास्त्र की बौद्धिक अवधारणाओं का सत्य नहीं है, बल्कि वह कहानी, कविता या उपन्यास रचने की प्रक्रिया में एक ऐसे संसार में उद्घाटित होता है, जिसके मिथक और प्रतीक आधुनिक संस्कृति की मर्यादाओं से बिलकुल अलग हैं। हर महत्त्वपूर्ण कलाकृति का सत्य उसके विकल्पीय संसार में निहित रहता है। यह विकल्पीय संसार कोई ऐसा संसार नहीं है, जिसका यथार्थ से कोई नाता नहीं, बल्कि वह उस यथार्थ का सत्य है, जिससे मनुष्य का नाता टूट गया है; एक स्वायत्त संसार, किन्तु आत्मकेन्द्रित संसार नहीं, वह एक खुली स्पेस का संसार है, एक कला-वस्तु का सीमित, सुन्दर संसार नहीं, जिसे दर्शक बाहर से देखता है बल्कि एक सक्रिय और सम्पूर्ण सत्य का वाहक—जो बार-बार हमारी दुनिया में प्रवेश करता है, उसे भंग करता है, झिंझोड़ता है; सम्पूर्ति और सम्पूर्णता की स्मृति जगाता है। इसी अर्थ में कलाकृति की अनुभूति हमारी संस्कृति के विभाजित अनुभवों की सबसे सटीक और प्रखर आलोचना हो जाती है। *व्यावहारिक आलोचना की मर्यादा यह*

है कि वह उस 'भाषा' का मूल्य पहचान सके, जिसमें एक कलाकृति हमारे युग की संस्कृति पर आलोचना करती है।

कलाकृति की भाषा—मैं इस प्रश्न पर दुबारा लौटना चाहूँगा। इस निबन्ध के आरम्भ में मैंने कहा था कि किसी आकृति का विशिष्ट सत्य उसकी भाषा में ही गुम्फ़ित रहता है, उसके बाहर नहीं। किन्तु यह एकतरफ़ा व्यापार नहीं है। जहाँ यह सच है कि एक कलाकृति का सत्य शब्दों के विशिष्ट संयोजन में ही उद्घाटित होता है, वहाँ यह भी उतना ही सच है कि वह सत्य कला की भाषा को भी अपनी विशिष्ट गुणात्मकता में उजागर करता है। दूसरे शब्दों में, एक कलाकृति की भाषा सम्प्रेषण का महज़ माध्यम मात्र नहीं है बल्कि कलाकृति में ही वह अपना आत्मीय और आत्यन्तिक चरित्र उद्घाटित करती है। यहीं पर कलाकृति की भाषा और संसारी-उपयोग की भाषा में पहली बार मूलभूत अन्तर दिखाई पड़ता है। हाइडगर ने इस सत्य को बहुत सुन्दर ढंग से परिभाषित किया है। एक कारीगर जब औज़ार बनाने के लिए पत्थर का इस्तेमाल करता है तो औज़ार बनने पर पत्थर की उपयोगिता भी ख़त्म हो जाती है; किन्तु जब एक मूर्तिकार उसी पत्थर को मूर्ति बनाने में इस्तेमाल करता है तो वहाँ पत्थर माध्यम या साधन नहीं रहता, जिसकी उपयोगिता मूर्ति बनने के बाद चुक जाती है; उलटे स्वयं मूर्ति का सत्य पहली बार पत्थर के सहज आत्मीय गुण—उसके पत्थरपन—को उजागर करता है। एक अख़बारी रिपोर्ट में शब्दों की उपयोगिता रिपोर्ट के कथ्य को सम्प्रेषित कर देने के बाद समाप्त हो जाती है किन्तु एक कविता को एक बार पढ़ लेने के बाद शब्दों का महत्त्व ख़त्म नहीं हो जाता—यहाँ शब्द सिर्फ़ माध्यम नहीं है, इसीलिए हम बार-बार उसके पास लौटते हैं क्योंकि यदि शब्दों के बीच कविता ने अपना सत्य पाया है, तो इसी सत्य ने पहली बार कविता के शब्दों को 'शब्द' होने की मर्यादा से पुष्ट किया है। कविता में शब्द असली अर्थ में शब्द बनते हैं जैसे मूर्ति में पत्थर असली अर्थ में पत्थर बनता है।

यदि एक आलोचक भाषा के इस प्राकृतिक आयाम को नहीं समझ पाता, वह कला के एक अत्यन्त मूल्यवान सत्य को अनदेखा कर देता है जो उसे संस्कृति से नहीं—प्रकृति के विराट् परिवेश से मिलता है, जहाँ मनुष्य का कोई दख़ल नहीं, किन्तु जो बार-बार मनुष्य के संसार को खटखटाता है। कुछ शब्द जादुई होते हैं, अपने अर्थों में नहीं; बल्कि उनके परे; दैहिक रूप से जादुई, जिनका जादू उनकी ध्वनि में निहित होता है, ऐसे शब्द जो कोई सन्देश देने से पहले भी अपना अर्थ रखते हैं, शब्द जो अपने में ही अर्थ और संकेत हैं, जिन्हें समझना नहीं, सुनना होता है, एक जानवर के शब्द, एक बच्चे की स्वप्न-भाषा...मारिना स्वेतायोवा ने यह बात पुश्किन के सन्दर्भ में कही थी, किन्तु क्या वह हर कलाकृति पर लागू नहीं होती? इसी अर्थ में एक कलाकृति मानवीय भी होती है, और ग़ैर-मानवीय भी। मिट्टी, पत्थर, स्वर, शब्द—शब्द जो सबसे शुरू में था—एक ऐसी भाषा की सृष्टि करते हैं, जिसे समझना नहीं, सुनना होता है, देखना होता है, अनुभूत करना होता है। किन्तु जो सभ्यता प्रकृति पर विजय पाने में ही अपना गौरव प्राप्त करती है, वह सुनने, देखने और अनुभूत करने की क्षमता को ही नष्ट कर देती है। उसका सम्बन्ध प्रकृति के प्रति उतना ही आक्रामक है, जितना कलाकृति के प्रति लोलुप—समझना एक तरह से हासिल करने का पर्याय हो जाता है, जो गर्वीली स्पर्धा से उत्पन्न होता है, अनुभूत करने की विनयशील आत्मीयता से नहीं। कितना अजीब है कि जिस आक्रामक रिश्ते से प्रकृति का प्रदूषण होता है, कला की भाषा का दूषण भी ठीक उसी रास्ते से होता है। इसीलिए कुछ आश्चर्य होता है, जब लीविस और ऑरवेल जैसे आलोचक कला-भाषा के अवमूल्यन पर तो विक्षोभ करते हैं—और ठीक ही करते हैं—किन्तु उसके कारण केवल राजनीति, पत्रकारिता या शिक्षा-पद्धति में ही टटोलकर सन्तोष कर लेते हैं। वे कला की भाषा को मात्र माध्यम मानकर चलते हैं, मानवीय-संस्कृति का मात्र एक उपादान—

इसीलिए वे उस वैषम्य को नहीं देखते जो स्वयं मनुष्य की संस्कृति और कलाकृति की प्रकृति, शब्द और सत्य के बीच आ खड़ा हुआ है।

किन्तु यदि कलाकृति की भाषा अपनी 'गूँज' की प्रकृति से लाती है, जो मनुष्येतर है, उसका सत्य बराबर उस स्वप्न में ध्वनित होता है, जो मनुष्य के भीतर है, जब वह प्रकृति से अलग नहीं हुआ था। इसीलिए एक कलाकृति से साक्षात् कभी-कभी एक गहरा आध्यात्मिक अनुभव भी होता है। क्या आज की आलोचना ने कभी ऐसे अनुभव को परिभाषित करने का प्रयास किया है, जो किसी दार्शनिक धर्मशास्त्र के घेरे में नहीं आता, जो परम्परागत अर्थ में 'आध्यात्मिक' नहीं है, जो मनुष्य को किसी धार्मिक सन्देश देने का दावा नहीं करता—लेकिन वह अपने में इतना सम्पूर्ण है कि एक कौंध में हमें अपनी 'स्थिति के समूचे सत्य' से साक्षात् करा देता है। यह तभी हो पाता है जब एक कलाकृति विभाजित मानस की पीड़ा और अन्तर्द्वंद्व से जन्म लेकर भी महज़ उसकी प्रतिच्छाया नहीं रहती, वह पीड़ा एक दूसरा दरवाज़ा भी खोलती है, जहाँ हर खंडित अनुभव के बाक़ी अवशेष दिखाई देते हैं—जीवन की कुहलिका में उपेक्षित, दबे हुए, तिरस्कृत—किन्तु कलाकृति के आलोक में—उसी अनुभव को पूरा करते हुए, अर्थ देते हुए—जिसके कारण एक अद्भुत आनन्द की अनुभूति होती है। महत्त्वपूर्ण बात यह है कि ऐसी कृति में आनन्द का अनुभव पीड़ा को काटता नहीं, न ही पीड़ा का घटाटोप आनन्द को ओझल करता है, बल्कि दोनों अनुभव एक साथ होते हैं। गोएटे का नायक वर्थर अपने खंडित अनुभवों के बीच पहली बार प्रेम की सम्पूर्णता—उसके अलौकिक आनन्द—को अनुभूत करता है। बिना उस आनन्द के क्या वह अपनी पीड़ा को छू पाता जिसने उसे आत्महत्या करने को विवश किया? किन्तु बिना उस पीड़ा को भोगे क्या हम प्रेम के उस सम्पूर्ण अनुभव को देख पाते, जिसे कोई दूसरा उपयुक्त शब्द न मिलने के कारण मैंने 'आध्यात्मिक अनुभव' कहा है?

यदि मैंने आलोचना के सन्दर्भ में वर्थर का उदाहरण दिया है, तो इसलिए कि हमारी आज की आलोचना ने अपने को ऐसे संकीर्ण दायरे में बाँध लिया है जिसके बाहर कला के अनेक अनुभव उपेक्षित और अपरिभाषित पड़े रहते हैं जिन्हें आसानी से रोमांटिक या आध्यात्मिक कहकर ख़ारिज कर दिया जाता है। यही नहीं, हमारे विज्ञ आलोचक एक ही लेखक के अनुभव-संसार को विभाजित करने की शल्य-क्रिया करने में नहीं हिचकते—हम उन अनुभव-खंडों को स्वीकार लेते हैं जो आज के हमारे सामाजिक-ऐतिहासिक आग्रहों से मेल खाते हैं, किन्तु उसी लेखक के उन पक्षों के बारे में चुप रहते हैं—जो उसकी बनी-बनाई इमेज को किसी रूप में भंग करते हैं, उसमें असंगति उत्पन्न करते हैं। यही कारण है कि हम टॉल्स्टॉय के चिन्तनशील निबन्धों को 'धार्मिक प्रोपेगैंडा' मानकर उपेक्षित करते हैं, जबकि उनके उपन्यासों को यथार्थवादी मानकर उनकी पूजा करते हैं—मानो टॉल्स्टॉय के आध्यात्मिक अन्तर्द्वंद्वों और विश्वासों का उनके कला के यथार्थ से कोई सम्बन्ध न हो। वे यह भूल जाते हैं कि इसी सम्बन्ध के रहते 'ईवान ईलिच की मृत्यु' जैसी महान् रचना का जन्म हुआ था। आलोचना की सबसे मूल्यवान मर्यादा यह है कि वह कलाकृति के समूचे तन्तुजाल के रेशों को विश्लेषित करे, जिसमें संसारी यथार्थ और आध्यात्मिक लोक के अनुभव एक-दूसरे से गुँथे रहते हैं—जिनके भीतर एक ऐसा सत्य जन्म लेता है, जहाँ यथार्थ का अनुभव दूसरे यथार्थ के अनुभव का निषेध नहीं करता, बल्कि वह एक खुली भूमि तैयार करता है, जहाँ यथार्थ की अनेक परतें खुलती हैं, एक-दूसरे से टकराती हैं, एक साथ अनेक अर्थों को उद्घाटित करती हैं। *यदि यथार्थ के विभिन्न अर्थों का कोई लोकतंत्र है, जो वह केवल उस स्वतंत्रता में ही उपलब्ध होता है, जिसे हर कलाकृति अपने भीतर लेकर चलती है, जो न किसी एक अर्थ से अपने को नत्थी करती है, न किसी दूसरे अर्थ की तानाशाही स्वीकार करती है।*

किन्तु सब अर्थ एक तरह से ही मूल्यवान नहीं होते। किसी कलाकृति का कोई भी अनुभव नगण्य नहीं है—लेकिन वह है, इसीलिए मूल्यवान नहीं बन जाता। समर्थ आलोचना—जहाँ अर्थों के लोकतंत्र को स्वीकार करती है, वहाँ वह मूल्यों की वर्ण-व्यवस्था को भी गहरा सम्मान देती है, जिसके बिना किसी भी कलाकृति की गुणवत्ता या—गुणहीनता को पहचानना असम्भव है।

पिछले वर्षों में यदि हिन्दी आलोचना का परिदृश्य कुछ अधिक उत्साहवर्द्धक नहीं दिखाई देता तो इसका एक कारण शायद यह है कि स्वयं आलोचना ने अपनी मूल्य-व्यवस्था का निर्माण करने की कोई विशेष चेष्टा नहीं की। किसी रचना की समीक्षा पढ़ते हुए हमें आलोचक के सामाजिक आग्रह ज़रूर दिखाई देते हैं, किन्तु उन आग्रहों की मूल्यवत्ता जो परम्परा, संस्कृति और कलात्मक अनुभवों के सम्बन्धों के बीच निर्मित होती है, वह कहीं दिखाई नहीं देती। किसी कृति की आलोचना पढ़ते समय हम आलोचना की राजनीतिक-सामाजिक विचारधारा से तो परिचित होते हैं—उस सांस्कृतिक परिवेश की आबोहवा से नहीं—जहाँ बहुत-सी धाराएँ एक साथ चलती हैं—जिनके बीच कलाकृति अपना विशिष्ट चरित्र बनाती है। चूँकि आलोचक का अपनी संस्कृति की व्यापक अर्थसत्ता से कोई लगाव नहीं, इसीलिए उसमें कलाकृति की अन्तर्निहित समग्रता को जाँचने का भी ज़्यादा उत्साह नहीं। इसीलिए हमारे यहाँ संस्कृति के विचारक एक वर्ग में आते हैं—कला के आलोचक दूसरे वर्ग में—दोनों में कहीं आदान-प्रदान नहीं होता। यदि हम हजारीप्रसाद जी को अपवाद मानकर छोड़ दें—तो किसी एक आलोचक में दोनों लगाव लगभग साथ नहीं दिखाई देते।

हिन्दी आलोचना का यह दुर्भाग्य रहा है—और शायद सिर्फ़ हिन्दी आलोचना का नहीं—कि वह कलाकृति की बहुआयामी भूल-भुलैयों में जाने से कतराती है—कोई कृति नितान्त वैयक्तिक पीड़ा में सामाजिक सन्दर्भों को खोल सकती है और सामाजिक यथार्थ के बीच व्यक्ति का रहस्यमय मनोसंसार उद्‌घाटित कर सकती है—कला के इस अन्तर्विरोधी चरित्र में उसे ज़्यादा विश्वास नहीं। वह एक सीधा-सादा रास्ता अपनाना पसन्द करती है, जहाँ एक ख़ास अर्थ को चुना जा सके—और फिर उस एकांगी अर्थ की सूली पर कलाकृति के समूचे चरित्र को टाँगा जा सके। मुश्किल यह है कि खूँटे से उतारकर जो चीज़ हाथ आती है, वह कलाकृति नहीं, उसकी मुर्दा देह है, जिसकी प्राणवत्ता को आलोचक न जाने किस अँधेरी गली में फेंककर फरार हो जाता है? ऐसी आलोचना ने ही हमारे यहाँ प्रसाद को 'हिन्दू आध्यात्मिकता' और प्रेमचन्द को 'यथार्थवादिता' की सूली पर चढ़ाकर अपने कर्तव्य से मुक्ति पा ली है। यदि आज तक निराला और मुक्तिबोध ठीक-ठीक किसी एक सैद्धान्तिक कठघरे में फिट नहीं होते, तो उसका श्रेय हमारी आलोचना को नहीं, इन कवियों के उस विराट, संश्लिष्ट और अन्तर्विरोधी धाराओं में विस्फोटित होती हुई ऊर्जा को जाता है जिसे किसी एक सामाजिक और रूपवादी व्याख्या में रिड्यूस करना असम्भव है। हमारी आलोचना का अभिशाप यह नहीं है कि वह किसी मार्क्सवादी या कलावादी दृष्टि के बोध से आक्रान्त है—काश, ऐसी कोई विवेकशील दृष्टि अपनी सम्पन्न प्रखरता में हमारे पास होती—उसका अभिशाप यह है कि वह कला के प्रति बहुत ही सँकरा और सिकुड़ा हुआ—अंग्रेज़ी शब्द का इस्तेमाल करूँ—तो निरा रिडक्टिव रुख़ अपनाती है; उससे कलाकृति का अवमूल्यन तो होता ही है, उस दृष्टि या विचारधारा की विपन्नता भी ज़ाहिर होती है, जिसकी कसौटी पर कलाकृति को आँका गया है।

आशा की बात यह है कि समय-समय पर अवमूल्यन की इस प्रक्रिया का विरोध किया गया है, व्यवस्थित रूप से नहीं, लेकिन गहरी संस्कारसम्पन्न व्यक्तिगत प्रतिक्रियाओं के आधार पर। विजयदेव नारायण साही और कुँवर नारायण के अनेक निबन्ध इस प्रतिक्रिया का सर्वोत्तम उदाहरण है। स्वयं डॉ. नामवर सिंह ने बरसों पहले कहानी के क्षेत्र में सामान्याकृति धारणाओं का खंडन करते हुए एक समर्थ और सृजनात्मक हस्तक्षेप किया था। अज्ञेय द्वारा 'नई कविता' का आकलन, नेमिचन्द्र जैन की उपन्यास-आलोचना इसी कोटि में आती है। किन्तु कला के प्रति जिस 'रिडक्टिव' रुख़ का उल्लेख मैंने ऊपर किया है, यदि उसका कोई निरन्तर, मूल्यवान और सब बाधाओं और अभियोगों के बावजूद एक सुचिन्तित और साहसी आलोचनात्मक विरोध हुआ है—उन युवा आलोचकों द्वारा—जिन्हें पूर्वग्रह की 'बदनाम मंडली' का सदस्य माना गया है। पिछले वर्षों में आलोचना के क्षेत्र में यदि मलयज, रमेशचन्द्र शाह और अशोक वाजपेयी का योगदान इतना महत्त्वपूर्ण रहा है तो इसलिए कि उन्होंने आलोचना की मूल्यहीनता के कुहासे से निकलकर एक सांस्कृतिक पीठिका प्रदान की है, जिसमें आलोचक की दृष्टि उतनी ही महत्त्वपूर्ण है, जितनी कलाकृति की स्वायत्तता। दोनों के टकराव से ही ऐसी बिजली पैदा होती है, जो हमारी चिन्ताओं और सरोकारों के समूचे परिवेश को आलोकित कर पाती है।

हर महत्त्वपूर्ण आलोचक के पास अपनी दृष्टि या दर्शन होना चाहिए—सिर्फ़ कला के सम्बन्ध में नहीं, बल्कि समूची संस्कृति के बारे में—उसे आप उसकी 'आइडियोलॉजी' कहें, तो भी इस प्रसंग में कोई अन्तर नहीं पड़ता। कोई आलोचक ख़ाली हाथ किसी कलाकृति के पास नहीं जाता; जो आलोचक ख़ाली हाथ जाते हैं, मुझे डर है, वे ख़ाली हाथ लौट भी आते हैं। एक आलोचक नंगा और निरीह होकर नहीं, अपने सब विश्वासों, पूर्वग्रहों, अस्त्रों-शस्त्रों से लैस होकर एक कलाकृति का सामना करता है।

ये अस्त्र और औज़ार वह अपने अध्ययन, सूझ-बूझ और अनुभव-संसार से अर्जित करता है। इसी अनुभव-संसार के भीतर वह उन मूल्यों की व्यवस्था बनाता है जो उसे कलाकृति के मूल्यांकन में योग देती है। किन्तु यदि आलोचक की मूल्य-व्यवस्था कलाकृति के अनुभव को आलोकित करने के बजाय धुँधलाते हैं, खंडित करते हैं, तो मूल्यांकन के वे सब अस्त्र-औज़ार बेकार और निरर्थक पड़े रहेंगे, जो वह अपने साथ लाया है। एक आलोचक इन्हीं औज़ारों से कलाकृति के मूल्यों को परखता है; किन्तु ऐसा भी होता है, कि कोई कलाकृति एक ऐसी विकल्पीय संसार के मूल्यों की रचना करे, जिसके सम्पर्क में आते ही आलोचक को अपनी मूल्य-व्यवस्था के सब औज़ार और कसौटियाँ अपर्याप्त, एकांगी और असन्तोषजनक जान पड़ें। यह उसके सामने गहरी चुनौती का प्रश्न है : क्या वह अपनी मूल्य-व्यवस्था से चिपका रहेगा, और किसी दर्शन, विश्वास और विचारधारा को अपनी बैसाखी बनाकर कलाकृति की वैकल्पित सत्ता को ख़ारिज कर देगा—अथवा उसमें इतना नैतिक साहस और आलोचनात्मक विवेक होगा, कि वह अपने अस्त्रों और विश्वासों को अनुपयुक्त मानकर छोड़ दे, और आलोचना के ऐसे औज़ारों का निर्माण करे, जो उस कलाकृति के अपरिचित संसार की अर्थवत्ता को नये सिरे से परिभाषित करने में सक्षम हो सके। यदि आलोचना की मर्यादा इसमें है, कि वह तटस्थ होकर नहीं, अपने विश्वासों और आग्रहों के साथ कलाकृति से मुठभेड़ करती है, तो उससे कहीं ऊँची मर्यादा यह है कि ज़रूरत पड़ने पर वह अपनी उन सब कसौटियों और मापदंडों को त्याग सकती है, जो उस कलाकृति के सामने झूठी और अप्रासंगिक बन गई हों। किन्तु यह वही आलोचक कर सकेगा, जिसके पास छोड़ने को कुछ है, जो ख़ाली है, वह क्या कुछ छोड़ेगा?

प्रेमचन्द की उपस्थिति

प्रेमचन्द की मृत्यु को चार दशक से अधिक बीत चुके हैं। हर दशक के कथाकारों ने उन्हें अपनी-अपनी कसौटी पर परखा है, स्वीकारा है या अस्वीकारा है। ऐसे समकालीन लेखक भी हैं, जिन्हें शायद प्रेमचन्द का नाम ही निरर्थक जान पड़े—क्योंकि उनकी सृजन-यात्रा में वह उन्हें किसी भी रूप में प्रासंगिक नहीं जान पड़ते; किन्तु ऐसे कथाकारों की रचनाओं में भी हमें प्रेमचन्द की अदृश्य छाया मिल जाती है। एक क्लासिक लेखक की यह अद्भुत विशेषता है कि हम उसके आविष्कारों को बिना उसके प्रति आभारी महसूस हुए भी अपना लेते हैं—शायद सबसे गहरा प्रभाव वह होता है, जब हम यह तक भूल जाएँ कि इस प्रभाव को हमने कहाँ से, किस स्रोत से प्राप्त किया है। हम अपनी स्वतंत्रता में एक ऐसी परम्परा का अनुकरण करते हैं, जो हर जगह है और किसी जगह दिखाई नहीं देती। क्या आज भी प्रेमचन्द हमारे बीच अदृश्य-रूप से उपस्थित हैं? मैं आपका ध्यान इस प्रश्न की ओर

आकर्षित करना चाहूँगा और यह भी कि एक लेखक की उपस्थिति से हमारा क्या अभिप्राय है?

यहाँ सबसे पहले मैं उस भ्रान्ति की ओर संकेत करना चाहूँगा, जिसे एक अरसे से हमारे आलोचकों ने पोषित किया है—वह है किसी लेखक की उपस्थिति या प्रभाव को उसके विचारों या विश्वासों में खोजना, जबकि सत्य यह है कि साहित्य में किसी लेखक के विश्वास उसकी रचनाओं से अलग कोई हैसियत नहीं रखते। मैंने जानबूझकर 'साहित्य' में कहा है, क्योंकि उसके बाहर उसके विश्वासों का अवश्य महत्त्व होता है, लेकिन बाहर भी अलग से उनके बारे में हमारी जिज्ञासा नहीं जाग पाती, यदि पहले से ही हम उसकी रचनाओं में एक विशिष्ट यथार्थ से साक्षात्कार नहीं कर पाते।

शायद मैं अपनी बात को उलझाकर कह रहा हूँ, वास्तव में बात बहुत सरल है—यदि आज हम अपने बीच प्रेमचन्द की उपस्थिति महसूस करते हैं—तो उनके प्रगतिशील विचारों या यथार्थवादी आदर्शों (या आदर्शवादी यथार्थ—आप जो भी कहना चाहें) के कारण नहीं—बल्कि उनकी रचनाओं में निहित मनुष्य, एक भारतीय मनुष्य की मानसिक बनावट के कारण, जिसे पगने, फूलने में सैकड़ों वर्ष लगे थे—एक स्थिर व्यक्तित्व का चेहरा, जिसका दर्शन हमें पहली बार उनकी कहानियों—उपन्यासों में हुआ था। एक चेहरे का सत्य नहीं, बल्कि ऐसे सत्य का चेहरा, जिसे उन्होंने शहरी, ग्रामीण, क़स्बाती चेहरों के बीच गढ़ा था—औपनिवेशिक स्थिति में रहनेवाले एक हिन्दुस्तानी की आर्कीटाइप छवि जो उनसे हमारे साहित्य में नहीं थी।

किन्तु इससे ज़्यादा महत्त्वपूर्ण बात यह है कि प्रेमचन्द के बाद के कहानीकारों के लिए भी वह छवि अपनी उड़ानों के लिए एक स्थायी आधार-बिन्दु, एक ज़मीन, एक तरह की 'बेस-कैम्प' बन गई थी। इस कैम्प से ऊपर जाते हुए अनेक लेखक-पर्वतारोही अपने भीतर प्रेमचन्दीय

संसार की तसवीरें अपने साथ ले गए थे; यात्रा के दौरान इन तसवीरों में अनेक मोड़-सलवटें, विकार और विकृतियाँ दिखाई दी थीं—बड़े घर की बेटियाँ अकेली पड़ती गईं, पंच-परमेश्वर की जगह नक़ली 'जूडास' आ विराजे, बेकारी और बेरोज़गारी के दिनों में बड़े भाई साहब का उत्साह इतना मन्द पड़ गया कि अपने छोटे भाई के साथ गुल्ली-डंडा खेल सकें; प्रेमचन्द का विश्वास कि एक भारतीय मनुष्य—वह किसान हो या एक निम्न-मध्यवर्गीय क़स्बाई अर्द्धशिक्षित क्लर्क या कर्मचारी—अपनी पुरानी खोई हुई ख़ुशी को खोज सकता है—वह बाद के वर्षों में धीरे-धीरे एक मरीचिका-सा बनता गया। यह एक भारतीय लिबरल बुद्धिजीवी की मरीचिका थी, जिसकी झलक पहली बार बीसवीं शती के शुरू में दिखाई दी थी।

हमें हैरानी होगी कि प्रेमचन्द ही नहीं, भारत के अनेक शहरी बुद्धिजीवी—जिनमें स्वयं गांधीजी शामिल थे—(उनके 'हिन्द स्वराज' के बावजूद) एक समय में भारतीय समाज की मुक्ति बाहर के दुश्मनों से छुटकारा पाने में खोजते थे—वह चाहे गांधीजी की आँखों में विदेशी सत्ता हो, या प्रेमचन्द की आँखों में समाज की कुरीतियाँ और अन्धविश्वास हों; आशा यह थी, कि एक बार इनसे छुटकारा पाने के बाद हम दैन्य और दरिद्रता के आँसू भारतीय चेहरे से पोंछ सकेंगे। यह कुछ वैसा ही भ्रम था, जैसे कोई बीमार आदमी यह सोचे कि उसके रोग का कारण उसके मैले-कुचैले कपड़ों से जुड़ा है—एक बार हिम्मत जुटाकर वह अपने चिथड़ों को उतार फेंके और तब अचानक पहली बार देखे, कि समूची देह कोढ़ के ज़ख़्मों से अटी है; रोग कपड़ों में नहीं था, उलटे उन्होंने ही रोग को अपने भीतर छिपा रखा था। वे सिर्फ़ बाहर से ही 'दुश्मन' प्रतीत होते थे, भीतर का दुश्मन कहीं और बैठा था।

भीतर का दुश्मन? आपमें से कुछ लोग सोचेंगे कि मैं आपको किसी टेढ़े-मेढ़े रास्ते से अस्तित्ववादी दर्शन की ओर ले जा रहा हूँ;

कुछ दूसरे प्रबुद्ध, आधुनिक लोगों को शायद लगेगा कि मैं किसी भीतरी 'पाप' की ओर संकेत कर रहा हूँ, जिसका उल्लेख अक्सर हमें पश्चिम के अस्तित्ववादी कैथोलिक लेखकों में मिलता है, किन्तु यदि आपको मेरी बात से कर्म की ज़िम्मेदारी और पाप की जवाबदेही का हल्का-सा अहसास हो जाता है, तो मेरे लिए यह काफ़ी है। आपको शायद यह भी महसूस होगा, कि इन मुहावरों में कुछ शब्द आपके जाने-पहचाने हैं, कर्म, पाप, आदि; हम चाहे इनका दार्शनिक अर्थ ठीक-ठीक न समझें, तो भी एक भारतीय किसान से लेकर एक करोड़पति भी इन शब्दों में कहीं-न-कहीं अपने संस्कारों की झलक पाता है; लेकिन ज़िम्मेदारी? जवाबदेही? इन शब्दों को पढ़कर हम तुरन्त भड़क भी न जाएँ, तो भी कुछ परेशानी में पड़ जाते हैं; क्या इनसे 'विदेशी दर्शनों' की बू नहीं आती? यदि अपने कर्मों के कारण कोई ग़रीब भूखा रहता है, तो उसके प्रति हमारी जवाबदेही का क्या मतलब?

कहने की ज़रूरत नहीं, मैं इन विश्वासों को कुछ ज़्यादा ही सरलीकृत ढंग से—एक पैरोडी—की तरह प्रस्तुत कर रहा हूँ; लेकिन इससे शायद कोई इनकार नहीं करेगा, कि जाने-अनजाने हम भारतीय अक्सर इन तर्कों की आड़ में अपने कर्मों की ज़िम्मेदारी से हाथ धो लेते हैं, लेकिन यदि हमारी जीवन प्रणाली में 'ज़िम्मेदारी' का स्थान नहीं, या बहुत नगण्य है, तो फिर स्वाभाविक प्रश्न उठता है—उसमें नैतिकता का स्थान कहाँ है? दूसरे शब्दों में—क्या बिना 'दायित्वबोध' के नैतिकता की चर्चा करना अपने में एक गहरा विरोधाभास नहीं है, जिसके रहते भारतीय-मनीषा में शताब्दियों से ऊपर से नीचे तक एक काली दरार आ पड़ी है? क्या प्रेमचन्द ने भारतीय आत्मा के बीच खिंची इसी खाई, खाई के अँधेरे और, इस अँधेरे में पनपनेवाले अन्तर्विरोधों को देखा था?

अब आप पाएँगे कि यह प्रश्न एक तरफ़ 'अस्तित्व' का प्रश्न है, दूसरी तरफ़ संस्कृति का। यह सही है कि हम अपनी सांस्कृतिक

अस्मिता के प्रश्न को केवल अपने समय के तक़ाज़ों के सन्दर्भ में ही परिभाषित कर सकते हैं—लेकिन ख़ुद समय के तक़ाज़ों के झूठ-सच को समझने के लिए हमारे पास केवल अपने अस्तित्व के अलावा कोई दूसरी कसौटी नहीं है। मुझे इस प्रश्न में ज़्यादा दिलचस्पी नहीं है कि प्रेमचन्द कितने 'आधुनिक' थे, किन्तु यदि आधुनिकता का मतलब अपने समय में अपने को परिभाषित करना है, तो अनिवार्यत: हमें इतिहास द्वारा खींची उस दरार या खाई का सामना करना पड़ेगा जो भारतीय चरित्र और मनीषा में पिछले दो सौ वर्षों से गहरी होती गई है। अन्तत: क्या आधुनिक सन्दर्भ में प्रेमचन्द की प्रासंगिकता-अप्रासंगिकता की समस्या इसी प्रश्न के साथ नहीं जुड़ी है?

प्रेमचन्द मनुष्य की बुनियादी अच्छाई में विश्वास करते थे—एक सुशिक्षित भारतीय लिबरल का आशावादी दृष्टिकोण उन्होंने अपने जीवन में सहज रूप से अपनाया था। लेकिन यह दृष्टिकोण एक उच्चवर्गीय यूरोपीय शिक्षित हिन्दुस्तानी से काफ़ी अलग था—भारतीय किसान के सहज जीवन की अन्तरंग समझ और सहानुभूति के बल पर 'अच्छाई' की एक परिभाषा बनी थी, जो सीधे-सीधे एक भारतीय मनुष्य के 'धर्म' से जुड़ी थी।

यहाँ मैं धर्म शब्द का प्रयोग ठेठ भारतीय संस्कारों के सन्दर्भ में कर रहा हूँ, आध्यात्मिक आस्था के अर्थ में नहीं बल्कि दायित्वबोध के अर्थ में—जहाँ हर व्यक्ति अपने सामाजिक, पारिवारिक रिश्तों के परिवेश में अपनी जगह पहचानता है और उसमें रहकर ही अपनी सुविधा, सुरक्षा और अस्मिता महसूस करता है, जिसे हम शुद्ध रूप में—आत्म-स्वाभिमान (sense of honour) मान सकते हैं। एक ज़मींदार का ऑनर किसानों के प्रति उसके दायित्व में उतना ही निहित है जितना एक ऋणी किसान का ऑनर इसमें है कि वह भूखे रहकर भी अपनी सात पीढ़ियों तक महाजन का ऋण चुकाने में जुटा रहे। पंच की गद्दी के प्रति वफ़ादार

रहकर जिस तरह एक साधारण मनुष्य परमेश्वर बन जाता है, उसी तरह जीवन के हर क्षेत्र में अपनी जगह—चाहे वह 'जगह' वर्ण-व्यवस्था में ही निहित क्यों न हो, के प्रति निष्ठा रखने में ही मनुष्य का देवत्व छिपा रहता है।

मनुष्य की जवाबदेही यहाँ भी है—किन्तु वह व्यक्ति के स्वतंत्र संकल्प से उत्पन्न नहीं हुई—वह एक 'दी हुई' पूर्व-निर्धारित, ज़िम्मेदारी है, समाज के प्रति, जाति के प्रति, परिवार के प्रति—इसलिए मनुष्य की पीड़ा उन विवशताओं से उत्पन्न होती है, जो उसे अपनी बुनियादी 'अच्छाई' से स्खलित करती है—उसे अपनी परम्परागत जगह से उन्मूलित करती है। प्रेमचन्द अपने अधिकांश लेखन में कभी इस अच्छाई पर शंका नहीं प्रकट करते, क्योंकि उस पर शंका करने का मतलब होगा, एक हिन्दुस्तानी के व्यावहारिक धर्म और दायित्वों पर शंका प्रकट करना।

वह यदि अपनी आरम्भिक कहानियों और उपन्यासों में समाज-सुधार की बात करते हैं, तो इसलिए नहीं कि उन सुधारों के कारण मनुष्य सामन्तवादी रिश्तों के भीतर एक स्वतंत्र, गरिमापूर्ण सत्ता उपलब्ध करेगा—बल्कि इसलिए कि वह इन रिश्तों के भीतर पुनः अपने धर्म और दायित्व को निर्विघ्न सम्पन्न करने की सुविधा पा सकेगा। उन्हें मनुष्य के सामाजिक रिश्तों में अदम्य विश्वास था—व्यक्ति उन्हीं के भीतर अपना धर्म निभा सकता है; किन्तु वह 'धर्म' स्वयं मनुष्य की निजी, वैयक्तिक आकांक्षाओं, इच्छाओं, अभिलाषाओं के रास्ते में बाधा बन सकता है—इसकी पीड़ा और विवशता को वह अपनी आरम्भिक रचनाओं में अधिक नहीं देख पाते थे। इसलिए उनमें एक सरलीकृत क़िस्म के सुधार का आदर्श छिपा था, जिसका रिश्ता समूचे भारतीय-समाज की बीहड़ आत्म-उन्मूलन की व्यथा से नहीं बैठ पाता था। यदि ये आरम्भिक उपन्यास कमज़ोर हैं, तो इसलिए नहीं कि उनके आदर्श में कोई खोट है, बल्कि असली कमज़ोरी इसमें है कि उन लिबरल, सुधारवादी आदर्शों

का भारतीय यथार्थ की कटु विभीषिका से कोई लेना-देना नहीं था। यह विभीषिका क्या थी?

यह एक ऐतिहासिक सत्य है कि पिछड़े डेढ़ सौ वर्षों के अंग्रेज़ी राज ने युग-युग से चली आती किसानों की आत्म-निर्धारित मर्यादाओं, रिश्तों, ख़ुद सामन्तवादी समाज के भीतर इन रिश्तों को जोड़नेवाली धार्मिक कड़ियों को छिन्न-भिन्न कर डाला था। यदि एक व्यवस्था किसान और उसकी ज़मीन के बीच शाश्वत, पवित्र रिश्ते को भंग कर देती है (जैसी कि अंग्रेज़ों की भूमि सम्बन्धी व्यवस्था—ज़मींदारी व्यवस्था ने किया था) तो किसान के तमाम दूसरे रिश्ते भी एक सिरे से दूसरे सिरे तक विकृत हो जाते हैं। प्रेमचन्द इस विकृति को देख पाते हैं—किन्तु स्वयं यह 'सामाजिक विकृति' एक भारतीय किसान की आत्मा के भीतर अँधेरी दरार खींच सकती है...इस ओर यदि उनका ध्यान और अन्तर्दृष्टि जा पाती, तो वह भारतीय किसान का चित्रण उतनी ही सम्पूर्णता और संवेदना के साथ कर पाते, जैसा उन्नीसवीं शती में टॉल्स्टॉय ने रूसी 'मुज़िक' (ग़रीब किसान) की अभिशप्त आत्मा को अपने लेखन में दर्शाया था।

टॉल्स्टॉय के बारे में कहा जाता है कि पहली बार उनके उपन्यासों में रूसी किसान के दर्शन होते हैं, प्रेमचन्द के उपन्यास में भी पहली बार किसान के दर्शन होते हैं—किन्तु वह 'औपनिवेशिक किसान' था, उसके नीचे दबे भारतीय किसान का मूल चरित्र संस्कृति, धार्मिक आस्था (जो 'व्यावहारिक धर्म' से अलग है), मनुष्य, प्रकृति और ईश्वर के बारे में उसके परम्परागत विश्वास—उनके सृजन की रोशनी में ऊपर नहीं आते। प्रेमचन्द ने भारतीय किसानों की 'ऐतिहासिक विकृति' को देखा था—किन्तु उस चीज़ का मूल सांस्कृतिक टेक्स्चर अपने ग़ैर-ऐतिहासिक रूप में क्या था—जो विकृत हुआ था, उसकी अन्तर्दृष्टि प्रेमचन्द में नहीं मिलती।

प्रेमचन्द अक्सर उस पक्ष को अनदेखा कर देते हैं, जिसमें भारतीय किसान की सांस्कृतिक विरासत छिपी थी—यह विरासत उसके व्यावहारिक,

सामाजिक 'धर्म' से कहीं ज़्यादा गहरी और महत्त्वपूर्ण थी—एक शब्द में कहें--तो उसकी आध्यात्मिक विरासत। अंग्रेज़ी राज ने इस विरासत को जिस तरह आहत किया था, उसकी पीड़ा का आयाम प्रेमचन्द के उपन्यासों में नहीं दिखाई देता—इसलिए उनके लेखन में उन्नीसवीं शती के रूसी उपन्यासकारों का 'आध्यात्मिक अन्तर्द्वंद्व' नहीं मिलता, जो सामाजिक यथार्थ से उत्पन्न होकर भी महज़ 'सामाजिकता' में नहीं चुक जाता। इस दृष्टि से प्रेमचन्द सच्चे और बुरे अर्थों में 'तीसरी दुनिया' के लेखक थे, यह उनकी 'ऐतिहासिक उपलब्धि' और कलात्मक सीमा थी, सीमा इसलिए, क्योंकि कला में हर लेखक की दुनिया पहली दुनिया होती है—ख़ास कर एक भारतीय लेखक के लिए—जिसका अतीत, परम्परा और जीवनदृष्टि—बाक़ी दुनियाओं से मूलतः भिन्न रहे हैं। इतिहास का यह धर्म है कि वह हर देश को किसी-न-किसी दुनिया के कठघरे में खड़ा कर सके; कलाकार का धर्म है कि वह हर कठघरे से मुक्ति पाकर अपनी प्राथमिक और मौलिक दुनिया में प्रवेश करने का साहस जुटा सके।

यह साहस—कहना न होगा—उन्नीसवीं शती के अन्तिम चरण में विवेकानन्द ने जुटाया था; स्वयं प्रेमचन्द के समकालीन गांधी ने बड़ी सतर्कता से औपनिवेशिक दबावों और विकृतियों को भारतीय जीवन की मूलधारा और विकृति के सन्दर्भ में विश्लेषित करने का प्रयत्न किया था। ये लोग—ख़ास कर गांधीजी—चूँकि पश्चिमी संस्कृति के आलोचक थे, उन मार्क्सवादियों से बहुत अलग थे, जो एक तरफ़ औपनिवेशिकता की निन्दा करते थे, दूसरी तरफ़ पश्चिम के विज्ञान और औद्योगिक शक्तियों को भारत-जैसे पिछड़े समाज में प्रगति का सूचक भी मानते थे। मैं आपका ध्यान 1930 के आसपास के ज़माने की ओर आकृष्ट करना चाहूँगा, जब उन्नीसवीं शती के बंगाल रेनासाँ के बाद पहली बार भारतीय बौद्धिक-संसार में एक बार नये सिरे से सिद्धान्तों, आदर्शों और मतों में मुठभेड़ हुई थी—यह वह समय था, जब भारतीय राजनीति में

वामपंथी रेडिकलिज़्म ने पहली बार—कमज़ोर ढंग से भले ही लेकिन स्पष्ट रूप से हस्तक्षेप करना शुरू किया था। यह वह समय भी था, जब प्रेमचन्द अपनी सृजनात्मक-शक्ति के चरम-शिखर पर थे और उन्होंने अपने अन्तिम उपन्यास और कहानियाँ लिखी थीं।

प्रेमचन्द के अन्तिम उपन्यास और कहानियों में जहाँ हम उनके समस्त पुराने गुणों से परिचित होते हैं—वहाँ दूसरी तरफ़ सहसा एक आश्चर्यजनक बोध भी होता है, यह वही प्रेमचन्द हैं, जिन्होंने 'गबन', 'निर्मला' और 'रंगभूमि' जैसे रोचक, सीधे-सादे, मार्मिक उपन्यास लिखे थे—किन्तु उसके परे एक दूसरे प्रेमचन्द की भी झलक दिखाई देती है, जिसे हमने पहले कभी नहीं देखा था। हल्की-सी नाराज़ी, कुछ दबा हुआ-सा आक्रोश, एक बेचैन-सी हताशा, जो पिछली कहानियों की पस्त और पराजित निराशा से अलग थी—और अनुभव के इन खंडित टुकड़ों के पीछे सत्य का एक अखंडित बोध परिलक्षित होता है, जो शायद स्वयं प्रेमचन्द की जीवन-यात्रा में एक आश्चर्यजनक खोज थी। वह कौन-सा सत्य था, जो इतने बरसों बाद भी उनकी अन्तिम रचनाओं में इतने जीवन्त और ज्वलन्त रूप से विद्यमान है और जिसकी प्रतिध्वनि को प्रेमचन्द की आनेवाली हर नई पीढ़ी ने बहुत विस्मय, ध्यान और चिन्ता से सुना है?

शायद इसका उत्तर हमें जैनेन्द्र के एक संस्मरण से मिलता है, जो उन्होंने प्रेमचन्द की याद में लिखा था। एक जगह वह अपने और प्रेमचन्द के बीच अन्तर को स्पष्ट करते हुए कहते हैं : "मैं अपने को बुद्धि का दुश्मन मानता हूँ, जबकि प्रेमचन्द के सम्बन्ध में कह सकता हूँ, कि वह धन के दुश्मन थे।" (मैं स्मरण से उन्हें उद्धृत कर रहा हूँ, शब्द शायद भिन्न हों, आशय यही था।) दरअसल हम जिस व्यवस्था में रहते हैं, वहाँ देर-सबेर धन से दुश्मनी अनिवार्यतः 'बुद्धि' से दुश्मनी की ओर अग्रसर होती है—क्योंकि 'बुद्धि' स्वयं धन अर्जित करने के

लिए एक हथियार और औज़ार की तरह इस्तेमाल की जाती है। हमारे युग में 'बुद्धि का राक्षसी रोल' धन की आसुरी शक्तियों से अलग नहीं किया जा सकता। पैसा यदि मनुष्य को उसके मनुष्यत्व से ही वंचित करता है, तो बुद्धि, जिसकी अभिव्यक्ति हमारे युग में अनेक मतवादी विचारधाराओं में हुई, मनुष्य को अपने विवेक और ज्ञान से ही वंचित कर देती है, जिससे वह अपने 'खोखलेपन' को भी नहीं देख पाता। मनुष्य के आत्म उन्मूलन में बुद्धि की आक्रामकता ने उतना ही भयावह रोल अदा किया है, जितना धन की पिपासा ने, जो मनुष्य को मात्र 'वस्तु' में परिणत कर देती है।

शायद आप भाँप गए होंगे, मैं आपको किस बिन्दु की ओर ले जा रहा हूँ—प्रेमचन्द के अन्तिम सत्य की ओर—जो 'धन' के साक्षात्कार से जाग्रत हुआ था। यह सत्य भी प्रेमचन्द को औपनिवेशिक सन्दर्भ में ही उपलब्ध हुआ था—ख़ुद अपनी आँखों से उन्होंने भारतीय समाज में उन सब मूल्यों को विषाक्त होते देखा था, जिनके प्रति अपने आरम्भिक उपन्यासों में उन्होंने इतना गहरा लगाव और निष्ठा प्रकट की थी—मनुष्य का व्यावहारिक धर्म, ईमानदारी, दायित्व की भावना जो सामन्ती ढाँचे के भीतर भी मनुष्य के आपसी रिश्तों में मानवीयता सँभालकर रखते थे।

अक्सर औपनिवेशिक व्यवस्था के विरोध में कहा जाता है कि वह 'तीसरी दुनिया' की सामन्ती शक्तियों से गठजोड़ करती है—लेकिन यह अर्द्धसत्य है। वह यदि सामन्ती सत्ता से गठजोड़ करती है, तो दूसरी तरफ़ उसी व्यवस्था में पलनेवाले परम्परागत मानवीय रिश्तों को भ्रष्ट भी करती है—और नष्ट करने की यह प्रक्रिया पैसे के रिश्तों से आरम्भ होती है—और यह पूरा सत्य है। महाजनी सभ्यता का भयानक और विषैला सत्य, जिसे एक बार देख लेने के बाद प्रेमचन्द की दुनिया पहले जैसी नहीं रही; न्याय, धर्म, संस्कार और जातीय दायित्व में उनके भोले विश्वासों पर एक काली, लम्बी छाया-सी आ पड़ी; यही छाया मनुष्य की

आत्मा के बीचोबीच खिंची हुई अँधेरी खाई, जिसकी क्रूर किन्तु अत्यन्त शक्तिशाली अभिव्यक्ति हमें 'गोदान' और उससे भी अधिक 'कफ़न' जैसी कहानियों में दिखाई देती है।

पहली बार उन्होंने भ्रम के पर्दे के पीछे हिन्दुस्तानी यथार्थ का घिनौना और बीभत्स चेहरा देखा था। एक छलाँग में वह न केवल सामन्ती आदर्शों को लाँघ गए थे, किन्तु—और यह तथ्य महत्त्वपूर्ण है—उन्होंने महाजनी संस्कृति की भौतिक विडम्बनाओं को भी भेद डाला था। यह छलाँग आदर्शवाद से यथार्थवाद की तरफ़ नहीं थी, जैसा कि हमारे हिन्दी विभागों के प्रोफ़ेसर और आलोचक मानते हैं—कोई भी सच्चा यथार्थ आदर्श से शून्य नहीं होता जैसे कोई भी आदर्श बिना यथार्थ की ठोस—अन्तर्दृष्टि के अर्थहीन और बौना हो जाता है; प्रेमचन्द के आदर्श नहीं बदले, सिर्फ़ यथार्थ से उनका सम्बन्ध बदल गया। वह अब भी मनुष्य की अच्छाई में विश्वास करते थे—लेकिन इस अच्छाई के सामने उन्होंने पहली बार बुराई या पाप से भी साक्षात्कार किया—जिसे हम 'ईविल' कह सकते हैं। पैसा अपने में पाप है। यह बोध सहसा प्रेमचन्द को एक ऐसे मोड़ पर लाकर खड़ा कर देता है, जिस मोड़ पर बिलकुल दूसरे रास्ते से गांधी आए थे।

मैंने शुरू में गांधी और विवेकानन्द को आधुनिक सभ्यता का आलोचक माना था—उन्होंने भारतीय समाज में औपनिवेशिक दूषण को अपनी संस्कृति और अतीत के सन्दर्भ में आँका था और उसी को कसौटी मानकर आधुनिक सभ्यता की अमानवीय और भौतिक बीमारियों को परखने की कोशिश की थी, ज़रा देखिए, प्रेमचन्द भी अपने अन्तिम उपन्यासों, कहानियों में महाजनी सभ्यता के घोर आलोचक बने थे—लेकिन भारतीय-संस्कृति के आधार पर नहीं—प्रेमचन्द ने गांधी की तरह कभी गीता से कर्म की प्रेरणा प्राप्त नहीं की—बल्कि उनका रास्ता बिलकुल दूसरा था, जिसे अगर आप नाम देना चाहें तो कह सकते हैं,

एक हिन्दुस्तानी की ग़रीबी और यातना का रास्ता; प्रेमचन्द ने औपनिवेशिक तंत्र के भीतर पलती हुई एक हिन्दुस्तानी की यातना और मजबूरी में आधुनिक भौतिक संस्कृति का खोखलापन देखा था; सत्य वही था, जिसे टॉल्स्टॉय और गांधी ने देखा था—लेकिन उसका सामाजिक स्रोत और अनुभव-यात्रा बिलकुल अलग थी। जिस औपनिवेशिक दृष्टि की सीमाओं ने प्रेमचन्द की आरम्भिक कहानियों और उपन्यासों को सतही और भावुक बनाया था, उसी औपनिवेशिक तंत्र के भीतर हिन्दुस्तानी यातना ने उन्हें एक विशिष्ट दृष्टि दी थी।

मुझे नहीं लगता प्रेमचन्द से पहले या बाद के किसी कहानीकार में ग़रीबी, ख़ास हिन्दुस्तानी ग़रीबी का इतना ठंडा, तटस्थ और तीखा वर्णन मिलता है, जो अगली पीढ़ी के प्रगतिशील लेखकों के शहरी, दिखाऊ बनावटी रोमांटिसिज़्म से बिलकुल अलग था। एक शहरी प्रगतिशील लेखक स्वयं धन की सुविधाओं से जुड़ा रहता है, उसके मन में ग़रीबी सिर्फ़ दया जगाती है, जो क्रान्तिकारी रोमांटिसिज़्म का दूसरा पहलू है—प्रेमचन्द चूँकि स्वयं धन को सन्देह की दृष्टि से देखते थे, ग़रीबी के प्रति उनका रुख़ दया, नफ़रत और विरोध जैसी भावुक प्रतिक्रियाओं से बिलकुल अलग था। धन का अभाव अपने में वरदान हो सकता है, अगर वह ऐसी ग़रीबी को जन्म न दे, जिसमें मनुष्य स्वयं अपने धर्म और दायित्वबोध से ही वंचित हो जाता है। इस स्तर पर प्रेमचन्द का महाजनी-व्यवस्था के विरुद्ध आक्रोश एक गहरी नैतिक पीड़ा लिये है—एक ठेठ परम्परावादी हिन्दुस्तानी की पीड़ा—जिसकी ज़रा-सी झलक भी हमें उनके बाद आनेवाले पश्चिमी शिक्षा से लैस प्रगतिवादियों में नहीं दिखाई देती।

विडम्बना यह है कि यही पश्चिमी संस्कृति में पले लोग जिनका एक औसत हिन्दुस्तानी की औपनिवेशिक पीड़ा से दूर का रिश्ता भी नहीं था, अपने को 'प्रेमचन्द की परम्परा' का सबसे वफ़ादार अनुयायी मानते हैं।

प्रेमचन्द के अन्तिम उपन्यासों, कहानियों की एक बड़ी उपलब्धि है—अब यह हिन्दुस्तानी किसान को सिर्फ़ औपनिवेशिक चौखटों में ही नहीं देखते—बल्कि वह उसे सीधे-सीधे आधुनिक स्थिति की विडम्बनाओं में ले आते हैं—स्थिति अब भी औपनिवेशिक जड़ता और उत्पीड़न में डूबी है—लेकिन प्रेमचन्द उसे अब एक ऐसे संकट के सन्दर्भ में देखते हैं, जो महज़ 'तीसरी दुनिया' के बाहरी उपादानों द्वारा अनुशासित नहीं है; बल्कि अब वह व्यक्ति और समाज के बीच रिश्तों में घुन की तरह चिपका है—स्वयं मनुष्य की आत्मा में साँप की तरह विराजमान है। लेकिन इस साँप से डरने की ज़रूरत नहीं; 'कफ़न' तक आते-आते अचानक प्रेमचन्द के पात्रों को अहसास होता है, जिसे वह सर्वग्रासी साँप समझे बैठे थे, वह महज़ रस्सी है, सामाजिक मर्यादाओं और कर्तव्यों की कच्ची, जर्जरित, तार-तार होती हुई रस्सी—जिसे एक झटके से तोड़कर मुक्त हुआ जा सकता है। प्रेमचन्द ने जैसे इस कहानी में अन्तिम रूप से फ़ैसला ले लिया हो, कि वह उन सब मूल्यों को एक-एक करके 'कलंकित' करेंगे, जिन्हें वह धर्म और पवित्रता का प्रतीक मानते थे।

एक सामन्तवादी समाज में एक संस्कारग्रस्त धर्मशील व्यक्ति का विद्रोह केवल दूषण (blasphamy) के रूप में हो सकता है—उन समस्त मर्यादाओं को दूषित और हास्यास्पद बना देता है, जिन्हें हम पुरातनकाल से पुनीत और पवित्र मानते आए हैं। इस अर्थ में हिन्दी साहित्य में 'कफ़न' शायद पहली 'ब्लासफेमस' कहानी है। जिस क्षण बाप-बेटे ने घर की औरत के कफ़न के पैसों से शराब का कुल्हड़ मुँह से लगाया था, उस क्षण पहली बार हिन्दी साहित्य में व्यक्ति ने अपनी स्वतंत्रता का स्वाद भी चखा था। यह क्षण वह था, जब प्रेमचन्द के समाज में 'व्यक्ति' का जन्म हुआ था। यह जन्म मृत्यु और श्मशान की छाया में हुआ था—दो पियक्कड़ हिन्दुस्तानियों का मुक्ति समारोह। अपनी अन्तिम कहानी में प्रेमचन्द पूरा एक दायरा पूरा कर गए थे।

जिस समाज के लिए उनके पात्र आज तक अपने को होम करते आए थे, उसके एवज़ में वह समाज—'गोदान' के लिए न सही—'कफ़न' के एक चिथड़े के लिए चार पैसे नहीं जुटा सकता? ज़रूर जुटाएगा, औरत की मुर्दा देह के लिए नहीं—तो अपनी मुर्दा मर्यादाओं को ढकने के लिए ही सही!

कहते हैं, उन्नीसवीं शताब्दी का रूसी साहित्य गोगोल के 'ओवरकोट' से बाहर आया था। पता नहीं, इसमें कितना सत्य है, किन्तु हिन्दी का आधुनिक कथा साहित्य का बड़ा अंश प्रेमचन्द के 'कफ़न' से बाहर आया है, यह मुझे ज़रूर सत्य जान पड़ता है। पूरा साहित्य नहीं—ऐसे लेखक हैं, जैनेन्द्र, अज्ञेय और अनेक नये लेखक—जो शायद बिना प्रेमचन्द के भी अपनी लीक बना सकते—मैं स्वयं शायद ऐसी श्रेणी में आता हूँ जिस पर प्रेमचन्द का कोई सीधा और प्रत्यक्ष प्रभाव नहीं दिखाई देता। यहाँ तक कि वे लेखक जो अपने को प्रेमचन्द की 'परम्परा का उत्तराधिकारी' मानते हैं,अपनी उत्कृष्ट रचनाओं में (जहाँ वे सिर्फ़ प्रेमचन्द की नक़ल नहीं कर रहे) प्रेमचन्द के कथा-विधान में काफ़ी महत्त्वपूर्ण परिवर्तन करते रहे हैं। इसका कारण है। प्रेमचन्द की अधिकांश रचनाएँ यूरोप के उन्नीसवीं शती में विकसित यथार्थवादी ढाँचे में लिखी गई थीं—यह ढाँचा, कथ्यात्मक फ़ॉर्म एक तरह से अन्य विश्वव्यापी आधुनिक उपकरणों की तरह हर लेखक के लिए सुलभ था—जब कभी लेखक के जातीय अनुभव इस ढाँचे में फिट नहीं हो पाते थे, तो लेखक अक्सर ढाँचे को छोड़ने के बजाय अपने अनुभवों को छोड़ देना ज़्यादा सुविधाजनक मान लेता था।

मैंने इस द्वंद्व का उल्लेख अन्यत्र किया है, यहाँ विस्तार में जाने के बजाय मैं सिर्फ़ इतना कहना चाहूँगा कि प्रेमचन्दोत्तर पीढ़ी के कुछ महत्त्वपूर्ण लेखकों ने अपने अनुभवों को व्यापक औपन्यासिक स्पेस देने के लिए प्रेमचन्द के 'यथार्थवादी' फ़ॉर्म से अपने को मुक्त किया है—

रेणु के उपन्यास इसका सजीव उदाहरण हैं। प्रश्न यथार्थ से विदा लेने का नहीं था, स्वयं बदलते हुए यथार्थ को अभिव्यक्त करने के लिए 'यथार्थवादी' ढाँचे की सीमाओं से मुक्ति पाना था।

किन्तु किसी परम्परा को तोड़ना उसकी अवज्ञा करना नहीं है; रेणु, अज्ञेय या जैनेन्द्र यदि बिलकुल अलग क़िस्म के उपन्यास लिख पाए तो इसलिए क्योंकि उनके पास पहले से ही प्रेमचन्द मौजूद थे। यदि हम अपने पुरखों की अपेक्षा कुछ ज़्यादा, कुछ अधिक, कुछ महत्त्वपूर्ण सत्य उपलब्ध करते हैं तो इसका सीधा-सा कारण है कि हमारी दृष्टि के साथ पुरखों की दृष्टि जुड़ी है—आज जब कुछ समीक्षक और लेखक प्रेमचन्द की परम्परा की बात डंके की चोट के साथ दुहराते हैं—उसे कसौटी मानकर आधुनिक-लेखन को प्रगतिशील या प्रतिक्रियावादी घोषित करते हैं—तो मुझे काफ़ी हैरानी होती है। मुझसे ज़्यादा हैरानी और क्षोभ शायद प्रेमचन्द को होता, यदि वह जीवित होते। वह शायद हँसी में उनसे कहते, 'भई, आप तो मेरी परम्परा में आते हैं, लेकिन मैं? मैं कौन-सी परम्परा में आता हूँ—'सेवासदन' की परम्परा में या 'कफ़न' की परम्परा में?' और तब हमें अचानक पता चलेगा कि स्वयं प्रेमचन्द को 'प्रेमचन्द की परम्परा' से मुक्त करना ज़रूरी है—क्योंकि वह स्वयं अपने को पीछे छोड़कर हमेशा नया बनते गए, जिसमें समूचा 'छोड़ा हुआ अंश' भी शामिल था। यह—मेरे विचार में—उनकी सबसे गौरवपूर्ण उपलब्धि थी जो इतने वर्षों बाद भी हमारे बीच उपस्थित है।

मलयज की मृत्यु पर

विश्वास नहीं होता कि मलयज जहाँ हमारे बीच थे, वह जगह अब ख़ाली है; वह विचित्र, अनूठी, अकेली जगह थी, जहाँ से उन्होंने दुनिया, जीवन की रचना को देखा था। हमें कभी इतनी फ़ुरसत नहीं मिली कि हम उस जगह तक पहुँच पाते—सिर्फ़ उनके लेखन—मात्र लेखन से हम थोड़ा-बहुत अन्दाज़ा लगा लेते थे कि मलयज वहाँ हैं, जहाँ से उनकी निगाह चीज़ों को चमका जाती है। वह अब उस तारे की तरह है, जो सहसा बुझ जाता है, किन्तु उसकी रोशनी अनन्त समय तक हमारे आसपास, हमारी दुनिया, हमारे सोच के औज़ारों पर चमकती रहती है...।

वह एक दुबले-पतले, लाइम-लाइट से घबरानेवाले, हमेशा पिछली पंक्ति में बैठनेवाले व्यक्ति थे, एक ऐसे लेखक जो अपने बारे में कुछ नहीं कहते थे, इसलिए हम भी उनके बारे में चुप रहते थे। लेकिन जब भी उनका कुछ लिखा हुआ आँखों के सामने पड़ जाता, कोई सोचती हुई-सी कविता, कोई कविता को छूता हुआ सोच—किसी मित्र को

लिखा हुआ पत्र—तो हम चौंक से जाते, अचानक याद आता, यह तो मलयज हैं, इतना पारदर्शी और पवित्र गद्य, इतना महीन सोच, रचना के प्रति इतना चौकन्ना, चौतरफ़ा लगाव—भला इस तरह का बींधता, भेदता, चमकीला, तहों को छीलता चिन्तन और किसका हो सकता है?

विश्वास नहीं होता, कि अब हम चौंकेंगे नहीं, स्तब्ध नहीं होंगे। यह सोचना असम्भव लगता है कि छोटे-छोटे अन्तरालों के बीच अचानक प्रकट होनेवाले मलयज अब एक कभी न ख़त्म होनेवाले अन्तराल में चुप रहेंगे...।

चुप वह अक्सर रहते थे; सिर्फ़ लिखने में उनका स्वर सुनाई देता था—एक महीन और मर्मज्ञ आवाज़; वह उन कम, बहुत कम लेखकों में थे, जिनकी रचनाएँ पढ़ते हुए मुझे उनकी आवाज़ सुनाई देती थी—तीखी और तल्ख़ आवाज़ नहीं—बल्कि एक अजीब शान्त संयम में सधी हुई, संयम जो बाँध की तरह अपने नीचे न जाने कितनी उत्तेजना, कितना उन्मेष, कितना पैशन भींचे रहता है, ठंडा और तटस्थ संयम नहीं, बल्कि विचारों की गड़गड़ाहट के बीच एक बिजली की तरह कौंधता हुआ, आसपास के अँधेरे, अभेद्य कानों को आलोकित करता हुआ—एक असह्य तनाव में अन्दर उठता हुआ, ख़ुद अपने को रोकता, नियंत्रित करता हुआ। इसका सबसे सजीव और सटीक उदाहरण उनका अन्तिम लेख है—मुक्तिबोध पर। छोटी, महत्त्वपूर्ण बातें, जिन्हें हम लेखक का ऑब्सेशन मानकर टाल जाते हैं, नज़रअन्दाज़ कर जाते हैं, वही मलयज की निगाह में एक अभूतपूर्व रहस्य, एक अप्रत्याशित सत्य उजागर करती हैं। वह हमें घसीटकर ऐसे कोने में ले जाते हैं, जहाँ से हमने किसी रचना को पहले नहीं देखा था।

मलयज की आधुनिकता उनकी निगाह में बसती थी, मांसल और सजीव और साफ़ जिसके रहते वह आज की रचना को निरायास पिछली सब कृतियों से जोड़ लेते थे। वह रचना के साथ-साथ चुपचाप उलटे

पाँव उस अँधेरी माँद में चले जाते थे, जहाँ वह सबकी आँखों से छिपकर जन्म लेती है। ख़ून और मांस और मिट्टी में लिथड़ी हुई; इसीलिए उनके यहाँ परम्परा बीते हुए समय को उघाड़ना नहीं, उस परिवेश को खोलना है, जहाँ आज और बीता हुआ कल एक साथ बसते हैं। इतिहास उनके यहाँ अमूर्त अवधारणा में नहीं, ठोस, स्पर्शवान, स्पन्दित होते परिवेश में साँस लेता है, एक मांसल परिदृश्य में चमकता है।

ज़रा मलयज के साथ चलिए, जहाँ-जहाँ वह रामचन्द्र शुक्ल के पदचिह्नों पर चलते हुए उनके परिवेश में गए थे—धूल में, धरती में, क़स्बे की धुँधलाती बस्तियों की तरफ़...जहाँ हम एक तरफ़ शुक्ल जी की ओर जा रहे हैं, वहाँ दूसरी तरफ़ मलयज की तरफ़ लौट रहे हैं—उनके अन्तर्मन की तरफ़—वह एक कवि की दोतरफ़ा यात्रा है, जहाँ वह आलोचक बनता है, एक आलोचक का अन्तर्मन्थन है, जहाँ विवेक-बुद्धि काव्यात्मक सत्य की उड़ान पर अपने पंख तौलती है। मुझे याद नहीं आता कि हमारे समय में किसी लेखक में कविता और आलोचना इतने निरायास, सहज ढंग से समन्वित होती थी, जितनी मलयज में। वह 'कवि-आलोचक' नहीं थे; वह सिर्फ़ एक प्रगल्भ, सजग लेखक थे जिनमें कविता और आलोचना अलग-अलग होते हुए भी धनुष-बाण की तरह जुड़े रहते थे, जिसमें जब कभी उनकी निगाह रचना के केन्द्र-बिन्दु पर निशाना बाँधती है, तो असह्य तनाव में तना हुआ तीर लक्ष्य पर बिंधा हुआ काँपता-सा दिखाई देता है—तनाव और सफ़ाई और शान्त-संयम में मढ़ा हुआ—टॉमस मान जिसे 'प्रिसाइज़ पैशन' कहते थे। मलयज सच्चे अर्थों में 'प्रिसाइज़ पैशन' के लेखक थे।

इसलिए वह सही अर्थों में आधुनिक थे, यदि आज इस शब्द का कोई मतलब रह गया है, तो वह मलयज के लेखन में अनुप्राणित होता है। मुझे कोई सन्देह नहीं कि यदि वह कुछ और वर्ष जीवित रहते, तो हम सबके लिए उनका आलोचनात्मक-चिन्तन एक सबक़ होता,

एक मॉडल और आदर्श कि कैसे एक हिन्दी लेखक अपनी सृजन-यात्रा में आधुनिक दबावों को जीता है, भोगता है, समोता है। वह उतने ही सहज रूप से आधुनिक थे, जितना हम हवा में साँस लेते हैं—न उनमें कोई दिखावा था, न शहादत का भाव। मलयज की आधुनिकता उनके औज़ारों में निहित थी, जिनसे वह कविता रचते थे और रचना को तौलते थे। उनकी एकमात्र आलोचना-पुस्तक 'कविता से साक्षात्कार' एक अभूतपूर्व उदाहरण है, कि बिना किसी पूर्व निर्धारित दर्शन या सिद्धान्त का सहारा लिये महज़ अपनी प्रखर विवेक शक्ति, सुरुचि-सम्पन्नता और साहित्य के प्रति असीम ज़िम्मेदारी और प्रेम (हाँ, प्रेम, जो प्रतिबद्धता से बहुत अलग है) के आधार पर किसी रचना के मूल मर्म तक पहुँचा जा सकता है—और इस पहुँच के लिए यदि उन्हें चिन्तन के उन औज़ारों का भी प्रयोग करना पड़े, जो सहज रूप से एक शिक्षित व्यक्ति को पश्चिम से मिलते हैं, तो वह उन्हें 'अछूत' मानकर अस्वीकार नहीं करते थे; किन्तु उनकी आधुनिकता इन पश्चिमी औज़ारों में निहित नहीं थी, बल्कि जिस अपूर्व दक्षता और आत्मविश्वास के साथ उन्होंने इन औज़ारों को अपनी व्यक्तिगत, आत्मीय संवेदना और समझदारी में तपाकर पिघलाया था और उसे अपने निजी प्रयोग के औज़ारों में गढ़ा था, उनकी आधुनिकता उनकी इस मौलिक कल्पनाशीलता में निहित थी।

मलयज 'भारतीय लेखक' नहीं थे, वह एक लेखक थे, जो भारतीय परिवेश में रहते थे। वह 'आधुनिक लेखक' भी नहीं थे—वह एक ऐसे लेखक थे, जो आधुनिक समय में जीते थे; यही कारण था कि वह न आधुनिकता से ज़्यादा आक्रान्त थे, न भारतीयता से ज़्यादा सम्मोहित। वह रचना के अलावा किसी बैसाखी को नहीं स्वीकारते थे और यह रास्ता लम्बा और दुर्गम था। अन्य लेखक शॉर्ट कट ढूँढ़ते हैं; मलयज ने अपने इर्द-गिर्द उन सब रास्तों को बन्द कर दिया, जिन्हें शॉर्ट कट की तरह इस्तेमाल किया जा सकता था।

किन्तु जिस रास्ते को उन्होंने चुना, उसे भी वह कहाँ पार कर सके? लगता है, वह कहीं रास्ता पार करते हुए हमारे पास आ रहे थे—और बीच सड़क पर ही कोई दुर्घटना हो गई और हम अब भी इस तरफ़ खड़े उनका इन्तज़ार कर रहे हैं। शायद यही कारण है कि रह-रहकर पछतावे और आक्रोश से भरा एक अजीब-सा सन्देह मन को कोंचता है कि उनका इस तरह जाना ज़रूरी नहीं था। वह बच सकते थे और हमारे बीच हो सकते थे यदि—डॉक्टर ठीक से उनका परीक्षण कर पाते, यदि समय से उन्हें दवा दी जा सकती, यदि तत्काल वह अस्पताल पहुँच पाते। यदि, यदि, यदि...भारत की भयावह स्थिति में पता नहीं कितने 'यदियों' के गड्ढे बिछे हैं, जहाँ लोग लड़खड़ाकर गिर पड़ते हैं; शायद यही कारण है मलयज की मृत्यु मुझे एकदम बेमानी, अर्थहीन, एब्सर्ड जान पड़ती है। उनकी मृत्यु में अन्त की अनिवार्यता नहीं, दुर्घटना की दहशत महसूस होती है।

कुछ लेखकों की मृत्यु के बारे में सुनकर हम अपने भीतर यह ढाढ़स बँधा लेते हैं, कि उन्होंने जो कुछ भी महत्त्वपूर्ण लिखना था, वह उनके पीछे था। उनकी मृत्यु एक लेखक से ज़्यादा एक जाने-पहचाने ख्यातिसम्पन्न व्यक्ति की मृत्यु जान पड़ती है—और शायद यह सच भी है। किन्तु मलयज के साथ यह सच नहीं था। उन्होंने एक कठिन, मेहनत-भरी, संघर्षमय ज़िन्दगी गुज़ारी थी; वह ज़िन्दगी एक तरह की तैयारी थी—उस सबको लिखने की तैयारी—जिसकी बाट हम सब इतनी आशा और उत्सुकता से जोह रहे थे। शायद ही उनकी कोई ऐसी टिप्पणी, लेख, कविता—यहाँ तक कि उनके पत्र थे, जिन्हें मैं ढूँढ़-ढूँढ़कर नहीं पढ़ता था और पढ़ते समय हमेशा कुछ अप्रत्याशित-सा अनुभव होता, पिछले अनुभवों से बिलकुल भिन्न; मलयज उन दुर्लभ लेखकों में थे, जिनके लेखक के बारे में कुछ भी 'प्रिडिक्ट' नहीं किया जा सकता था—इसलिए उनको पढ़ने का कौतूहल और उत्तेजना कभी मन्द नहीं पड़ती थी।

आनेवाले वर्षों में पता नहीं कितने लेखकों को अकादमी पुरस्कार मिलेंगे, शिखर पुरस्कार, ज्ञानपीठ पुरस्कार—लेकिन कुछ लेखक होते हैं जिनका अमरत्व और जिनकी याद पुरस्कारों में नहीं—उस एक-दो इंच ज़मीन से जुड़ी होती है, जिसे उन्होंने अपने लेखन से आगे बढ़ाया है, पुरानी सीमाओं को लाँघकर अजानी धरती पर जाने का जोखिम उठाया है। आनेवाले वर्षों में हम जब कभी रामचन्द्र शुक्ल, निराला, अज्ञेय या शमशेर के बारे में सोचेंगे, तो हमारे चिन्तन के बीच मलयज मौजूद रहेंगे; मलयज ने इस लेखकों के कृतित्व पर जो गहरा प्रकाश डाला था, वह आज स्वयं मलयज की स्मृति के साथ जुड़ गया है। हमारा सोच अनिवार्यत: मलयज के प्रति कृतज्ञता से जुड़ा होगा क्योंकि हर आनेवाली पीढ़ी को आधुनिक साहित्य के मर्म को समझने के लिए जाने-अनजाने ज़मीन के उस टुकड़े पर चलना होगा, जिसे मलयज ने अपने मुखर चिन्तन और अपूर्व निष्ठा से तैयार किया था।

यह क्या कम पुरस्कार है—मलयज के लिए न सही, हमारे लिए, हम सबके लिए?

अवस्थाएँ

शताब्दी के ढलते वर्षों में

क्या समय का बीतना कोई भ्रम है? क्या वह कोई लीला रचता है और जब हमारे पास से गुज़रता है तो क्रीड़ा भाव से मुस्कराता है, धीरे से हमारे कानों में फुसफुसाता है : "देखो, यह वही रास्ता है जिस पर से मैं सौ साल पहले गुज़रा था। जहाँ मैं झिझका था, वहाँ मैं थोड़ी देर के लिए ठिठका था, उधर मैं मुड़ा था, लेकिन आज किसी को याद नहीं है कि मैं वही हूँ और रास्ता भी वही है। इतिहास सिर्फ़ प्रगति के ठोस और सीधे मील के पत्थरों को अंकित करता है, लेकिन उसमें मेरी हिचकिचाहट, मेरा संशय, मेरा रुकना और ठिठकना दर्ज नहीं होता।"

समय की यह फुसफुसाहट हम अक्सर अनसुनी कर देते हैं, लेकिन ऐसे क्षण भी आते हैं कि अचानक हम थोड़े अचम्भे में पड़ जाते हैं। आसपास के परिदृश्य को देखकर सहसा याद आता है कि आज हम जो देख रहे हैं, वह पहले भी कभी हुआ है कि हम पहले का देखा हुआ

नाटक दुबारा से देख रहे हैं। क्या यह महज़ स्मृति का खिलवाड़ है या इतिहास सचमुच सीधा न चलकर दायरों में घूमता है?

जब मैं बीसवीं शताब्दी के ढलते वर्षों में अपनी दुनिया को देखता हूँ तो मुझे उन्नीसवीं शताब्दी के अन्तिम दशक याद आ जाते हैं। दोनों के बीच एक विस्मयकारी समानता-सी दिखाई पड़ती है। यूरोप में उस समय एक तरफ़ विराट् समृद्धि का वैभव था, दुनिया सतत प्रगति के मार्ग पर चलती रहेगी, इसमें सबको गहरा विश्वास था, लेकिन दूसरी तरफ़ आशावादिता के इस उज्ज्वल वातावरण के पीछे एक काला अपशगुन भी टिमक रहा था। कुछ वैसा ही, जैसा गर्मी की घुटन-भरी दोपहर में दूर से बिजली की कड़क सुनाई देती है। चिलचिलाती धूप में एक पागल-सा आदमी दिखाई देता है जो तपते सूरज के नीचे जलती लालटेन लिये घूम रहा है। हवा में एक अजीब-सी चेतावनी और आनेवाली आँधी की भनक सुनाई देती है। शायद ही कभी ऐसा हुआ हो जब यूरोप की सभ्यता आत्मगौरव की इतनी ऊँची चोटी पर पहुँची हो, अपनी अभूतपूर्व सफलता पर इतनी मुग्ध हो और इससे बिलकुल बेख़बर हो कि इस यशस्वी शिखर के पीछे एक अथाह गर्त का अँधेरा फैला है जिसमें वह कभी भी डूब सकती है। बहुत कम लोग ऐसे थे जिनकी पैनी और पारदर्शी दृष्टि इस अँधेरे को भेद पाती थी—केवल कुछ इने-गिने लेखक और मनीषी अपवाद थे—रूस के विशाल ज़ारवादी यातना के मरुस्थल में एक टॉल्स्टॉय, अपने निपट अलगाव में अकेले एक फ्लोबे, अपनी पागल पैग़म्बरी के उन्मत्त आलोक में एक नीत्शे। सिर्फ़ ये कुछ लोग उस सभ्यता की नियति के बारे में भयानक रूप से चिन्तित थे जो अपनी समूची समृद्धि और सफलता के बावजूद घोर संकट के छोर पर खड़ी थी।

उस समय भारत में भी स्थिति बहुत भिन्न नहीं थी। हज़ारों साल पुरानी भारतीय संस्कृति को एक ऐसी संहारी ध्वंसात्मक लोलुप सभ्यता का सामना करना पड़ रहा था जो प्रगति और पश्चिमीकरण के नाम पर

भारत की परम्परागत दृष्टि को नष्ट कर रही थी और इस संकट को भी कितने लोग समझते थे? धर्म और समाज के छद्म आधुनिकीकरण और ईसाई धर्म के प्रति एक बचकाने सम्मोहन के आगे सिर्फ़ एक रामकृष्ण परमहंस, बंकिम चटर्जी, विवेकानन्द, हिन्दी भाषीय क्षेत्रों में भारतेन्दु-युग में कुछ साहित्यकार और उत्तरी भारत में दयानन्द सरस्वती। लेकिन इन इने-गिने अपवादों को छोड़कर हिन्दू-मुसलमानों का समूचा एलिट वर्ग पश्चिम की आधुनिकता और ईसाई धर्म की तथाकथित उन्मुक्तता के आगे घुटने टेके बैठा था। 19वीं शताब्दी के अन्तिम दशक में भारतीय संस्कृति जिस चुनौती का सामना कर रही थी, वह किसी भी अर्थ में यूरोपीय सभ्यता के संकट से कम भयानक और विनाशकारी नहीं थी।

तब से लगभग सौ साल बीत चुके हैं, इस बीच दो विश्वयुद्ध और अनेक क्रान्तियाँ हुई हैं। भारत को भी आख़िर जैसे-तैसे स्वतंत्रता मिल चुकी है। उन्नीसवीं शताब्दी के अन्त में दूर क्षितिज पर जो बादलों की कड़क सुनाई देती थी, वह धुँआधार आँधी बनकर हमारे बीच से गुज़र चुकी है और अपने पीछे एक सर्वव्यापी विषाद और तबाही छोड़ गई है। लेकिन इतिहास एक क्षण के लिए भी नहीं रुका। वह अपने दैत्याकार क़दमों से निरन्तर आगे बढ़ता रहा है। जब हम थोड़ा-सा रुककर चारों तरफ़ देखते हैं तो यह आश्चर्यजनक बोध होता है कि पिछले सौ सालों के भीतर जितने भी विराट् और अभूतपूर्व परिवर्तन हुए हैं, उनके बावजूद मनुष्य में वही बदहवास क़िस्म की हताशा है। कहीं दूर हवा में वही काले अपशगुन की चेतावनी है जो हमें याद दिलाती है कि हम आज वैसे ही घुटन में जी रहे हैं जिसे सौ साल पहले हमारे पुरखे भुगत रहे थे। क्या हमारी सभ्यता एक बार फिर विध्वंस की अँधेरी खाई के आगे खड़ी है?

बीसवीं सदी के अन्तिम दशकों में एक मुझ-जैसे भारतीय को कभी-कभी यह लगता है कि मैं एक ऐसे ऐतिहासिक नाटक का गूँगा दर्शक हूँ—या उससे भी बदतर उसका दयनीय शिकार हूँ जिसकी स्क्रिप्ट

किसी दूसरे ने लिखी है और उस पर मेरा कोई अधिकार नहीं है। मैं एक ऐसी आधुनिकता से आक्रान्त हूँ जिसकी संकट की भाषा और प्रगति का कर्मकांड दोनों ही मेरे लिए अजनबी हैं, लेकिन एक विचित्र और रहस्यमय ढंग से मैं इसी आधुनिक सभ्यता की नियति से कहीं गहरे में अपने को संलग्न और सम्बन्धित पाता हूँ। मेरे भीतर कहीं धुँधला-सा आभास है कि बीसवीं सदी के आनेवाले वर्षों में मेरी संस्कृति का भाग्य कहीं-न-कहीं पश्चिमी सभ्यता की भावी भूमिका के साथ जुड़ा है। यही नहीं, मुझे यह भी लगता है कि पश्चिमी सभ्यता के चरित्र और दिशा को स्वयं मेरी संस्कृति बुनियादी तौर से परिवर्तित और प्रभावित कर सकती है। यह शायद एक विडम्बना ही है कि मैं एक विदेशी सभ्यता के लिए ज़िम्मेदारी महसूस करूँ जिसने स्वयं पिछले दो सौ वर्षों से मेरी संस्कृति की लय और रौ को इतनी बुरी तरह विकृत किया है। मैं इस विडम्बना को तब तक नहीं सुलझा सकता जब तक मैं पश्चिमी सभ्यता में संकट के सन्दर्भ में स्वयं भारतीय संस्कृति से जो मेरा सम्बन्ध रहा है, उसे पुन:परिभाषित करने का प्रयास और साहस नहीं करूँ।

पिछले कुछ वर्षों के दौरान ऐसा कम हुआ है कि भारत के बारे में सोचते हुए मैं उसकी नियति के साथ निरन्तर एक गहरा व्यक्तिगत लगाव महसूस न करता रहा हूँ। यह लगाव इसलिए नहीं है कि मैं भारतीय हूँ। न इसलिए है कि मैं भारतीय लेखक हूँ, बल्कि सिर्फ़ इसलिए कि मैं एक ऐसे पृथ्वी के खंड का निवासी हूँ जहाँ संयोग से मेरा जन्म हुआ है। मुझे लगता है कि कमोबेश हर भारतीय के भीतर आवास के साथ जुड़ा हुआ समूचा कर्मकांड और मिथक संसार बहुत प्रमुख भूमिका अदा करता है। जहाँ हमारे आवास की जड़ें हैं, वहीं समय की निरन्तरता का भी बोध होता है। यह बोध एक अंग्रेज़ या जर्मन के परम्परा-बोध से बहुत अलग है जो उसे इतिहास से प्राप्त होता है। हमारी मनीषा में यदि इतिहास के बोध का अभाव है तो इसलिए नहीं कि हम अतीत और

वर्तमान में होनेवाले परिवर्तनों के प्रति कम सजग या संवेदनशील थे, बल्कि इसलिए कि हम एक ऐसी सभ्यता में जीवित रहते हैं जहाँ अतीत और वर्तमान अलग-अलग स्वायत्त खंडों में विभाजित नहीं है, जैसा कि एक यूरोपीय निवासी अपने भीतर महसूस करता है। एक भारतीय होने के नाते मुझे इसकी चिन्ता नहीं है कि मैं कौन था—जिसे आज अस्मिता की चिन्ता कहा जाता है, क्योंकि मैं एक ऐसे वर्तमान मैं जीता हूँ जो हमेशा से ही मेरे भीतर मौजूद रहा है—शाश्वत वर्तमान का बोध। मैं सोचता हूँ कि दुनिया में भारतीय संस्कृति ही ऐसी है जिसने अपना समय-बोध प्रागैतिहासिक क़बीलों के समय-बोध से ग्रहण किया है। एक दृष्टि से हम यह कह सकते हैं कि आज की दुनिया में भारतीय जाति अन्तिम क़बीला है जिसकी संस्कृति, समय-बोध और दर्शन आज के करोड़ों लोगों की जीवन-मर्यादा को अनुशासित करता है। इसीलिए जब मैं आज अपने को भारतीय संस्कृति से संलग्न पाता हूँ तो यह संलग्नता न तो मुझे इतिहास से प्राप्त हुई है और न ही इस बात से मिली है कि मैं किसी चर्च या धार्मिक प्रतिष्ठान के साथ जुड़ा हूँ। आधुनिक दुनिया में जहाँ लोग अपनी अस्मिता किसी राज्य संगठन या धार्मिक प्रतिष्ठान के साथ जुड़ने में प्राप्त करते हैं, वहाँ मैं जब अपने को भारतीय महसूस करता हूँ तो उस समय ये दोनों स्रोत ही कोई भूमिका अदा नहीं करते। मेरे भारतीय होने का स्रोत एक तरफ़ बहुत ही व्यक्तिगत संस्कारों में जुड़ा है, इतना निजी और व्यक्तिगत कि वह मेरे अहं से कहीं ज़्यादा आत्मीय और निकट है। दूसरी ओर वह इतना व्यापक है जिसे किसी भी स्तर पर ऐतिहासिक शर्तों पर नहीं आँका जा सकता। यही कारण है कि एक भारतीय का अपनी संस्कृति से सम्बन्ध सीधी और सपाट ऐतिहासिक परिभाषाओं में नहीं समाता, वह एक अस्पष्ट भावना है—अस्पष्ट लेकिन अपनी संलग्नता और प्रतिबद्धता में बहुत ठोस और अखंडित।

इस बीच अंग्रेज़ी राज्य के रूप में इतिहास ने हमारी जीवन-धारा में हस्तक्षेप किया और तब हमें यह सिखाया गया कि हम सचमुच एक संस्कृति का अंग हैं और यह संस्कृति बहुत पुरानी मान्यताओं और मर्यादाओं पर आधारित है। पश्चिम के विद्वानों और इंडो-लॉजिस्ट्स ने बहुत सुघड़ता और परिश्रम से हमारे शास्त्रों, पुराणों और दर्शनशास्त्र को विवेचित किया। हम एक ऐसी परम्परा के प्रति सजग हुए, जिसे आज तक हम बिना परिभाषित किये सहज भाव से अपने जीवन में अपनाते रहे थे। लेकिन कभी-कभी मैं सोचता हूँ कि इतिहास के हस्तक्षेप होने से पहले हमारा अपनी संस्कृति के साथ जो सहज और स्पष्ट लगाव था, वह अपरिभाषित भले ही रहा हो, लेकिन वह निष्क्रिय या आकारहीन न था। इस लगाव के अपने संकेत, अपने बिम्ब, अपने रूप थे जिनकी एक झलक में कभी-कभी अपनी मूर्तिकला में या धार्मिक अनुष्ठानों में या कला और जीवन के सहज प्रतीकों में पा लेता था। मैं भारतीय हूँ, इसकी परिभाषा मुझे पश्चिम की ऐतिहासिक कसौटी पर नहीं, बल्कि अपने रहन-सहन, आचार-व्यवहार और आस्था-विश्वास के अनेक चिह्नों और संकेतों से मिलती रहती थी। सच पूछा जाए तो हमने अपनी परम्परा का बोध अतीत से खोजकर नहीं बल्कि सहज जीवनधारा के इन बिम्बों और प्रतीकों से ही प्राप्त किया था। पश्चिम की तरह हमने कभी सजग रूप से परम्परा में रहने के लिए अतीत का आह्वान नहीं किया। इसके विपरीत परम्परा हमारे भीतर मूक और अपरिभाषित रूप से जीवित रहती थी। यह शायद विरोधाभास जान पड़े लेकिन सच है कि केवल पश्चिम का आधुनिक समाज ही अतीत के प्रतीकों पर जीवित रहता है जिसे वह इतिहास का नाम देता है, किन्तु जो समाज सहज रूप से परम्परागत होता है, उसे अतीत की कोई आवश्यकता नहीं है। मेरी यह भावना कि मैं भारतीय संस्कृति का अंग हूँ, केवल इसलिए नहीं है कि मैं ज़मीन के एक अंश से जुड़ा हूँ जिसे हम भारत कहते हैं बल्कि

इसलिए भी है कि मैं एक ऐसे समय में जीता हूँ जो चिरन्तन रूप से मेरा समकालीन है। मैंने जो परम्परा से पाया, वही मेरा जीवनस्थल भी है। एक भारतीय जिन बिम्बों में प्रतीकों के सहारे जीवन का अर्थ ढूँढ़ता है, वही उसका आवास-स्थल और परिवेश भी रहा है। इसीलिए आधुनिक युग की राष्ट्रीयता या देशभक्ति की भावनाएँ उसके लिए बड़ी अजीब और अनावश्यक हो सकती हैं, क्योंकि उसके विश्वासों को उसकी धरती से अलग नहीं किया जा सकता।

एक भारतीय का अपनी संस्कृति के साथ यह सहज सम्बन्ध उस क्षण विघटित होने लगा जिस क्षण पश्चिम ने अंग्रेज़ी राज्य के रूप में हमारी जीवन-पद्धति में हस्तक्षेप करना आरम्भ किया। भारतीय इतिहास में यह एक अभूतपूर्व घटना थी जब जीवन के सहज प्रभाव को इतिहास के चौखटों में परिभाषित किया जाने लगा। भारत में अंग्रेज़ी राज्य का सबसे अधिक दुखदायी प्रभाव यह नहीं था कि हम आर्थिक और राजनीतिक रूप से ग़ुलाम हुए, बल्कि यह कि इतिहास ने हमारी चेतना को पहली बार अतीत, वर्तमान और भविष्य जैसे कठघरों में परिभाषित किया। पश्चिम ने जब मेरे लिए एक अतीत की खोज की उसी क्षण मैंने उसे अपने वर्तमान में उन्मूलित किया, क्योंकि मेरी सहज चेतना में पश्चिम के हस्तक्षेप से पहले इस तरह का कोई विभाजन मौजूद नहीं था। एक बार अपने अतीत से विलगित हो जाने पर मैं धीरे-धीरे अपनी उस समूची थाती से अलग हो गया जिसके बीच मैं जीता था, मरता था, साँस लेता था और अपने जीवन का अर्थ ढूँढ़ता था। मैं ख़ुद अपनी संस्कृति के बीच अपने को एक अजनबी-सा पाने लगा। यह कुछ वैसा ही था,

जैसे इतिहास की कुल्हाड़ी ने मुझे अपनी ज़मीन से उखाड़कर अलग फेंक दिया हो और कहा हो, यह तुम्हारा वर्तमान है और यह तुम्हारा अतीत था। हमारी संस्कृति में पश्चिम का हस्तक्षेप इतिहास का हस्तक्षेप था जिसके परिणामस्वरूप एक भारतीय के भीतर एक अजीब उन्मूलन बोध और वीरानी की व्यथा उत्पन्न हुई, किन्तु वीरानी का यह भाव एलियट की उस 'वेस्टलैंड' भावना से बहुत अलग है जो उन्होंने अपनी सभ्यता के खँडहरों (ruins of civilization) के सामने महसूस किया था, क्योंकि इतिहास ने मेरी सभ्यता को उतना जर्जरित नहीं किया जितना स्वयं मुझे अपने भीतर से नष्ट किया। एक भारतवासी होने के नाते मैं अपनी संस्कृति को बाहर से नहीं देख सकता, इसलिए विदेशी सभ्यता के आक्रमण से जो विनाश हुआ, वह कहीं बाहर नहीं, मेरे भीतर था। अपने भीतर ही मैंने अपनी उस संलग्नता के सर्वव्यापी बोध को खो दिया है जो आज तक मुझे अपने समय, अपने परिवेश और अपनी संस्कृति से जोड़े था।

संलग्नता की इस अवधारणा से मेरा क्या मतलब है जिसके नष्ट हो जाने से हम पिछले दो सौ वर्षों से स्वयं अपनी संस्कृति के बीच अपाहिज और अनाथ महसूस करने लगे? पहले तो मुझे यह स्पष्ट कर देना चाहिए कि हमारे भीतर संस्कृति की वैसी धारणा कभी नहीं रही, जैसे वह यूरोप में पिछले पाँच सौ वर्षों से विकसित हुई है। हमारे लिए संस्कृति का अभिप्राय यह नहीं कि हम किस हद तक अपने विश्वासों, अनुष्ठानों और प्रतीकों के प्रति सजग रूप से सचेत हैं। संस्कृति हमारे लिए न तो म्यूज़ियम में संग्रह करने की चीज़ रही और न ही हमने उसका एक खिड़की की तरह इस्तेमाल किया, जिसके ज़रिये हम बाहरी दुनिया से अपना रिश्ता जोड़ते हैं। भारतीय दृष्टि में खिड़की से दुनिया दिखाई नहीं जाती, स्वयं खिड़की ही दुनिया है। उसी प्रकार जैसे ईश्वर का सत्य कहीं ऊपर और बाहर न होकर हमारी देह और आत्मा के

भीतर ही सन्निहित है। दोनों पवित्र हैं इसलिए दोनों के भीतर ही परम सत्य विद्यमान है। यह विचार एक ऐसी ईसाई-यहूदी अवधारणा से कितना अलग और दूर है, जिसमें दुनिया को केवल आँसुओं का पर्दा माना गया है, जिसके पीछे कहीं अलसी सत्य छिपा है। देह को तो एक कंटक माना ही गया है जो आत्मा से साक्षात्कार करने के लिए हमेशा बीच में बाधा बनकर खड़ी रहती है।

भारतीय परम्परा में आत्मा और शरीर का यह अन्तर उतना ही कृत्रिम है, जितना बाहर और भीतर का अन्तर्विरोध। हमारे पुरखों ने शताब्दियों पहले खिड़की से जो कुछ भी बाहर देखा था—पेड़ों, नदियों, पशुओं और मनुष्यों का एक विराट् शाश्वत लैंडस्केप, वही लैंडस्केप मैं भी देखता हूँ और पाता हूँ कि मैं इस परिदृश्य का महज़ दर्शक नहीं हूँ बल्कि उनके बीच हूँ, उनका ही एक अभिन्न अंग हूँ। दो शब्दों में कहें तो यह वह संलग्नता का भाव था जो मुझे सहज रूप से काल और विश्व के साथ जोड़े था। यह महत्त्वपूर्ण बात है कि बाहरी परिदृश्य के विभिन्न तत्त्वों के बीच यह अन्दरूनी सम्बन्ध इतना ही महत्त्वपूर्ण है जितना द्रष्टा और दृश्य के बीच एकात्म होने की भावना। वह व्यक्ति जो देखता है और वह चीज़ जो दिखाई जाती है, उनका आपसी सम्बन्ध उस यूरोपीय संस्कृति की धारणा से कहीं अधिक सहज स्फूर्तिदायक और आत्मीय होता है जिसमें द्रष्टा और दृश्य, मनुष्य और लैंडस्केप, पुरुष और प्रकृति को अलग-अलग खंडों में विभाजित करके देखा जाता है। शायद यही कारण है कि एक भारतीय को रिल्के की वह पीड़ा नहीं सताती जहाँ उनका कवि अपने को दुनिया से बाहर पाता है और उसे बाहरी जगत् को 'इंटरप्रेट' करने की कोशिश करनी पड़ती है, क्योंकि भारतीय संस्कृति में चीज़ों से वही मतलब है, जैसी वे दिखाई देती हैं। उनके बीच अहं या ईगो की छाया नहीं पड़ती—एक ऐसा अहं जो एक तरफ़ मनुष्य को उसकी सम्पूर्णता से स्खलित करता है,

दूसरी तरफ़ उसे प्रकृति से अलग करता है। यही कारण है कि भारत में दृष्टि की समग्रता को तर्कबुद्धि द्वारा हासिल करने का दुस्साहस कभी नहीं किया गया बल्कि चीज़ों के अन्तर्सम्बन्धों के बीच ही उसे खोया गया। दृष्टि मुक्ति का साधन ही नहीं, उसका स्रोत भी थी।

पिछले दो सौ वर्षों में जीवन के प्रति सहजता और समग्रता का यह भाव धीरे-धीरे नष्ट होता गया है उस पर इतिहास ने अपने नियम-क़ानून—जिन्हें डी.एच. लॉरेंस ने स्थायी नियमों की अराजकता (anarchy of fixed laws) माना था, आरोपित होते गए हैं। हर संस्कृति की अपनी लय होती है जो प्रकृति के अनुकूल चलती है, किन्तु जब कोई औपनिवेशिक शक्ति प्रगति और इतिहास के नाम पर इस लय को भंग करती है तो उस संस्कृति से जुड़े हुए लोगों का जीवन-क्षेत्र अचानक विशृंखलित हो जाता है। एक तरफ़ हमारे पास अपने सांस्कृतिक अतीत के टुकड़ों की पोटली जमा हो जाती है, दूसरी तरफ़ हमारे भीतर जीवन के प्रति समग्रता का एक आध्यात्मिक भाव बाक़ी रह जाता है लेकिन इन दोनों को जोड़नेवाली कड़ी टूट गई है, जिसके कारण हम बीच अधर में झूलते रहते हैं। हमारी आत्मा में एक गहरी दरार खिंच जाती है जिसने आज भारतीय यथार्थ को दो पहलुओं में खंडित कर दिया है। जीवन का व्यवहार जिसका समग्रता से कोई सम्बन्ध नहीं और आध्यात्मिक समग्रता का भाव जिसका हमारे दैनिक कार्यकलाप से कोई लेना-देना नहीं। आज एक आधुनिक भारतीय की चेतना न केवल भारतीय जीवन के बीच खिंची इस दरार को प्रतिबिम्बित करती है, बल्कि स्वतंत्रता के बाद जो सबसे अधिक भयानक बात हुई है, वह यह कि हमारी शासन-सत्ता ने विभाजन के इन टुकड़ों को ऐतिहासिक रूप से अनिवार्य मान लिया है। उसे एक तरह की ऐतिहासिक वैधता (historical legitimacy) प्राप्त हो गई है, जो हमारे समूचे सार्वजनिक जीवन के विभिन्न पहलुओं को कलुषित और विकृत करती है।

ठीक इस बिन्दु पर वह पीड़ा और विडम्बना उत्पन्न होती है जो एक भारतीय होने के नाते मैं अपने देश और संस्कृति के प्रति महसूस करता हूँ। क्या है यह विडम्बना और कैसी है यह पीड़ा? मेरे व्यक्तित्व का जो सबसे मूल्यवान और महत्त्वपूर्ण अंश है, उसी से मैं अपने को विच्छिन्न पाता हूँ। जबकि दूसरी तरफ़ मुझे एक ऐसी राष्ट्रीय और भौगोलिक अस्मिता के साथ प्रतिबद्ध होना पड़ता है जिससे मेरा कोई आध्यात्मिक और सांस्कृतिक लगाव नहीं है। आख़िर राज्य-व्यवस्था के ढाँचे, संसद, राष्ट्रीय ध्वज के प्रति मेरा लगाव सिर्फ़ बहुत सतही और ऊपरी ही हो सकता है, क्योंकि व्यवस्था के इन प्रतीकों ने न मुझे सुरक्षा प्रदान की है और न ही मुझे यह अवसर दिया है कि मैं अपने मानस को उनके ऐतिहासिक महत्त्व से जोड़ सकूँ। जिस खाई और दरार की चर्चा मैंने ऊपर की है, वह न केवल हमारे दर्शन और व्यवहार के बीच खिंची है, बल्कि हमारे राजनीतिक कर्म और सांस्कृतिक प्रभाव के बीच भी दिखाई देती है। मुझे राज्य के जिन प्रतीकों के प्रति प्रतिबद्ध होने के लिए बाध्य किया जाता है, उनके लिए मेरे दिल में कोई श्रद्धा नहीं। जिन प्रतीकों के लिए मेरे हृदय में सचमुच आस्था और निष्ठा है, उनका हमारे व्यावहारिक और राजनीतिक जीवन में कोई स्थान नहीं है। समय के बीतने के साथ-साथ यह खाई और भी चौड़ी होती जाती है और मेरी यह आशंका दृढ़ होती जाती है कि यदि प्रगति की रौ यथावत् चलती रही तो एक दिन हमारी परम्परा की विशिष्ट अन्तर्दृष्टि एक ऐसी वैज्ञानिक सभ्यता के नीचे कुचल दी जाएगी जिसे आज हम आधुनिक युग की वास्तविकता मानते हैं।

मैं अपनी मानसिक बिखराव की इस स्थिति को निर्वासीपन (एलियेनेशन) जैसे फ़ैशनेबल शब्दों द्वारा भी विश्लेषित नहीं कर सकता, क्योंकि सच्चाई यह है कि मेरा आत्मनिर्वासीपन वैसा नहीं है, जैसा आज पश्चिम के आधुनिक समाज में रहनेवाला व्यक्ति महसूस करता है।

समूचे बिखराव और अन्तर्विरोधों के बावजूद मैं कभी अपने को निपट आत्मशून्य नहीं पाता। मैं अभी उस विकट स्थिति में नहीं पहुँचा हूँ जहाँ मनुष्य अपने आत्मन् अपने सेल्फ़ को ही खो देता है जिसकी चर्चा हमें पश्चिम के अनेक आधुनिक उपन्यासों में मिलती है। एक भारतीय होने के नाते मेरी चेतना इतनी अहंग्रस्त और वैयक्तिक नहीं है, जिसने आज यूरोपीय व्यक्ति को इतना अकेला छोड़ दिया है। हेगेल का कहना था कि एक यूरोपवासी की अस्मिता उसकी आत्मचेतना में वास करती है और यह आत्मचेतना हमेशा दूसरों के विरुद्ध होकर ही अपने को प्रतिष्ठित कर सकती है। किन्तु जिस आत्मचेतना के द्वारा एक भारतीय बाहरी दुनिया से अपना रिश्ता जोड़ता है, उसकी अभिव्यक्ति कभी ऐसे अहं में नहीं होती जो दूसरे व्यक्तियों के अहं के विरुद्ध संघर्ष करने में ही अपना अर्थ पाता हो। इसके बिलकुल विपरीत भारतीय चेतना दूसरों के विरुद्ध नहीं, दूसरों के साथ ऐसे अनुष्ठानों, मिथकों, प्रतीकों और विश्वासों के माध्यम से जुड़ी है जिसे वह समाज के अन्य लोगों के साथ एक स्मृति के द्वारा साझा करता है। समाज के लोगों की यह सामान्य स्मृति हर व्यक्ति के आत्मन् और (सेल्फ़) की सीमाओं को बढ़ा देती है। इसलिए एक यूरोपियन का अहं एक भारतीय के सेल्फ़ से बहुत अलग है, उसमें दूसरे के प्रति विरोध नहीं बल्कि दूसरे ही उसके अस्तित्व उसके 'मैं' में शामिल हैं।

किन्तु यदि यह सत्य है तो मुझे अपनी संस्कृति के प्रति पूरा लगाव क्यों नहीं हो पाता? इस लगाव के रास्ते में वह पीड़ा और विडम्बना क्यों पैदा होती है जिसका ज़िक्र मैंने ऊपर किया है? क्यों आज मैं अपने भीतर एक अपराध भावना महसूस करता हूँ? क्यों मुझे ऐसा लगता है कि मैं अपनी संस्कृति से जुड़ा भी हूँ और उससे बहुत दूर छिटक भी गया हूँ? शायद इस प्रश्न का उत्तर एक आधुनिक भारतीय की मनीषा में होनेवाले संकट को ठीक-ठीक रेखांकित कर सकेगा। जब मैं इस प्रश्न का उत्तर ढूँढ़ता हूँ तो एक बात मुझे बहुत उल्लेखनीय

जान पड़ती है और वह यह कि आज की दुनिया में भारतीय समाज ही एक अकेला समाज है जिसकी परम्परा के समस्त तत्त्व आज भी मौजूद हैं, लोगों को उपलब्ध हैं और न केवल उपलब्ध हैं, बल्कि जीवन से लेकर मृत्यु तक किसी-न-किसी रूप में हर भारतीय अपने दैनिक व्यवहार में इन तत्त्वों द्वारा अनुप्राणित होता है। वे सब धागे जिनसे परम्परागत तत्त्वों का जाला बनता है और जो मुझे भारतीय यथार्थ से जोड़ते हैं आज भी विद्यमान हैं, किन्तु इन धागों से मेरे अपने जीवन का कोई समूचा अर्थ नहीं जुड़ पाता। वे अपने स्वायत्त अलगाव में जीते हैं और मैं अपने अकेलेपन में। यह अवश्य है कि कभी-कभी ऐसे दुर्लभ क्षण आते हैं कि मैं अपने को परम्परा में चरितार्थ कर लेता हूँ और परम्परा मेरे भीतर जीवित हो उठती है, किन्तु इस पारस्परिक अन्तर्गुफन के क्षण आज के आधुनिक जीवन में केवल यदाकदा ही मिल पाते हैं और जब मिलते भी हैं तो भी वे मुझे सच्चे और वास्तविक नहीं जान पड़ते। मुझे यह केवल एक संयोग ही जान पड़ता है।

इस लगाव और अलगाव के पीछे कोई तर्क-व्यवस्था नहीं है। मैं परम्परा के इस तन्तुजाल में जाता हूँ और फिर बाहर आ जाता हूँ, किन्तु उससे कोई स्थायी और शाश्वत रिश्ता नहीं जोड़ पाता। मुझे एक यूरोपीय का यह सौभाग्य भी प्राप्त नहीं जो अपने अतीत, अपने इतिहास, अपने चर्च के साथ नाता जोड़ने का सजग प्रयत्न करता है। सजगता तभी उत्पन्न होती है जब मनुष्य का अपने अतीत और परम्परा से सम्पूर्णरूप से अलगाव हो गया हो। एक भारतीय की परम्परा कहीं बाहर नहीं, उसके भीतर रहती है, इसलिए सजग रूप से उससे अपने को जोड़ने का प्रश्न ही उत्पन्न नहीं होता। किन्तु दूसरी तरफ़ अपने परिवेश से सहज लगाव जो एक भारतीय स्वाभाविक रूप से महसूस करता था—अपनी प्रकृति से लगाव, अपने परिवेश से सहज, पारम्परिक सम्बन्ध—आज वह बहुत कुछ विशृंखलित हो चुका है।

पिछले वर्षों में हमारे देश में अन्धाधुन्ध औद्योगिक प्रगति के नाम पर जो तहस-नहस हुई है, उसने एक भारतीय के भीतर इस विशृंखलित भावना को और भी अधिक भयानक बना दिया है। आज जिस औद्योगिक वर्ग के हाथ में राज्य सत्ता है, उसे इस बात में कोई दिलचस्पी नहीं कि प्रगति की दौड़ में परम्परागत जीवन के मूल्य कितने नष्ट हो जाते हैं, कितने बचे रहते हैं। आधुनिक भारतीय की मानसिक पीड़ा का यह मूल कारण है कि, जबकि परम्परागत जीवन के सब रीति-रिवाज, अनुष्ठान और मिथक मौजूद हैं फिर भी आज के औद्योगिक परिवेश में हम उनके साथ एक जीवन्त और जीवनदायी सम्बन्ध स्थापित नहीं कर पाते और जितना कुछ सम्बन्ध बचा भी रह गया है, वह उत्तरोत्तर अत्यधिक धुँधला, विकृत और नष्ट होता जा रहा है। शायद हम एक अंग्रेज़ या अमेरिकी या रूसी की अपेक्षा ज़्यादा कुछ देख सकते हैं, लेकिन यह ज़्यादा देख पाना हमें उतना अर्थ नहीं देता, जितना अर्थ कम देखने के बावजूद एक पश्चिमी सभ्यता के नागरिक को मिलता है, जो अपनी सीमित दृष्टि के बावजूद जो कुछ भी देखता है, उससे भी कहीं ज़्यादा अर्थ खोज लाने में समर्थ है। हम जब कभी अधिक अर्थ पाने में समर्थ भी हो पाते हैं तो वह भी हमें एक महँगे दाम पर ही मिलता है, क्योंकि हमें उसे प्राप्त करने के लिए यथार्थ के अनेक पहलुओं को अनदेखा कर देना पड़ता है, जिनके साथ हम अपना कोई सम्बन्ध नहीं बैठा सकते। यह एक सारी प्रक्रिया एक स्वप्न-सरीखी अवस्था में चलती है जहाँ न पूरा अँधेरा है, न पूरी रोशनी, बल्कि इतिहास की एक ऐसी धुँधली कुहेलिका है, जिसमें न पूरा सत्य दिखाई देता है, न पूरा झूठ। लगता है, जैसे हम परम्परा और आधुनिकता के हाशिए पर जी रहे हैं। न एक में हमारा घर है, न दूसरे में हमारी सुरक्षा।

भारतीय संस्कृति का धर्म हमेशा से मनुष्य और सृष्टि के अखंडित सम्बन्ध—सार्वभौमिक सम्पूर्णता के आदर्श पर आधारित रहा है।

पिछले दो सौ वर्षों में एक भारतीय जिस अनुपात में आधुनिक होता गया है, उसी अनुपात में सम्पूर्णता का यह संस्कार हमारे जीवन में धुँधला और मलिन पड़ता गया है। हम एक अजीब आत्मकुंठा और अपराध भाव से ग्रस्त हो गए हैं क्योंकि एक तरफ़ हम ऐसी संस्कृति के प्रतिनिधि होने का दावा करते हैं, जो जीवन में सम्पूर्णता का स्वप्न पालती है, दूसरी तरफ़ हम आधुनिक युग की मान्यताओं से भी एकीकृत होना चाहते हैं, जो सम्पूर्णता के इस आदर्श को दिन-पर-दिन अधिक खोखला बनाती जाती है। हम जिस आदर्श में विश्वास करते हैं, उसे अपने जीवन और कर्म में क्रियान्वित करने का साहस नहीं जोड़ पाते और जिन आधुनिक मर्यादाओं को सैद्धान्तिक रूप से अस्वीकार करते हैं, उसे अपने व्यवहार और कर्म में ढालते जाते हैं। कथनी और करनी के इस भेद के कारण ही यह अपराध-भावना, यह पाप-बोध उत्पन्न होता है, जिसने न केवल हमारे राष्ट्रीय जीवन के जीवनदायी स्त्रोतों को सुखा दिया है, बल्कि हमारी चेतना की गहनतम परतों में अपना घर बना दिया है।

अपनी बात को स्पष्ट करने के लिए मैं आपको एक उदाहरण देना चाहूँगा; मैं पिछले दो वर्षों से भोपाल में रहा हूँ जहाँ भारत भवन जैसी प्रतिष्ठित इमारत का निर्माण हुआ है। भारत भवन के कला-संग्रहालय के दो कक्ष हैं : एक में मध्य प्रदेश के आदिवासियों के चित्रों, मूर्तियों और कला-वस्तुओं को प्रदर्शित किया गया है, दूसरे कक्ष में आधुनिक भारतीय कलाकारों की कृतियों को देखा जा सकता है। एक कक्ष से दूसरे कक्ष में जाते हुए हमें एक अद्‌भुत और अभूतपूर्व अनुभव से गुज़रना पड़ता है। आदिवासी कलाकृतियों में अखंडित सम्पूर्णता का भाव अंकित है—पेड़, आकाश, पशु और आदमी एक-दूसरे से सहज, शान्त और सन्तुलित भाव में अन्तर्गुम्फित हैं; यह भाव उस सम्पूर्णता का स्वप्न है, जिसे मैं अपने भीतर लेकर जीता हूँ किन्तु जिसका मेरी समकालीन, तथाकथित आधुनिक चेतना से दूर का रिश्ता नहीं बैठता।

किन्तु कुछ क़दम दूर गलियारा पार करते ही जब मैं आधुनिक कला की वीथिका में जाता हूँ तो एक नितान्त भिन्न प्रकाश का अनुभव होता है; आधुनिक कलाकारों की कृतियों के समक्ष मुझे खंडित अनुभवों की एक ज्वलन्त और ज्वरग्रस्त आभा मिलती है—अपने में एक अनूठा सत्य वहन करती हुई—जो मेरे विशृंखलित और उन्मूलित यथार्थ के बहुत निकट है, किन्तु जिनका मेरे उस सम्पूर्णता के स्वप्न से कोई सम्बन्ध नहीं, जो मैंने आदिवासी कलाकृतियों के सम्मुख महसूस किया था। क्या कारण है कि मैं न पहली अनुभव-धारा से एकीकृत हो पाता हूँ, न दूसरी से? मुझे लगता है, जैसे मेरी चेतना के बीचोबीच एक फाँक खिंच गई है : एक तरफ़ आधुनिक अनुभव है, जो मेरे वास्तविक यथार्थ को प्रतिध्वनित करता है—दूसरी तरफ़ अखंडित सम्पूर्णता का अनुभव है, जिसमें मेरी संस्कृति का स्वप्न छिपा है—और बीच में कोई ऐसा धागा नहीं है जो मेरे वस्तु-अनुभव को मेरे स्वप्न-अनुभव से जोड़ सके—हालाँकि दोनों ही मेरी समकालीन चेतना के सच्चे और प्रामाणिक पहलू हैं।

यह खाई जो मेरी व्यक्तिगत चेतना में है, वही मेरे सामाजिक जीवन को भी बीचोबीच विभाजित करती है : एक तरफ़ आधुनिक समाज-व्यवस्था है, विज्ञान और राजनीति के सिद्धान्तों द्वारा अनुशासित; और दूसरी तरफ़ है मेरी संस्कृति की सम्पदा, जिसमें पीढ़ी-दर-पीढ़ी चली आई लोगों की स्मृति, संस्कार, धर्म-मर्यादा छिपी है—किन्तु दोनों को जोड़नेवाला एक सम्पूर्ण अनुभव का यथार्थ अनुपस्थित है। यही कारण है कि मेरे व्यक्तित्व के खंडित हिस्से यथार्थ के खंडित अनुभवों में जीते हैं, एक सम्पूर्ण और सार्थक जीवन-मर्यादा से एकीकृत नहीं हो पाते। आदिवासी जगत् की दृष्टि और आधुनिक जीवन का यथार्थ—दोनों का ही मेरे अनुभव-जगत् में सह-अस्तित्व है, किन्तु वे मेरी चेतना के दो सीमान्त छोरों पर रहते हैं और कोई ऐसा सेतु नहीं, जो यथार्थ के अंश को सम्पूर्णता के यथार्थ से जोड़ सके, जो एक स्वप्न की तरह मेरे भीतर जीवित है।

इस सेतु के अभाव के कारण ही वह अपराध-भावना उत्पन्न होती है जिसका ज़िक्र मैंने ऊपर किया था। हड़बड़ी और बदहवासी में हम आधुनिक से इतना अधिक आधुनिक हो जाना चाहते हैं, जहाँ हम सम्पूर्णता के अपने सांस्कृतिक अनुभव को भुला सकें या आधुनिकता से संत्रस्त होकर हम भयभीत बच्चों की तरह अपनी परम्परा के आँचल में मुँह छिपा लेना चाहते हैं जहाँ हम आधुनिक अनुभव के पीड़ादायक तनावों और अन्तर्द्वंद्वों से छुटकारा पा सकें। दोनों ही रास्ते हमारी आत्मछलना और अपराध-भावना को और अधिक गहरा बनाते हैं, उनसे मुक्ति नहीं दिलवाते।

यह एक समस्या है, जिसका सामना हमें बीसवीं शताब्दी के अन्तिम दशकों में करना होगा। मैं इस समस्या को सीधे-सादे शब्दों में प्रस्तुत करना चाहूँगा; वर्तमान की सांस्कृतिक उलझनों और विडम्बनाओं से बचने की ख़ातिर क्या भारत आधुनिक वस्तुस्थिति [जिसे मैं रियलिटी प्रिंसिपल (Reality Principle) मानता हूँ] के आगे घुटने टेक देगा, जिसके एवज़ में उसे आधुनिक राज्यतंत्र और औद्योगिक सभ्यता के वे सब उपादान प्राप्त हो जाएँगे जो आज किसी भी छोटे-से-छोटे यूरोपीय देश को प्राप्त हैं—एक केन्द्रीकृत नौकरशाही शासन-व्यवस्था, औद्योगिक विकास जंत्र-यंत्र, सैनिक मशीन की राक्षसी काया, जिसे मांस-मज्जित करने के लिए लाखों का ख़र्च होता है? वस्तुस्थिति का यह सिद्धान्त हमें पश्चिमी पैटर्न में रँगे-पुते एक अत्याधुनिक सभ्य राज्य की स्थापना की ओर ले जाता है, जिसके बीज स्वतंत्रता के बाद बोए गए थे और जिसके विष-वृक्ष आज चारों तरफ़ खड़े दिखाई देते हैं।

वास्तविक यथार्थ का भी अपना स्वप्न होता है—अन्तहीन प्रगति का स्वप्न—जिसमें आज देश के लगभग सभी बुद्धिजीवी और तकनीकी विशेषज्ञ, उदारवादी राज्यनेता और मार्क्सवादी क्रान्तिकारी चरितार्थ करने में जुटे हैं, क्योंकि इन्हीं लोगों की शिक्षा-दीक्षा ने आधुनिक भारतीय चेतना को परिभाषित किया है। मुझे डर है कि विकासवाद की यह अन्धी पूजा

हमेशा के लिए उस बची-खुची सम्भावना को नष्ट कर देगी, जिसके द्वारा आज हम अपनी जर्जर संस्कृति के धागों को समेटकर एक मानवीय और मौलिक विकल्प प्रस्तुत कर सकते हैं, जो हमारी संस्कृति की आदिम और मूल मर्यादाओं में पहले से ही मौजूद है। एक परम्परागत संस्कृति की अन्तर्दृष्टि सबसे अधिक मूल्यवान निधि होती है। एक बार नष्ट हो जाने पर उसे कभी पुनर्जीवित नहीं किया जा सकता। यह हमारा सौभाग्य है कि इतिहास की अनेक विपदाओं और विसंगतियों के बावजूद भारतीय संस्कृति के वे उपादान और प्रतीक मूल्य और मर्यादाएँ कायम हैं, जिनकी ओट में एक विशिष्ट जीवन-पद्धति की लौ जलती रहती है। हमारे अपने पापों और अपराधों ने इस लौ को बहुत मलिन और मद्धिम कर दिया है, किन्तु वह दूसरे देशों की तरह कभी इतनी मद्धिम नहीं हुई, जहाँ सभ्यता के नाम पर हिरोशिमा को विध्वंस किया गया हो और समाजवाद के नाम पर लेबर-कैम्पों में लाखों आदमियों की आहुति चढ़ाई गई हो। भारतीय संस्कृति में आज भी—समस्त विकृतियों के बावजूद—वे तत्त्व मौजूद हैं, जिनके रहते मनुष्य को कभी इतनी स्पर्धा और अहंकेन्द्रित अभिमान नहीं हुआ कि प्रगति की लालसा में वह उस सृष्टि का ही संहार कर दे, जिसमें मनुष्य ने न केवल दूसरे प्राणियों से, बल्कि अपने भौगोलिक परिवेश से नाता जोड़ा है। दरअसल इस नाते में ही मनुष्य ने अपने को पहचाना है; संस्कृति का जन्म ही 'मैं और अन्य' की इस रहस्यमय पवित्र और उत्सुक पहचान के बीच हुआ है। जब मनुष्य अपने अहं की ख़ातिर अन्य को नष्ट कर देता है, तो उसका 'मैं' भी सर्वथा अर्थहीन, मूल्यहीन, गौरवहीन हो जाता है।

किन्तु इससे बड़ी आत्मछलना कोई नहीं होगी यदि हम भारतीय संस्कृति के इन तत्त्वों को शाश्वत मानकर हाथ पर हाथ धरे बैठे रहें; यदि यह हमारा सौभाग्य है, कि ये तत्त्व आज भी विद्यमान हैं, तो यह हमारा सबसे बड़ा दुर्भाग्य होगा यदि हम प्रगति और इतिहास की आँधी

में इन्हें हाथ से छूट जाने दें, बिखर जाने दें। संस्कृति के जीवन्त तत्त्व उस नाज़ुक कड़ी में बसे होते हैं जो मनुष्य की आत्मा को उसके बाहरी परिवेश से जोड़ती है; यह वह सम्बन्ध है, जो हमें अपने अलग-अलग अनाथ अहमों से उठाकर समग्रता की पवित्र और सार्वभौमिक भावना से साक्षात् कराता है। इस एक कड़ी में न जाने कितनी छोटी-छोटी शृंखलाएँ बँधी हैं—हमारे कार्यक्रम, हमारे अनुष्ठानों, मिथकों और विश्वासों की शृंखलाएँ—जो जन्म से मृत्यु तक हमें धरती पर अपने होने का अहसास दिलाती हैं। जहाँ कहीं भी कोई शृंखला टूटती है, हम वहीं थोड़ा-सा अर्थहीन, थोड़ा-सा अकेला हो जाते हैं। हिमालय के वनवासियों के विश्वास और मिथक पेड़ के साथ जुड़े होते हैं, क्या ये विश्वास और मिथक जीवित रह जाएँगे—यदि हम जंगल-के-जंगल नष्ट कर दें? क्या हम एक किसान का समूचा मिथक-संसार, उसकी अन्तरात्मा में बसा धार्मिक प्रतीकों का पवित्र लोक और आलोक—जो उसने शताब्दियों से अपनी धरती के लगाव से अर्जित किया है—नष्ट नहीं कर देते जब उसे उसकी भूमि से उन्मूलित करके उसे महज़ एक खेतिहर मज़दूर में बदल देते हैं? यदि औद्योगिकीकरण की ऐतिहासिक प्रक्रिया इस किसान को बम्बई के मिल-कारख़ाने में रोटी जुटाने के लिए मजबूर करती है, तो वह महानगर की अँधेरी, दुर्गंधमयी चालों में अपना पैतृक, परम्परागत जीवनलोक सुरक्षित रख सकेगा? जब एक नदी सूख जाती है, एक गाँव उजड़ जाता है, एक जंगल नष्ट हो जाता है, तो ये महज़ आर्थिक और पर्यावरण की (Ecological) दुर्घटनाएँ नहीं हैं; वे मनुष्य की संस्कृति पर घातक और मर्मभेदी घाव छोड़ जाती हैं क्योंकि उनसे पवित्रता का परिवेश नष्ट हो जाता है जिसके भीतर ही एक संस्कृति अपने अर्थों को संयोजित करती है, अपनी अन्तर्दृष्टियों को एक पैटर्न, एक दर्शन में बाँधती है जिनके आधार पर ही मनुष्य अपनी आत्मा का सम्बन्ध बाहर की सृष्टि से जोड़ पाता है। जिस क्षण इस सम्बन्ध को

ठोस पहुँचती है, उसी क्षण एक दुनिया, एक दृष्टि नष्ट हो जाती है। सुविख्यात नृतत्त्वशास्त्री लेवीस्ट्रॉस ने एक बार अपने इंटरव्यू में कहा था कि यदि संयोग से रेम्ब्राँ का कोई चित्र नष्ट हो जाता है, तो वह चाहे कितना बड़ा दुर्भाग्य क्यों न हो, हम आशा कर सकते हैं कि हज़ारों वर्ष बाद कभी कोई रेम्ब्राँ की तरह चित्र बना सकेगा, किन्तु जब हम किसी कबीले, किसी ट्राइब या किसी पौधे की नस्ल को नष्ट कर देते हैं, तो वे दुनिया से हमेशा के लिए लोप हो जाएँगे और हम उन्हें फिर कभी अपने अनूठे, विशिष्ट स्वरूप में नहीं प्राप्त कर सकेंगे।

यह वह बिन्दु है जहाँ भारतीय संस्कृति के जीवित रहने की सम्भावनाएँ पश्चिमी सभ्यता की भावी नियति से जुड़ जाती हैं। यदि भारतीय समाज की मुख्य समस्या यह है कि आनेवाले समय में भारतीय संस्कृति में सन्निहित जीवन की समग्रता का मेटाफ़िज़िकल दृष्टिकोण कहाँ तक हमारे व्यक्तिगत आचार-व्यवहार और हमारी सामाजिक व्यवस्था में अनूदित हो पाता है, पश्चिमी सभ्यता की समस्या इससे बिलकुल उलटी है; क्या पश्चिमी समाज में एक ऐसी जीवन-पद्धति का विकास हो सकेगा, जिसमें समकालीन जीवन के खंडित और परस्पर-विरोधी अनुभव जीवन के प्रति सम्पूर्ण और समग्र दर्शन में समन्वित हो सकेंगे ताकि समूचे यथार्थ को एक विराट् और अखंडित अस्मिता में देखा और परखा जा सके। आज तक पश्चिम में हर समस्या का हल समूची मानवीय स्थिति से अलग करके ढूँढ़ा जाता है। यदि एक बीमारी का उपचार मिल जाता है, तो उससे जुड़ी सैकड़ों दूसरी बीमारियाँ अपना सिर उठा लेती हैं। उदाहरण के तौर पर पिछले वर्षों में पश्चिमी जर्मनी में एक स्वस्थ आन्दोलन

शुरू हुआ जिसे हरित-आन्दोलन (Green Movement) कहा जाता है; इस आन्दोलन का मुख्य उद्देश्य यह है कि औद्योगिकीकरण की बढ़ती हुई आग से प्रकृति को बचाया जा सके किन्तु जिस समाज में सशस्त्रीकरण इतनी तेज़ी से हो रहा है कि लाखों-करोड़ों डॉलर अणुबमों और आणविक शस्त्रों के निर्माण पर ख़र्च किया जाता है, वहाँ प्रकृति को प्रदूषण से बचाने का प्रयत्न क्या महज़ एक मीठा और अवास्तविक स्वप्न नहीं है? उसी तरह इंग्लैंड या सोवियत संघ में अणु बम-विरोधी आन्दोलन क्या कभी सफल हो सकेंगे, जब तक पश्चिमी मनुष्य की मनीषा में प्रकृति के विरुद्ध हिंसा और आक्रामकता की भावना क़ायम रहती है? दूसरे शब्दों में जब तक पश्चिमी संस्कृति के केन्द्र में अहिंसा और समूची सृष्टि की पवित्रता जैसे मूल्य प्रतिष्ठित नहीं होते, तब तक कोई भी आन्दोलन—चाहे वह प्रकृति को प्रदूषण से या मनुष्य को अणु बम से बचाने के लिए हो—यूरोप के जनमानस को एक नैतिक चुनौती नहीं दे सकेगा, जो उन्हें अपनी सभ्यता के मानवीय-मूल्यों को जीवन्त रखने के लिए उत्प्रेरित कर सके। इससे बड़ी विडम्बना क्या होगी कि एक तरफ़ हम प्रकृति के विरुद्ध हिंसा बरतते जाएँ, दूसरी तरफ़ यह आशा रखें कि मानवता को अपने विरुद्ध हिंसा करने से रोका जा सकता है?

यह प्रश्न मुझे उस केन्द्रीय समस्या की ओर ले जाता है जिसका सामना भारतीय-संस्कृति और पश्चिमी सभ्यता, दोनों को देर-सबेर नहीं, बल्कि एक अपरिहार्य तात्कालिकता से करना होगा—केवल अपने मूल्यों को सुरक्षित रखने के लिए नहीं, बल्कि इस धरती पर अपना अस्तित्व बचाए रखने के लिए भी। हममें से बहुतों को याद होगा कि 1960 के आसपास यूरोप और अमेरिका के युवा-वर्ग ने भारी संख्या में पश्चिमी राज्य-व्यवस्था की अनैतिक मर्यादाओं और पूर्वी यूरोप के तानाशाही राज्य-तंत्रों के विरुद्ध गहरा असन्तोष और विरोध प्रकट किया था। किन्तु बीस वर्ष बाद आज स्थिति इतनी विकट हो गई है कि प्रश्न सिर्फ़ एक

या दूसरे क़िस्म की सामाजिक व्यवस्था की आलोचना करने का नहीं रहा, किन्तु उससे भी अधिक बुनियादी प्रश्न यह है कि क्या दोनों ही मॉडल-पश्चिम का लोकतंत्र और सोवियत अधिनायकवाद—एक ऐसी आधुनिक सभ्यता के दो पहलू नहीं हैं—जो इस धरती पर मानव-जाति के मात्र अस्तित्व के लिए ख़तरा बन गए हैं? जब कोई सभ्यता जीवन का समग्रबोध खो देती है, जिसे मैंने सम्पूर्णत्व की भारतीय अवधारणा माना है, तो कोई ऐसी गारंटी, ऐसा नैतिक अवरोध नहीं रहता जो मानवजाति को सामूहिक आत्महत्या करने से रोक सके। यह वह महत्त्वपूर्ण बिन्दु है जहाँ भारतीय संस्कृति का स्वप्न पश्चिमी सभ्यता के अस्तित्व से जुड़ जाता है। किन्तु मुझे ग़लत न समझा जाए। मैं कोई पश्चिमी और पूर्व के बीच समन्वय का स्वप्न नहीं देख रहा—क्योंकि समन्वय के ऐसे सब प्रयास निष्फल होते हैं। उन्नीसवीं शती के बंगाल रेनासाँ के बुद्धिजीवियों ने समन्वय के जो प्रयास किये थे, उसके घातक परिणाम हमारे सामने हैं। आज का सत्ताधारी एलीट वर्ग उसी घोल का परिणाम है, जिसने आज हमारी संस्कृति को एक तरफ़ इतना आत्मसम्मोहित किया, दूसरी तरफ़ इतना अपराधग्रस्त बनाकर छोड़ दिया है।

इस बीच एक परिवर्तन ज़रूर हुआ है; पश्चिम के प्रति जो सम्मोहन उन्नीसवीं शती के अन्तिम दशकों में आरम्भ हुआ था, अब वही सम्मोहन पश्चिम की युवा पीढ़ी में भारत के प्रति दिखाई देता है। पिछले वर्षों में पश्चिमी सभ्यता की मान्यताओं से जो व्यापक मोहभंग हुआ, उसके कारण युवा पीढ़ी के लेखक और विचारक ही नहीं बल्कि सामान्य लोग भारत के प्रति आकर्षित हुए। अपनी सभ्यता की भौतिकवादी मान्यताओं से विक्षुब्ध होकर उन्होंने भारतीय दर्शन और अध्यात्मवाद में शरण खोजनी चाही। किन्तु यह मरीचिका के पीछे भागना था। अपनी सभ्यता से घबराकर वे एक ऐसी संस्कृति में अपने जीवन का सत्य पाने का प्रयत्न कर रहे थे जो स्वयं अपने अतीत और अपने परिवेश

से उन्मूलित हो रही है, जैसे—आज भारतीय संस्कृति की हालत है। मैं यहाँ उन महर्षियों, भगवानों, साईंबाबाओं, बालयोगियों की चर्चा नहीं कर रहा जो पश्चिम की पीड़ा को अपने धार्मिक नुस्ख़ों में भुनाते हैं। वास्तव में पश्चिमी सभ्यता की विक्षुब्ध पीढ़ी और तथाकथित भारतीय अध्यात्म के मसीहाओं के बीच आज जो समन्वय दिखाई देता है, वह दरअसल आत्मछलना का उत्कृष्ट उदाहरण है; वह न तो पश्चिमी सभ्यता के संकट को सही-सही प्रतिबिम्बित करता है, न ही भारतीय समाज की उस आध्यात्मिक शून्यता को अभिव्यक्त करता है, जिसके प्रति गांधीजी ने इतनी बार अपना विक्षोभ प्रकट किया था।

अतः दो विपरीत दिशाओं से बढ़ते हुए आज हम संकट के उस एक बिन्दु पर पहुँच गए हैं, जिसने पश्चिमी सभ्यता और भारतीय संस्कृति—दोनों को अपनी लपेट में ले लिया है। आधुनिक युग के जिस यथार्थ नियम (Reality Principle) ने पश्चिमी मनुष्य को अपने अभिन्नतम आत्म, अपने आत्यन्तिक सेल्फ़ से विलगित कर दिया है, उसी नियम की लौहवत् अनिवार्यता ने भारतीय समाज को उसके सामाजिक और आर्थिक परिवेश से उन्मूलित कर दिया है जो एक समय में उसकी सांस्कृतिक जड़ों को सींचता था। ये दोनों ही प्रक्रियाएँ ऐतिहासिक विकास की ऐसी निर्मम अनिवार्यता के साथ जुड़ी हैं, जिसने भारतीय स्वप्न को कहीं मिथकीय अतीत में और पश्चिमी मनुष्य की मुक्ति को कहीं सुदूर भविष्य में निर्धारित कर दिया है, किन्तु दोनों का वर्तमान की विभीषिका से कहीं कोई अर्थपूर्ण रिश्ता नहीं जुड़ पाता, जिसकी आज तात्कालिक ज़रूरत है। अमेरिकी उपन्यासकार सॉलबैलो ने अपने नये उपन्यास डीन्स दिसम्बर (Dean's December) में यह कल्पना की है कि निकट भविष्य में अमेरिकी महानगर आबादी के ऐसे समूहों (urban ghettoes) में परिणत हो जाएँगे, जिनमें उन लाखों लोगों को निष्कासित कर दिया जाएगा, जो आधुनिक सभ्यता के जंगल-क़ानून से

जूझ पाने में असमर्थ हैं; जिस तरह नात्सी शासकों ने यहूदियों के लिए कांसन्ट्रेशन कैम्प बनाए थे, उसी तरह आधुनिक सभ्यता के हाशिए पर ऐसे लोगों को छोड़ दिया जाएगा जो अयोग्य और अवांछनीय हैं और जिनसे आसानी से छुटकारा पाया जा सकता है। क्या भारत भी तेज़ी से ऐसे ही भविष्य की ओर अग्रसर नहीं हो रहा? अमेरिकी नगरों की जो दुर्दशा जंगल के क़ानून तले हो रही है, क्या भारतीय समाज की वही हालत सभ्यता के क़ानून तले नहीं होगी, जहाँ हमें स्वयं अपनी संस्कृति के भीतर शरणार्थी बनकर रहना होगा?

यह कोई कपोल-कल्पित भविष्य नहीं है; इसकी अभिशप्त छाया धीरे-धीरे हमारे समकालीन जीवन के हर क्षेत्र को ग्रसती जा रही है। हम चेख़ॅव के नाटक के उन पात्रों की तरह निष्क्रिय और असहाय खड़े हैं; जो ड्राइंगरूम में प्रेम और कविता की बात करते हैं जबकि बाहर उनके बग़ीचे के पेड़ों को कुल्हाड़ी से एक-एक करके गिराया जा रहा है। वे अपने बग़ीचे को बचा नहीं सकते क्योंकि वह दूसरों के हाथ बिक चुका है और वे स्वयं अपने घर में शरणार्थियों की तरह बैठे हैं—कुछ घंटों के मेहमान। कविता बग़ीचे को नष्ट होने से नहीं बचा सकती, किन्तु फिर भी वह एक अज्ञात और रहस्यमय ढंग से बाग़ के पेड़ों, झाड़ियों और पक्षियों से जुड़ी है—जीवन का दुर्लभ और नाज़ुक स्वप्न—जो बग़ीचे के नष्ट हो जाने पर हमेशा के लिए लुप्त हो जाएगा। मेरे लिए दोनों ही वास्तविक हैं, दोनों को ही बचाना ज़रूरी है। मैं अपने पुरखों के इस तर्क से सहमत नहीं हूँ कि बाहर का बग़ीचा सिर्फ़ माया और भ्रम है, असली कविता मेरे भीतर वास करती है। न मैं उन आधुनिक प्रगतिवादियों के ऐतिहासिक यथार्थ में विश्वास कर पाता हूँ जहाँ कविता सिर्फ़ एक रोमांटिक पूर्वग्रह है, असली सत्य उस कुल्हाड़ी में है जो बग़ीचे को नष्ट करके प्रगति के रास्ते को प्रशस्त करती है। दरअसल तर्क की यह समूची आधुनिक प्रणाली—जहाँ एक को सिर्फ़ दूसरे की क़ीमत पर

बचाया जा सकता है—मुझे अनुचित और दुर्भाग्यपूर्ण जान पड़ती है। मेरा यह विश्वास है कि भारत के पास आज भी यह विकल्प है कि वह एक को दूसरे के साथ, भीतर की कविता और बाहर के पेड़ दोनों को सुरक्षित रख सके। किन्तु यह तभी सम्भव हो सकेगा जब हम अपने खोए हुए घर और लुटे हुए परिवेश को फिर से अपना बना सकें; एक पवित्र परिवेश जिसमें भारतीय अनुभव विभिन्न और बहुस्तरीय यथार्थों द्वारा अभिव्यक्त हो सके जहाँ कोई एक यथार्थ दूसरे यथार्थ का निषेध नहीं करता। सॉलबैलो ने अपने उपन्यास में विनाश और वीरानी के जिस भयावह परिवेश का उल्लेख किया है, उस सम्भाव्य ख़तरे के विरोध में आज सिर्फ़ यही विकल्प बचा रहता है, दूसरा कोई नहीं।

किन्तु पवित्र परिवेश से मेरा क्या अभिप्राय है? मैं अपनी बात को दो व्यक्तिगत अनुभवों से स्पष्ट करना चाहूँगा, जो बहुत निजी होने के बावजूद ऐसे हैं, जिनमें शायद आप भी थोड़ा बहुत साझा कर सकें। पहला अनुभव मुझे मध्य प्रदेश के कान्हा-किसली जंगल में हुआ था, जो संरक्षित वन्यस्थल है। दूसरा अनुभव कुछ वर्ष पहले इलाहाबाद में कुम्भ मेले के अवसर पर हुआ। दोनों एक समान अनुभव के दो भिन्न पहलू थे। पहले में आधुनिक युग के अनिवार्यता नियम (Necessity Principle) से मुक्त होकर समग्रता के पवित्र स्वप्न से साक्षात्कार था। दूसरे में समग्रता का भारतीय आदर्श (Dream Principle) एक भौतिक, सांसारिक और सेक्यूलर परिवेश में चरितार्थ हुआ था। कान्हा-किसली में एक सुबह मुझे पता चला कि वन्यस्थल के छोर पर एक शेर देखा गया है। मैं भी दूसरे दर्शनार्थियों के साथ हाथी पर बैठकर जंगल के एक सूने, सुनसान कोने में ले जाया गया, जहाँ सिर्फ़ लम्बी घास और झाड़ियों के झुरमुट थे, हवा की हल्की आहट थी, ऊपर कभी-कभार कोई परिन्दा उड़ता हुआ दीख जाता था। हमारे हाथी का महावत एक गोंड आदिवासी युवक था, जो बहुत ही शान्त और सधे भाव से हाथी को धीरे-धीरे हाँकता हुआ

ले जा रहा था। कुछ दूर चलने के बाद बाँसों के एक सघन झुरमुट के आगे अचानक हमारा हाथी ठिठक गया और छह-सात फीट के फ़ासले पर मेरी निगाहें धूप में झिलमिलाती एक लम्बी, पीली, पसरी जानवर पर अटक गईं। शेर से यह मेरा पहला वास्ता था—जू से बाहर—अपने प्राकृतिक परिवेश में। वह लम्बी घास के बीच बैठा चुपचाप अपने नाश्ते में निमग्न था। शायद सुबह की घड़ियों में उसने एक जंगली सूअर का शिकार किया था, जिसका कंकाल उसके पंजों के बीच दिखाई दे रहा था। चारों तरफ़ एक अद्‌भुत सन्नाटा था; कभी-कभी पेड़ों से लंगूरों की चीख़ें या झाड़ियों से उड़ने की हल्की-सी फड़फड़ाहट सुनाई दे जाती थी। सहसा शेर ने सिर उठाया और हमारी ओर देखा—एक लम्बी और निस्तब्ध निगाह—जिसमें हाथी, गोंड युवक और मैं सब समा गए थे। वह निगाह शायद एक क्षण से ज़्यादा नहीं थी, किन्तु मेरे लिए वह एक शाश्वत क्षण था। फिर उसने अपना सिर झुका लिया और हमारी ओर से निपट उदासीन होकर अपने आहार में जुट गया। उस क्षण मुझे जो अनुभव हुआ, उसे व्यक्त कर पाना बहुत कठिन है; मैं सिर्फ़ इतना कह सकता हूँ कि मेरे लिए वह एक सम्पूर्ण निर्भयता का अनुभव था—महज़ भय का अभाव नहीं—बल्कि सम्पूर्णता का अलौकिक बोध, जिसमें मैं उस पशु से सम्बन्धित था, जो मेरे सामने था और सबसे बड़ी बात यह है कि पहली बार मैं उस पशु से भी सम्बन्धित हो पाया, जो हमेशा से मेरे भीतर था और जिसे मैं आज तक अपने से छिपाता आ रहा था। पहली बार मुझे मनुष्य होने का चमत्कारिक अनुभव हुआ, और यह अनुभव इन मानववादियों के अहंकार से बहुत अलग था, जो मनुष्य को सृष्टि के केन्द्र में रखते हैं, और उसे सब चीज़ों का मापदंड मानते हैं। इसके विपरीत उस क्षण मुझे लगा, जैसे मैं जंगल के अन्य वन्य प्राणियों के बीच मनुष्य हूँ, किसी से बड़ा-छोटा नहीं, बल्कि सबके साथ उस परिवेश में साझा करता हुआ जिसमें शेर अपने खाने में मस्त है,

हाथी शान्त-भाव से खड़ा है, गोंड युवक बीड़ी पी रहा है और सारा जंगल सुबह की धूप में झिलमिला रहा है। यह परिवेश पवित्र था क्योंकि इसमें सब समवेत रूप से साझा कर रहे थे और वे ऐसा कर सकते थे क्योंकि इनमें से हर कोई सहज रूप से अपनी जड़ों से जुड़ा था। किसी में आत्म-उन्मूलित होने का अनाथ-भाव नहीं था। एक शान्त, पवित्र और अहिंसात्मक परिवेश जिसमें जंगली सूअर की मृत्यु उस लैंडस्केप का उतना ही अभिन्न अंग जान पड़ती थी जितनी वह प्राणवत्ता, जो शेर की धमनियों में स्पन्दित हो रही थी।

कान्हा के जंगल में मुझे तब एक दूसरा अनुभव याद हो आया, जो अपनी गहराई और उत्कटता में कुछ नहीं था किन्तु मेरा उससे साक्षात्कार एक भिन्न सन्दर्भ में हुआ था। इलाहाबाद के कुम्भ मेले में, जहाँ शान्ति का नितान्त अभाव था। वहाँ सिर्फ़ भीड़ थी, असीम कोलाहल, लोगों की अन्तहीन क़तार, ब्राह्मण और भिखारी, सिर मुँड़ाई विधवाएँ, सर्दी में ठिठुरते हुए अस्थि-पिंजर, एक लम्बे जुलूस में संगम से उस पवित्र और मायावी स्थल की ओर बढ़ते हुए, जहाँ मैल और गन्दगी में घुली-मिली दो नदियाँ दिखाई देती थीं और तीसरी का कहीं पता नहीं था। आदमी और नदी और उड़ती हुई धूल—शायद नायपॉल कुम्भ मेले में यही नोट कर पाते—और वह ज़्यादा ग़लत नहीं होते क्योंकि उनकी आँख जो कुछ देखती, उसे ही वह दर्ज कर देते किन्तु देखती हुई आँख और दर्ज किये हुए तथ्य के बीच एक समूची संस्कृति का अदृश्य अनुभव है जो आदमी और नदी की नहीं, बल्कि आदमी और नदी के बीच अन्तर्निहित सम्बन्ध में जीता है, जिसे नायपॉल जैसे लोग कभी नहीं देख पाते। भारतीय संस्कृति का मर्म, अदृश्य सरस्वती की तरह, इसी सम्बन्ध की पवित्रता में छिपा है। 'अगर तू ईश्वर पाना चाहता है, तो इस प्रवाह के साथ हो जा,' एक बूढ़े संन्यासी ने कुछ हँसी में, कुछ व्यंग्य में कुम्भ की अथाह भीड़ की ओर इशारा करते हुए कहा था।

मैं उनके धुँधले संकेत को देखकर ठीक से समझ नहीं पाया कि 'प्रवाह' से उनका आशय तीर्थयात्रियों के अन्तहीन प्रवाह से है या नदियों के उस प्रवाह से, जो शताब्दियों से उनके भीतर बह रहा है। क्या इसी अस्पष्ट धुँधलके में ही मेरे सम्बन्ध की पीड़ा भी नहीं दबी है—नदी, लोग, विश्वास और मिथक—एक संस्कृति के असंख्य बिखरे कण, जो अपने अलगाव में इतने विपन्न और जर्जरित जान पड़ते हैं किन्तु एक-दूसरे से जुड़ते ही एक समूची जीवन-प्रणाली को आलोकित कर जाते हैं? एक पुरातन संस्कृति बहुत महीन और नाज़ुक धागों में गुँथी होती है, जिसमें यदि हम मिथक को यथार्थ से, पुराणकथाओं को दैनिक चर्याओं से, आत्मा को उसके दैहिक परिवेश से ज़रा भी अलग करते हैं, तो समूचा ताना-बाना टूटने लगता है।

क्या हम भारतीय संस्कृति को इस टूटन और बिखराव से बचा सकते हैं? मुझे लगता है कि आधुनिक औद्योगिकीकरण के थपेड़ों के बावजूद, चारों तरफ़ फैली ग़रीबी और दरिद्रता और आत्म-उन्मूलन के बावजूद—आज भी यह सम्भव है कि हम इतिहास की घातक प्रक्रिया को बदल सकते हैं, उसे एक नितान्त नई दिशा में मोड़ सकते हैं। जीवन में कुछ अनिवार्य नहीं होता—सिवाय मृत्यु के। कोई भी इतना शक्तिशाली नहीं होता—न इतिहास, न समय की धारा, न आधुनिकता के नियम-कर्म जो हमें मृत्यु चुनने के लिए बाध्य करें, जब तक हम स्वयं आत्महत्या करने के लिए तैयार न हो जाएँ। सच पूछा जाए तो जिसे मैंने भारतीय संस्कृति का स्वप्न माना है, हमारे समय में गांधीजी ने बड़े साहस के साथ यथार्थ को ठोस ज़मीन पर उसकी समस्त व्यावहारिक सम्भावनाओं को उजागर किया था। वह एकमात्र ऐसे व्यक्ति थे जिन्होंने भारतीय स्वप्न के दोनों पहलुओं को समझा और परखा था—उसका बाहरी और प्रत्यक्ष पहलू, जो हमें दिखाई देता है किन्तु उन्होंने उसके दूसरे अदृश्य पहलू को भी पहचाना था, जो शताब्दियों से भारतीय जनमानस की परतों तले

दबा है और जो सिर्फ़ इसलिए कम महत्त्वपूर्ण नहीं हो जाता, क्योंकि वह देखा नहीं जा सकता।

मैंने जो कुछ कान्हा और कुम्भ मेले में देखा था—वह केवल एक बाहरी और प्रत्यक्ष दृश्य था; उसे देखकर सहसा मुझे उस पवित्रता और समग्रता को बोध हुआ जो उस संस्कृति का अदृश्य और अन्तर्निहित मर्म है। गांधीजी ने दोनों को—प्रत्यक्ष को प्रत्यक्ष से, दृश्य को अदृश्य से, बाह्य को अन्तर् से जोड़कर भारतीय अनुभव को पूरी समग्रता से जीने का प्रयास किया था। उन्होंने बाह्य को सिर्फ़ इसलिए नहीं नकारा, कि वह हमारे जीवन का सांसारिक पहलू है, न ही वह अदृश्य से सिर्फ़ इसलिए सम्मोहित हुए कि उसमें सब कुछ शाश्वत और पवित्र है, बल्कि उन्होंने समूचे भारतीय यथार्थ को एक अखंडित सत्य की तरह स्वीकार किया। वह हमारे परोक्ष को प्रत्यक्ष में, हमारे विश्वास को व्यवहार में बदलना चाहते थे ताकि हम इतिहास में अपने गौरव और अपनी शर्तों पर जी सकें। वह अपने प्रयास में असफल नहीं हुए, हम ही उसकी सम्भावनाओं तक पहुँचने में असफल रहे, किन्तु जो विकल्प उन्होंने सुझाया था, वह आज भी उतना ही जीवित और गौरवपूर्ण है, जितना पहले था। वह भारतीय संस्कृति का स्वप्न है जिससे आज समूची मानव-जाति की नियति जुड़ी है। क्या समय रहते हम उसे चुनने का साहस जुटा पाएँगे?

धर्म, धर्मतंत्र और राजनीति

एक लम्बी मुद्दत से मेरे लिए कुछ अनुभव बहुत अस्पष्ट और अशरीरी रहे हैं; कभी-कभी संशय भी होता है, कि उनमें मेरा विश्वास कितना वास्तविक और आत्मीय है—कितना सिर्फ़ दूसरों से ग्रहण किया हुआ, और कितना सिर्फ़ विश्वास करने की आकांक्षा से उत्प्रेरित हुआ है। मैं कोशिश भी करता हूँ, तो उनके पीछे कोई युक्ति, कोई तर्क, कोई ठोस कार्य-कारण प्रणाली नहीं ढूँढ़ पाता। बुरे और अँधेरे क्षणों में यह भी सन्देह होता है कि ये अनुभव असल में मेरे भीतर के माया-संसार की धुंध मात्र हैं, जो यथार्थ का ज़रा-सा धक्का खाते ही धुल जाएँगे—मुझे उतना ही अकेला छोड़कर, जितना अकेलापन एक आदमी को अपनी ज़िन्दगी में भोगना पड़ता है।

मुझे शुरू में ही कह देना चाहिए कि इन अनुभवों में मेरे लिए सबसे अधिक जीवन्त और प्रमुख दो तरह के अनुभव रहे हैं—एक वह, जो किसी विराट् कलाकृति के समक्ष महसूस होता है—अचानक किसी संगीत-अंश को सुनते हुए, किसी चित्र को देखकर या मेरे लिए विशेष

कर सबसे अधिक उद्वेलित करनेवाला अनुभव—जो किसी कविता या महान् उपन्यास को पढ़ते समय होता है। हम ऐसे अनुभवों को संकीर्ण ढंग से सौन्दर्यमूलक अनुभव कहकर सन्तुष्ट हो लेते हैं, किन्तु यह अनुभव महज़ सौन्दर्य भोगने से कहीं ज़्यादा संश्लिष्ट और पेचीदा है।

किन्तु यहाँ मैं एक दूसरी तरह के अनुभव का उल्लेख करना चाहूँगा—जो अपनी गहनता, व्यापकता और इंटेंसिटी में कलात्मक अनुभव के बहुत समीप है, किन्तु उससे बहुत अलग भी; यह एक ऐसा विचित्र अनुभव है, जो अपनी उपस्थिति में हमें सम्पन्न नहीं बनाता, उलटे वह एक विराट् अनुपस्थिति से साक्षात् करवाता है। एक गहरे अभाव का अनुभव—जिसे इस धरती पर अपने अकेलेपन में ठिठुरता सिर्फ़ एक मनुष्य महसूस कर सकता है। हम सिर्फ़ उस 'चीज़' का अभाव महसूस करते हैं, जो पहले कभी उपस्थित थी, हमारे होने के साथ जुड़ी थी—और अब वह नहीं है। यह विचित्र विरोधाभास है कि पशु, पक्षी, पेड़ जिस आत्म-सहजता के साथ अपने को समय और सृष्टि के साथ जुड़ा पाते हैं—मनुष्य उतना नहीं—जिस आत्मचेतना के रहते मनुष्य को अपने होने का अहसास होता है, उसी के कारण उसे अपने अधूरेपन की विवशता भी महसूस होती है। यह नही कि वह अपने मनुष्यत्व को छोड़कर कुछ और होना चाहता है, बल्कि उसे स्वयं अपने मनुष्य होने की परिभाषा में कोई चीज़ छूटी हुई जान पड़ती है। एक अपूर्ण परिभाषा नहीं, बल्कि एक ऐसी परिभाषा जिसका एक हिस्सा हम इतिहास की रोशनी में पढ़ पाते हैं, किन्तु उसे पूरा करनेवाला शेष अंश लिखित होता हुआ भी कहीं अँधेरे में छिपा है। हमें अनिवार्यत: इस प्रश्न का सामना करना पड़ता है कि अब तक जो मनुष्य की परिभाषा दी गई है, क्या वे सम्पूर्ण परिभाषाएँ हैं? क्या वे अपने में उन समस्त अनुभवों को समाहित करती हैं, जो धरती पर एक ऐसे प्राणी को होते हैं जिसे हम 'मनुष्य' कहते हैं? और तब हमें सहसा पता चलता है कि मनुष्य की समस्त परिभाषाएँ उसके और

सृष्टि के बीच सम्बन्धों को उद्घाटित करती हैं—मनुष्य एक सामाजिक प्राणी है, वह एक प्राणी है, जो औज़ार बनाता है, वह जो आनेवाले कल और बीते हुए समय का बोध रखता है, वह प्रकृति पर विजय प्राप्त करता है—वह भाषा ईजाद करता है, ताकि अपने आशय और अर्थों को दूसरे तक सम्प्रेषित कर सके—एक सामाजिक, ऐतिहासिक, तार्किक, सम्प्रेषणशील प्राणी—जिसे हम मनुष्य कहते हैं। मनुष्य कहाँ दूसरों से भिन्न है, इस जिज्ञासा का उत्तर हमें इन परिभाषाओं में मिलता है किन्तु स्वयं इस जिज्ञासा का जीवट अनुभव कि मनुष्य अपने में क्या है—हमें नहीं मिलता। इसलिए ये परिभाषाएँ अधूरी हैं—और तब तक अधूरी रहेंगी जब तक पूछनेवाला मनुष्य यह न पूछे, कि मैं कौन हूँ, जो मनुष्य का अर्थ जानना चाहता हूँ?

मुझे लगता है कि हम जिसे धर्म या धार्मिक अनुभव कहते हैं, उसका मूल स्रोत इस प्रश्न में छिपा है। यह प्रश्न केवल मनुष्य के बारे में नहीं है, उन सब परिभाषाओं के अधूरे और अँधेरे पक्ष के साथ भी जुड़ा है, जो अब तक मनुष्य के सम्बन्ध में दी गई हैं। कितनी अजीब बात है कि सब धर्मतंत्र मनुष्य को प्रकाश देने का दावा करते हैं, किन्तु जिस अँधेरी आकुलता और अकेलेपन के बीच धर्म का बीज गड़ा है, उसे कोई परिभाषित नहीं करना चाहता। यह वही आतप्त, बदहवास और मर्मांतक आकुलता है जिसे किसी ने आत्मा की अँधेरी रात (डार्क नाइट ऑफ़ द सोल) कहा है—जिसकी झलक हमें पास्कल के चिन्तन में, दोस्तोएव्स्की और टॉल्स्टॉय के उपन्यासों में, सिमोन वायन की असह्य आत्म-यातना, रामकृष्ण परमहंस के आरम्भिक जीवन की आर्त-विह्वलता में दिखाई दे जाती है; आज हमारे बीच सैकड़ों धर्मतंत्र हैं किन्तु मनुष्य की आदिम जिज्ञासा की वेदना ज्यों-की-त्यों है।

यह वेदना कहीं बाहर से नहीं उपजती—मनुष्य की इसी जिज्ञासा के भीतर सन्निहित है; ये प्रश्न पूछते ही कि मैं क्या हूँ, कौन हूँ,

किसलिए इस धरती पर आया हूँ, मेरे होने का क्या अर्थ है—मनुष्य को समूची सृष्टि से अलग कर देते हैं, किन्तु यह भी सम्भव है कि वह सृष्टि से अलग है, इसलिए ये प्रश्न पूछता है? कुछ भी हो, किन्तु इस अलगाव के कारण मनुष्य अपनी आँखों में एक सन्दिग्ध प्राणी बन जाता है! समूची सृष्टि का साक्षी मनुष्य हो सकता है, किन्तु मनुष्य का साक्षी कौन है? मनुष्य सब वस्तुओं, प्राणियों, प्राकृतिक शक्तियों को नाम देता है, किन्तु जब मनुष्य को नाम देने का प्रश्न आता है, तो समूची सृष्टि चुप रहती है। हिन्दू धर्म के बारे में कहा जाता है कि यह नाम उसका अपना नहीं है, दूसरों ने दिया है; किन्तु क्या यह सत्य मनुष्य मात्र पर लागू नहीं होता—दो पैरों पर चलनेवाले इस जीवन को मनुष्य का नाम किसने दिया है? यदि समूची सृष्टि चुप है और मनुष्य को नाम देनेवाला कोई नहीं—सिवाय स्वयं मनुष्य के—तो हम एक असाधारण सत्य की ओर पहुँचते हैं कि मनुष्य में एक ऐसी शक्ति है—जो किसी अन्य पशु या प्राणी में नहीं—जो उसे अपने से बाहर स्वयं अपने को देखने के लिए सक्षम बनाती है। वह द्रष्टा ही नहीं, आत्मद्रष्टा है; और ज्योंही हम 'आत्मद्रष्टा' का नाम लेते हैं, पहली बार एक धुँधला-सा बोध होता है, कि मनुष्य का यह आत्म—सिर्फ़ उसका मैं, अहं या ईगो नहीं—उससे कुछ बड़ा है, वृहत्तर है, अधिक है...क्या यही बोध मनुष्य को पहली बार उस अजीब, रहस्यमय अनुभव से साक्षात् नहीं कराता, जिसे 'ईश्वर' कहा जाता है?

मनुष्य यदि अपने को बाहर से देख सकता है, तो यह 'बाहर' असीम और विराट् है और थोड़ा-सा भयानक भी। किन्तु जब वह बाहर से अपने को देखता है तो वह अपने को समूची सृष्टि से जुड़ा हुआ भी पाता है; अकेलेपन के भय के साथ एक दूसरी भावना का जन्म होता है—लगाव। यह एक असाधारण अनुभूति है; ईश्वर अदृश्य है—किन्तु सृष्टि प्रत्यक्ष है, मांसल है, सामने है—वह एक ऐसी किताब है,

जिसमें लगाव से उपजा प्रेम और आत्म का अदृश्य बोध, दोनों ही पहली बार अपनी भाषा ग्रहण करते हैं। इसलिए कुछ धर्मों के टेक्स्ट 'मंत्र' कहलाते हैं; हम जो दोहराते हैं, स्वयं उसमें ध्वनित होते हैं। दुनिया ही एक ऐसी निराली किताब है, जिसे पढ़ते हुए लगता है कि यह मैं हूँ, जिसे पढ़ा जा रहा है।

सब धर्म-सम्प्रदायों के अपने धर्मग्रंथ हैं, किन्तु मनुष्य का धर्मग्रंथ सिर्फ़ यह सृष्टि है, जिसके बिना ईश्वर की अवधारणा असम्भव होती। क्या यह कारण नहीं है कि विभिन्न धर्मों के सिद्धान्त एक-दूसरे से भिन्न हो सकते हैं किन्तु एक भाव शाश्वत रूप से सबमें समान रूप से रहता है—पवित्रता का भाव? चीज़ों की अपनी जन्मजात मर्यादा है, वे अपने अस्तित्व में स्थिर प्रतिज्ञ हैं—पवित्रता का भाव इस विश्वास में निहित है। यह उस पश्चिमी धारणा से बिलकुल मेल नहीं खाता, जिसके अनुसार मनुष्य सृष्टि के केन्द्र में है, सब चीज़ों का मापदंड; जब हम मनुष्य को सर्वोपरि मान लेते हैं, तो उस वृहत्तर शक्ति का कुछ क्षय तो होता ही है, जो मनुष्य को समूची सृष्टि के साथ जोड़ती है—बल्कि प्रकृति की मर्यादा भी नष्ट होती है जिसमे हर पशु-पक्षी, प्राणी अपनी स्वायत्त गरिमा में जीता है। यूरोप में रेनासाँ के बाद जिस मनुष्य-केन्द्रित संस्कृति का सूत्रपात हुआ, उसमें मनुष्य नहीं, उसमें अहं का प्रभुत्व था। पहली बार मनुष्य के अहं और आत्मन् में एक फाँक दिखाई दी, जिसका भीषण परिणाम हम आज भुगत रहे हैं। अपने को मानववादी कहनेवाला दर्शन किस तरह स्वयं मानव को सिर्फ़ उसके अहं में सिकोड़कर उसकी समग्र और अखंडित गरिमा को विपन्न बनाता है—यह इतिहास का एक सबसे त्रासदायी विरोधाभास रहा है।

किन्तु मैं एक बार फिर पवित्रता बोध की ओर लौटना चाहूँगा, क्योंकि उसे समझे बिना हम उस विशिष्ट 'दृष्टि' का मूल्य नहीं समझ पाएँगे, जो धर्मबोध से उत्पन्न होती है। हमने ऊपर देखा है कि मनुष्य में

पहली बार ईश्वर की अवधारणा उसके आत्म की विस्तृत चेतना के भीतर ही जाग्रत हुई थी—एक ऐसी अतिरिक्त शक्ति जो मनुष्य-को-मनुष्य से इतर सृष्टि से जोड़ती है। अब मनुष्य एक नामहीन, अनाथ और अकेला प्राणी नहीं रहता, समूची सृष्टि के कार्यकलाप का महज़ दर्शक मात्र नहीं, बल्कि उसमें सक्रिय रूप से हिस्सा बँटाता है; यह उसके जीवन-निर्वाह के लिए ही नहीं, जीवन-अर्थ के लिए भी अनिवार्य है। पहले उसके कर्म का कोई साक्षी नहीं था; इसलिए उसे अपना समूचा अस्तित्व एक प्रयोजन-रिक्त, चारी कृति जान पड़ती थी, किन्तु इस आन्तरिक चेतना के भीतर (हम उसे ईश्वर कहें या कुछ और, इससे अन्तर नहीं पड़ता), अब उसे न केवल जन्म से मृत्यु तक फैला अपना जीवन, बल्कि अपने चारों ओर फैली विराट् प्रकृति और समूची सृष्टि अर्थों से भरे जान पड़ते हैं।

मनुष्य और सृष्टि के बीच फैला अथाह मौन अचानक टूट जाता है और जहाँ शून्य था, वहीं अब समूचा परिदृश्य संकेतों, अर्थों, गोपनीय रहस्यों से भरा दिखाई देने लगता है। पहली बार सृष्टि एक 'कृति' में बदल पाती है—मनुष्य को वैसे ही अभिभूत, आलोड़ित और रोमांचित करती हुई—जैसे हम किसी विराट् कलाकृति के समक्ष महसूस करते हैं। दुनिया अब एक ख़ाली पन्ना नहीं, विचित्र संकेतों से लिखी एक पूरी किताब जान पड़ती है—एक खुली किताब, जिसका लेखक अदृश्य है, किन्तु ज्यों-ज्यों हम इन संकेतों का अनुवाद करते जाते हैं, उतना ही उसका लेखक एक विशिष्ट क़िस्म की दृश्यता ग्रहण करने लगता है। हर धर्म इसी किताब की टीका है, अनुवाद है, व्याख्या है। अनुवाद की भाषा एक-दूसरे से कितनी ही भिन्न हो, किन्तु पुस्तक आज भी वही है, जो हज़ारों वर्ष पहले थी।

यहीं पर हर धर्म के कर्मकांड, अनुष्ठानों-व्रतों, बिम्बों और प्रतीकों का महत्त्व उद्घाटित होता है। हम आधुनिक बुद्धिजीवी प्राय: किसी धर्म के कर्मकांड को महज़ 'बाहरी आडम्बर', उसका केवल ऊपरी और

उथला पक्ष मानकर उपेक्षा करते हैं और उसे धर्म के किसी अन्दरूनी सत्य से अलग कर देना चाहते हैं; यह कुछ वैसा ही है, जैसे हम किसी कविता के अर्थ को उसकी भाषा से अलग करके देखने की चेष्टा करें। धर्म ही नहीं, किसी भी अनुभव का सत्य केवल उसके बाहरी रूपों में उद्घाटित होता है—स्वयं 'शब्द' ही अपने में उस सत्य का उद्घाटन है, जो उसके भीतर छिपा है। कितना अजीब है, हम छिपे हुए सत्य को ढूँढ़ना चाहते हैं, किन्तु उस रूप की उपेक्षा करते हैं, जिससे वह उद्घाटित हुआ है। इसीलिए कभी-कभी मुझे ईसाइयों और इस्लाम द्वारा 'मूर्ति खंडन' अजीब जान पड़ता है—किसी देवता की मूर्ति अपनी प्रतीकात्मकता में उतनी ही अर्थवान है, जितना क़ुरान और बाइबल में लिखा हुआ शब्द; दोनों ही अपने रूप में उसी सत्ता को आलोकित करते हैं जो अदृश्य है। इसीलिए धर्म के बाहरी रूप किसी भी आस्थावान व्यक्ति के लिए इतने पवित्र और महत्त्वपूर्ण होते हैं। ऑस्कर वाइल्ड ने एक बार कहा था : "खोखले लोग ही प्रकट के आधार पर निर्णय नहीं लेते। संसार का रहस्य उसमें है, जो प्रकट है, अप्रकट में नहीं।" इस संसार को 'माया' ज़रूर माना जाता रहा है किन्तु माया के संकेत समझे बिना संसार का सत्य समझ में आ सकता है, मुझे इसमें गहरा सन्देह है।

ऑस्कर वाइल्ड ने जिसे 'प्रकट' (एपीयरेंस) कहा है, हमारे यहाँ वही 'लीला' में अवतरित होता है : हम एक पुराने सत्य को अपने समय में दोहराते हैं, ताकि हम उसकी पवित्रता में पुनः पैठ सकें। रामलीला का 'राम' कलियुग का प्राणी है जो हमें त्रेता के राम से साक्षात् करवाता है। किन्तु यदि वही व्यक्ति जो राम की भूमिका निभाता है, 'रामलीला' के बाहर अपने को राम कहने का दावा करे, तो उसे कोई स्वीकार नहीं करेगा, क्योंकि लीला का पवित्र समय, दुर्भाग्यवश धीरे-धीरे जीवन के सेक्यूलर समय से अलग होता गया है। धर्मों के बीच वैषम्य का यह एक बड़ा कारण रहा है कि हर धर्म-प्रतिष्ठान अपने पवित्र समय में

अर्जित किये हुए सत्य को बाक़ी दुनिया के सांसारिक समय पर आरोपित करना चाहता है, जबकि सच्चे धार्मिक बोध का तक़ाज़ा यह है कि वह दुनिया के सांसारिक समय को लीला के शाश्वत सत्य में परिणत कर सके। धर्म की यह आधुनिक विडम्बना है कि लोग ईसाई, मुसलमान, हिन्दुओं की हैसियत से गिरजों, मस्जिदों, मन्दिरों में जाते हैं—किन्तु भीतर जाकर वे जिस धर्म की आदिम स्मृति को अपनी प्रार्थना में जाग्रत करते हैं, वह देहरी के बाहर आते ही सांसारिक समय के उजाले (या अँधेरे में) धूमिल पड़ जाती है। हम एक तरफ़ स्मृतिहीन अनुभव और दूसरी तरफ़ अनुभवहीन स्मृति में जीते हैं। एक धर्मविश्वासी की संकीर्णता या कट्टरता इससे साबित नहीं होती, कि वह अपने धर्म के कर्मकांड या अनुष्ठानों से चिपका है—वे तो उसके धर्म की भाषा हैं, जिसमें उसके धर्म का सत्य छिपा है; एक धर्मावलम्बी व्यक्ति की दयनीयता उसकी कट्टरता में नहीं, विस्मृति में है; वह अपने धर्म की भाषा तो पढ़ता है, किन्तु उसके प्रतीकों और संकेतों के अर्थ को भूल गया है।

एक धर्मतंत्र और कुछ नहीं, इन्हीं संकेतों और प्रतीकों को एक स्थान में संयोजित करने का प्रयास है। मैंने जानबूझकर 'स्थान' शब्द का प्रयोग किया है, एक मन्दिर या गुरुद्वारा सिर्फ़ पूजा के स्थान नहीं हैं, वे चार सीमाओं के बीच पवित्र समय को रूपायित करते हैं, तंत्र का मतलब ही सीमावृत्त होना है। जब कोई 'स्थान' किसी विश्वास या मर्यादा को अपने भीतर प्रतिष्ठित करता है, तभी वह 'संस्थान' बन पाता है। ईसा ने कहा था, जहाँ तीन-चार लोग जमा हों, मैं वहाँ उपस्थित हूँ। वह स्थान अपने में पवित्र हो जाता है। दिल्ली के गांधी-प्रतिष्ठान में—गांधीजी का चित्र है, बाहर हॉल में उनकी पुस्तकें हैं; चौबीस घंटों में हम कितनी बार गांधी को याद करते हैं? किन्तु यहाँ, इस स्थान में आते ही, हमेशा मेरी सब स्मृतियाँ, अनुभव, अपने से की गई प्रतिज्ञाएँ, इस एक व्यक्ति पर केन्द्रित हो जाती हैं। एक ऐसा स्थान—जहाँ पहुँचते

ही हमारा बिखरा हुआ, विशृंखलित, औसत जीवन एक असाधारण सत्य पर बिंध जाता है। मैं किसी ईश्वर या धर्म-प्रतिष्ठान का अनुकरण नहीं करता—किन्तु यही अलौकिक बोध मुझे कैथोलिक गिरजों या रामकृष्ण मिशन की इमारत में महसूस होता है। ठीक यहीं एक तंत्र और संस्थान का अन्तर्विरोध भी प्रकट होता है। ईसा-गांधी या नानक भटकते हुए लोग थे, वे किसी गिरजे, गुरुद्वारे या संस्थान में स्थिर हो नहीं सकते, विरोधाभास यह है, कि मेरी भटकती हुई आत्मा इसी गिरजे, गुरुद्वारे, राजघाट के भीतर ही स्थिरता ग्रहण कर पाती है। क्या हम दो जीवन जीते हैं—जिनका एक-दूसरे से कोई सम्बन्ध नहीं? हम अपनी प्रार्थना और आकांक्षाओं में एक अखंडित, अविभाजित जीवन जीने का स्वप्न देखते हैं, जबकि हमारा व्यावसायिक और सांसारिक जीवन हर क़दम पर इसी स्वप्न को विकृत, खंडित और दूषित करता रहता है! हमारे धर्मतंत्र और लौकिक संसार के बीच जो इतनी गहरी खाई फैल गई है, क्या इसे कभी नहीं पाटा जा सकता?

इस प्रश्न का उत्तर खोजते समय हमारा साक्षात् उस 'शक्ति' से होता है, जिसे इस निबन्ध के शीर्षक में 'राजनीति' कहा गया है। राजनीति का तंत्र एक विशिष्ट समाज में मनुष्यों के पारस्परिक सम्बन्धों को निर्धारित करता है। इस प्रक्रिया में उन नियमों विधियों और क़ानूनों का विधान बनता है, जो उन आदर्शों को रेखांकित करते हैं, जिनसे कोई राज्य सत्ता अपनी वैधता (लेजिटिमेसी) प्राप्त करती है। राज्य सत्ता के ये दो पहलू महत्त्वपूर्ण हैं—आदर्श और बल-प्रयोग—बल-प्रयोग, जो वर्तमान में किया जाता है; आदर्श, जो अमूर्त है और जो कहीं भविष्य में निहित है।

फ्रांसीसी क्रान्ति के बाद शायद ही कोई ऐसी राज्य सत्ता हो, जिसने कुछ आदर्शों के नाम पर अपनी वैधता न साबित की हो। राजनीति को मनुष्य के जीवन में हस्तक्षेप करने का औचित्य भी इन्हीं आदर्शों से प्राप्त होता है।

किन्तु यहाँ एक अजीब समस्या उत्पन्न हो जाती है। जिन आदर्शों से एक राज्य-सत्ता मनुष्य का जीवन निर्धारित करती है—उनकी अपनी वैधता का स्रोत कहाँ है? हमें मालूम है, एक समय में राज्य-सम्राट् अपनी सत्ता का स्रोत दैवी मानते थे लेकिन बेचारी प्रजा के लिए अक्सर राजा की अपनी स्वार्थपरक इच्छा और उसके ईश्वरीय स्रोत के बीच भेद करना असम्भव हो जाता था; इसलिए बाद में ईश्वर की जगह 'जन' ने ले ली; क्रान्ति का स्रोत जन-इच्छा—(रूसो की 'जनरल विल') में, निहित था। यही 'जन-इच्छा' कैसे एक दल और फिर एक व्यक्ति की निरंकुश इच्छा में सिकुड़ती गई, मैं यहाँ इसकी तफ़सील में जाना नहीं चाहता। इस तथाकथित जन-इच्छा को कैसे एक आततायी सर्वसत्तावादी व्यवस्था में विकृत किया जा सकता है, हमारे समय में सोवियत क्रान्ति इसका प्रत्यक्ष उदाहरण है। इसलिए पिछले दो सौ वर्षों के कटु अनुभव के बाद आज यह प्रश्न फिर उठ खड़ा हुआ है कि यदि राज्य-शक्ति का स्रोत न किसी दैवी सत्ता में है, न जन जैसी अमूर्त भीड़ में, तो वह किस नैतिक आधार पर मनुष्य के जीवन में हस्तक्षेप कर सकती है? वह कौन-सा स्रोत बचा रहता है, जहाँ से राज्य या शासन-सत्ता अपनी प्रामाणिक वैधता प्राप्त कर सकती है?

इसका एक उत्तर उन्नीसवीं शताब्दी के उन मनीषियों ने दिया था, जिन्हें हम—काफ़ी ग़लत नाम से—एनार्किस्ट या अराजकतावादी मानते आए हैं। ये लोग राज्य को एक हिंसात्मक और अमानवीय सत्ता मानते थे—और उसके उन्मूलन में ही मनुष्य की मुक्ति खोजते थे। आज जिस भीषण रूप से राज्य की राक्षसी सत्ता फैली है, उसे देखते हुए मनीषियों का राज्य के प्रति सन्देह मार्क्स की उस सरल आशावादिता से कहीं

अधिक सही जान पड़ता है, जो सोचते थे कि क्रान्ति के बाद राज्य-सत्ता अपने-आप लुप्त हो जाएगी। राज्य-सत्ता अपने में पाप है, चाहे उसके उद्देश्य और आदर्श अपने में कितने उदात्त क्यों न हों। उसका पाप सिर्फ़ इसमें निहित नहीं है कि वह बल-प्रयोग और हिंसा पर आधारित है, बल्कि इसमें भी है कि वह मनुष्य की स्वतंत्रता पर आघात करती है—जो अपने में एक स्वयंसिद्ध सत्य है।

अराजकतावादी चिन्तकों का मनुष्य की स्वतंत्रता को महत्त्व देना अपने में एक मूल्यवान सत्य था—किन्तु एक धर्मनिरपेक्ष समाज, जहाँ मनुष्य के आत्म और उसके अहं के बीच कोई सार्थक सम्बन्ध न हो, सिर्फ़ ऐसे अकेले व्यक्ति को जन्म दे सकता है, जिसके लिए स्वयं अपनी स्वतंत्रता एक बोझ बन जाती है। वह अपने बोझ से मुक्ति पाने के लिए कभी भी सत्ता, दल, नायक, डिक्टेटर या सम्प्रदाय के प्रति अपनी स्वतंत्रता को समर्पित कर देता है—ताकि वह अपने से बड़ी किसी वृहत्तर शक्ति में जुड़कर सुरक्षित महसूस कर सके। इतिहास का यह एक ऐसा दुश्चक्र है जहाँ व्यक्ति अपनी स्वतंत्रता को पाते ही उसे खोने का उपाय ढूँढ़ने लगता है। राज्य की सत्ता और तानाशाही के बीज कहीं बाहर से नहीं आरोपित किये जाते, स्वयं मनुष्य के भीतर से उगते हैं। व्यक्ति की स्वतंत्रता उस परिवेश में बहुत कमज़ोर पड़ जाती है, जहाँ मनुष्य अपने आत्म से विलगित हो गया है; एक आत्महीन व्यक्ति की स्वतंत्रता उस आहत पक्षी की तरह है जिसके पंख तो हैं, किन्तु उड़ नहीं सकता; इसीलिए कोई भी सर्वसत्तावादी शक्ति एक बाज़ की तरह उसे अपने पंजे में दबोच सकती है। मनुष्य की स्वतंत्रता का स्रोत केवल व्यक्ति का आत्म हो सकता है, किन्तु कोई ऐसा राजनीतिक दर्शन नहीं, जो इस आत्म की समुचित परिभाषा देता हो।

व्यक्ति की सन्दिग्ध स्वतंत्रता और राज्यतंत्र की सन्दिग्ध वैधता—इन दो चरमों के बीच झूलते हुए मनुष्य निरन्तर झूठे मसीहाओं और

आततायी व्यवस्थाओं का शिकार होता रहा है। इसीलिए लोकतांत्रिक व्यवस्था अन्य शासन-तंत्रों की अपेक्षा अधिक मानवीय, दायित्वपूर्ण और संवेदनशील जान पड़ती है—वह किसी अमूर्त सिद्धान्त या आदर्श की मरीचिका के पीछे न भागकर मनुष्य जैसा है, उसे वैसा स्वीकार करती है, इसलिए किसी भविष्य के यूटोपिया की वेदी पर उसके वर्तमान को बलिदान नहीं करती।

लेकिन अपनी मानवीयता के बावजूद वह 'वर्तमान' कितना विपन्न, जर्जरित और सूखा है, इसका अनुमान लगाना भी कठिन नहीं है। मनुष्य के कितने मर्मशील, मूल्यवान और महत्त्वपूर्ण अनुभव आज की लोकतांत्रिक व्यवस्था के भीतर अतृप्त, दमित और बाँझ पड़े रहते हैं। वह जो जीवन जीता है, उसकी सम्पूर्णता और सच्चाई में उसे विश्वास नहीं; वह जिन मूल्यों पर विश्वास करना चाहता है, वे उस व्यवस्था में उपलब्ध नहीं। एक तरफ़ सोवियत व्यवस्था है, जिसमें मनुष्य की स्वतंत्रता का कोई मूल्य नहीं; दूसरी तरफ़ लोकतांत्रिक व्यवस्था है, जिसमें मनुष्य स्वतंत्र है, किन्तु स्वयं स्वतंत्रता के मूल्य के प्रति वह बहुत आश्वस्त नहीं जान पड़ता। एक व्यवस्था अपनी वैधता भविष्य में ढूँढ़ती है, दूसरी व्यवस्था एक ऐसे वर्तमान में रहती है, जहाँ व्यक्ति के सब आयाम और आदर्श उसके निजी-निजी मामले हैं, जिनका समाज से कोई सम्बन्ध नहीं है। किन्तु इस बुनियादी अन्तर के बावजूद दोनों व्यवस्थाओं में एक चीज़ आश्चर्यजनक रूप से समान है—*दोनों ही के लिए मनुष्य एक साधन है—अन्तिम रूप से साध्य नहीं*। लोकतंत्र के लिए 'औसत व्यक्ति' (एवरेज मैन) और तथाकथित कम्यूनिस्ट समाज के लिए 'आदर्श कम्यूनिस्ट'—वहीं है, जो अपने समूचे मनुष्यत्व को एक उपयोगी साधन के रूप में घटा सके। आधुनिक राज्य-व्यवस्थाओं की यह तार्किक परिणति है कि समूची सृष्टि पर विजय प्राप्त कर लेने के बाद जिस 'मनुष्य' के लिए विजय पाई है, वहाँ स्वयं मनुष्य के लिए कोई स्थान नहीं है।

एक धार्मिक तंत्र में ईश्वर अदृश्य होने पर भी हर जगह मौजूद था, आधुनिक मानववादी सभ्यता में मनुष्य हर जगह दिखाई देता है, किन्तु वह मौजूद कहीं भी नहीं है...मौजूद, एक निरीह पराश्रित व्यक्ति की तरह नहीं, बल्कि एक सम्पूर्ण मनुष्य की गरिमा से सम्पन्न।

इस दुनिया में मनुष्य एक सम्पूर्ण मनुष्य की तरह मौजूद रहे—हर राजनीतिक तंत्र के लिए सबसे बड़ी चुनौती है। यह चुनौती केवल वही राजनीतिक दर्शन स्वीकार कर सकता है, जो मनुष्य को सम्पूर्ण और अन्तिम रूप से स्वीकार करे—महज़ एक साधन या माध्यम के रूप में नहीं। ठीक इसी बिन्दु पर यह राजनीतिक दर्शन उस धार्मिक-बोध की अभिव्यक्ति बन जाता है, जो मनुष्य को चिरन्तन काल से सृष्टि से जोड़ता आया है। धार्मिक-बोध से—मेरा अभिप्राय किसी एक ख़ास धर्म या संस्थान से नहीं है, बल्कि उस धीमी आवाज़ से है जिसने पहली बार मनुष्य और सृष्टि के बीच फैले अँधेरे मौन को तोड़ा था। यह उस शक्ति की आवाज़ थी, जिसे हम ईश्वर कहते हैं या उस मनुष्य की, जो पहली बार अपनी शक्ति से परिचित हुआ था—कहना असम्भव है। वह किसी की भी आवाज़ हो—किन्तु इस धरती पर मनुष्य की उपस्थिति की ओर संकेत करती थी—मानो सृष्टि के उस अथाह मौन में मनुष्य ने कहा हो कि मैं हूँ और दूर से उसकी प्रतिध्वनि सुनाई दी हो—हाँ, तुम हो! मनुष्य और सृष्टि—आवाज़ और प्रतिध्वनि—का सम्बन्ध एक ओर सृष्टि को पवित्र बनाता है, दूसरी तरफ़ मनुष्य को सम्पूर्णता देता है। कोई भी राज्य-सत्ता, जो इस शाश्वत सम्बन्ध को धुँधलाती या झुठलाती हो, चाहे वह किसी भी आदर्श सिद्धान्त या वाद के नाम पर हो—न केवल मनुष्य के जीवन को निर्धारित करने का अधिकार खो देती है, बल्कि मनुष्य के परिवेश में उसका हस्तक्षेप एक तरह का हिंसात्मक आघात (वॉयलेशन) हो जाता है।

शायद हम अब उस प्रश्न के उत्तर के पास पहुँच गए हैं—जो कुछ देर पहले हमने राजनीतिक सत्ता की वैधता के बारे में पूछा था।

वह वैधता निर्धारण में नहीं, स्वीकृति से उत्पन्न होती है। वह क़ानूनों, नियमों और आदेशों द्वारा मनुष्य के सम्बन्धों का निर्धारित नहीं करती, बल्कि उन सम्बन्धों को स्वीकार करके चलती है, जो मनुष्य ने अपने भीतर नियमों द्वारा नहीं, निष्ठाओं द्वारा प्रतिष्ठित किया है। निष्ठाओं के परिवेश में मनुष्य और समाज, मनुष्य और उसकी दुनिया एक-दूसरे से अलग नहीं हैं; वहाँ मनुष्य का जीवन सेक्यूलर और धार्मिक खंडों में विभाजित नहीं है, जो सप्ताह में रविवार की सुबह कुछ घंटों के लिए समन्वित है और बाक़ी दिनों में एक-दूसरे को छूता भी नहीं।

अत: आज प्रश्न यह नहीं है कि राजनीति को धर्मावलम्बी होना चाहिए, या धर्मनिरपेक्ष—क्योंकि दोनों ही संज्ञाएँ आधुनिक मनुष्य की खंडित मानसिकता का बोध कराती हैं जबकि जिस धार्मिक-बोध का उल्लेख हमने किया है, वहाँ इस तरह का विभाजन ही कृत्रिम और अर्थहीन है। इस विभाजन के कारण ही मनुष्य का सम्पूर्णता बोध और प्रकृति की पवित्रता, दोनों ही अवमूल्यित होते हैं। यह एक विडम्बना ही है कि पश्चिम में जिसे एक तरफ़ मनुष्य का आध्यात्मिक संकट और दूसरी तरफ़ पर्यावरण के संकट माना जाता है—उन्हें अलग-अलग उपायों से नहीं सुलझाया जा सकता—क्योंकि दोनों की जड़ें एक ही विभाजित मन:स्थिति में मौजूद हैं; यह वह स्थिति है, जब मनुष्य का 'आत्म' महज़ उसका 'अहं' रह गया और प्रकृति अपनी स्वायत्तता खोकर केवल एक उपयोग्य, शोषित वस्तु। मनुष्य ने जिस प्रगति की लालसा में प्रकृति को अपना दास बनाया था, वही प्रगति आज प्रकृति के विनाश और समूची मानव सभ्यता को आत्मसंहार की ओर ले जा रही है।

यही कारण है कि धर्म और राजनीति का सम्बन्ध आज केवल मात्र एक समाजशास्त्रीय बहस न रहकर स्वयं मनुष्य जाति और उसकी सृष्टि के जीवन-मरण का प्रश्न बन गया है। यह एक ऐसा प्रश्न है जिसके सामने अब तक हुई इतिहास की समस्त क्रान्तियाँ अप्रासंगिक

बन गई हैं—क्योंकि हर क्रान्ति मनुष्य के अन्तहीन विकास और सृष्टि की शाश्वत निरन्तरता को स्वसंसिद्ध सत्य मानकर चलती थी। आज इन दोनों सत्यों के आगे प्रश्नचिह्न लग गया है। आधुनिक व्यक्ति धर्म के अन्धविश्वासों पर हँसता आया था, आज के अणु युग में जहाँ समूची धरती और मानवीय सभ्यता एक-दो मिनट में नष्ट हो सकती है—इन क्रान्तियों के प्रगतिवादी अन्धविश्वास कहीं ज़्यादा हास्यास्पद साबित होते, यदि वे इतने दारुण परिणामों से न भरे होते।

क्या आत्मघात की इस अन्धी प्रक्रिया को नहीं रोका जा सकता? यह महज़ संयोग नहीं है कि इस प्रश्न को बीसवीं सदी के आरम्भ में एक ऐसे आदमी ने पूछा था, जो एक पिछड़े हुए ग़रीब देश का निवासी था; पश्चिम के आधुनिक समाज का नहीं, बल्कि एक ऐसे समाज का सदस्य था जिसे समाजशास्त्री हल्की हिकारत में 'परम्पराग्रस्त, धर्मग्रस्त' समाज कहते हैं। गांधीजी ने 'हिन्द स्वराज' में आधुनिक सभ्यता के विकल्प में एक ऐसे समाज की परिकल्पना की थी, जहाँ स्वराज और स्वधर्म के बीच कोई अन्तर्विरोध नहीं रहता। वहाँ मनुष्य के 'स्व' में उसकी समस्त निष्ठाएँ और विश्वास और कर्मकांड शामिल हैं—अत: स्वराज वह तंत्र है, जिसमें मनुष्य सिर्फ़ राजनीतिक या आर्थिक प्राणी न रहकर एक समग्र मनुष्य की हैसियत से भाग लेता है। स्वतंत्रता के बाद हमने जिस धर्मनिरपेक्ष समाज का निर्माण किया, उसमें इस समग्र मनुष्य के लिए कोई स्थान नहीं। एक भारतीय का सबसे मूल्यवान, स्मृति-सम्पन्न और समृद्ध अंश अँधेरे में चला गया। ऊपरी ज़िन्दगी में हम भारतीय हैं, भीतर के अंडरग्राउंड अँधेरे में हम हिन्दू, मुसलमान और सिख हैं; अँधेरे में कोई विश्वास पनपता नहीं, सड़ता है, इसीलिए जब कभी वह बाहर आता है, तो अपने सहज आत्मीय रूप में नहीं, बल्कि एक विकृत और दमित भावना के रूप में। समय-समय पर होनेवाले साम्प्रदायिक दंगे हमें उस अँधेरे की झलक दिखाते हैं, जहाँ एक सेक्यूलर समाज ने धर्म को फेंक दिया है।

क्या आज का भारतीय—जिसमें केवल हिन्दू, मुसलमान, सिख ही नहीं, वे लाखों आदिवासी शामिल हैं, जिनके अपने निजी धार्मिक विश्वास हैं—एक पीड़ायुक्त विभाजित मन:स्थिति में नहीं जीता—जहाँ पश्चिम की आधुनिकता में ढली शासन-सत्ता क़दम-क़दम पर उन्हें एक ऐसे परिवेश में जीने के लिए विवश करती है, जिसका उनके धार्मिक भाव-बोध की मर्यादाओं से कोई सम्बन्ध नहीं?

जीसस ने ईश्वर और सीजर के बीच जो भेद किया था, वैसा विभाजन भारतीय मानस में कभी मौजूद नहीं रहा। इसीलिए राजनीति तो दूर, हमारे देश का भूगोल भी पौराणिक स्मृतियों में स्पन्दित होता है; गंगा महज़ एक नदी नहीं, जैसे हिमालय सिर्फ़ एक पहाड़ नहीं, वाराणसी और वृन्दावन महज़ शहर नहीं हैं; मनुष्य का अतीत संग्रहालयों में बन्द नहीं है, न ही उसके देवता यूनानी देवताओं की तरह किसी पौराणिक काल के स्मृति-चिह्न हैं; मिथक और यथार्थ, पौराणिक स्मृति और वर्तमान जीवन, देवता और मनुष्य आज भी एक साथ रहते हैं; सैकड़ों विश्वासों, आस्थाओं, स्मृतियों और संस्कारों का यह संगम केवल एक ऐसी संस्कृति में सम्भव हो सकता था—जिसमें सम्पूर्ण मनुष्य की परिकल्पना निहित रहती है।

किन्तु हर परिकल्पना एक कलाकृति की तरह आधा स्वप्न है, आधा यथार्थ; स्वप्न में सम्पूर्ण मनुष्य है, प्रकृति का पवित्र परिवेश, सृष्टि और मनुष्य को जोड़नेवाले धार्मिक संस्कार—जो अहिंसा और आस्था से जन्म लेते हैं, यथार्थ में हज़ारों आदिवासी हैं, अपने परिवेश से उन्मूलित, उजड़ते हुए जंगल हैं, नष्ट होती हुई प्रकृति है, हरिजनों की जलती झोंपड़ियाँ हैं, जो अपने को अपने ही समाज में अनाथ पाते हैं। हमारे देश में ऐसे लाखों धर्मावलम्बी हैं, जिन्हें एक समय अपने जीवन की अर्थवत्ता नानक और कबीर, विवेकानन्द, अरविन्द, गांधी और परमहंस में मिलती थी, आज वही लोग साईं बाबा, भगवान रजनीश

और संत भिंडराँवाले के पीछे जाते हैं, जिसका सम्बन्ध न आस्था से है, न धार्मिक-बोध से। धर्म का पवित्र स्रोत सूखने के कारण लोग अपनी आध्यात्मिक प्यास बुझाने के लिए सिर्फ़ गँदले नाले के पास ही जा सकते हैं, जो सेक्यूलर समाज के रेगिस्तान के बीचोबीच बहता है। हम यथार्थ में नहीं, एक ऐसी स्वप्न की छाया में रहते हैं, जो हमारे भीतर है, किन्तु जिसका बाहरी तंत्र—चाहे वह राजनीतिक तंत्र हो, धार्मिक प्रतिष्ठान हों, आर्थिक व्यवस्था हो—उसमें कोई अभिव्यक्ति नहीं मिलती। यह अकारण नहीं है—कि जिस सम्पूर्ण मनुष्य की कल्पना इस शताब्दी के शुरू में गांधीजी ने की थी, उसे वही क्रान्ति यथार्थ में अनूदित कर सकती है, जो अपने में सम्पूर्ण हो। किन्तु सम्पूर्ण क्रान्ति की आवाज़ भी उसी संस्कृति से उठ सकती थी, जिसकी स्मृति में कभी मनुष्य की समग्रता का बोध रहा हो। क्या हम एक ऐसे राज्य तंत्र का निर्माण कर सकेंगे, जहाँ एक भारतीय की पुरातन पद्धति और आदि-स्वप्न—जिसे व्यापक अर्थों में हमने धार्मिक-बोध माना है—अपनी मांस-मज्जा में साकार हो सके? यदि आज भी हम अपने से यह प्रश्न पूछ सकते हैं तो सम्भव है कि कहीं-न-कहीं इसके उत्तर देने की आशा और सामर्थ्य हममें बची है।

सिंगरौली—जहाँ कोई वापसी नहीं

वह धान रोपाई का महीना था—जुलाई का अन्त—जब बारिश के बाद खेतों में पानी जमा हो जाता है। हम उस दोपहर सिंगरौली के एक क्षेत्र—नवागाँव गए थे। इस क्षेत्र की आबादी पचास हज़ार से ऊपर है, जहाँ लगभग अठारह छोटे-बड़े गाँव बसे हैं। इन्हीं गाँवों में एक का नाम है—अमझर। आम के पेड़ों से घिरा गाँव—जहाँ आम झरते हैं। किन्तु पिछले दो-तीन वर्षों से पेड़ों पर सूनापन है, न कोई फल पकता है, न कुछ नीचे झरता है। कारण पूछने पर पता चला कि जब से सरकारी घोषणा हुई है कि अमरौली प्रोजेक्ट के अन्तर्गत नवागाँव के अनेक गाँव उजाड़ दिये जाएँगे, तब से न जाने कैसे आम के पेड़ सूखने लगे। आदमी उजड़ेगा, तो पेड़ जीवित रहकर क्या करेंगे?

टिहरी-गढ़वाल में पेड़ों को बचाने के लिए आदमी के संघर्ष की कहानियाँ सुनी थीं, किन्तु मनुष्य के विस्थापन के विरोध में पेड़ भी एक साथ मिलकर मूक सत्याग्रह कर सकते हैं, इसका विचित्र अनुभव सिर्फ़ सिंगरौली में हुआ।

मेरे लिए एक दूसरी दृष्टि से भी यह अनूठा अनुभव था। लोग अपने गाँवों से विस्थापित होकर कैसे अनाथ, उन्मूलित ज़िन्दगी बिताते हैं, यह मैंने हिन्दुस्तानी शहरों के बीच बसी मज़दूरों की गन्दी, दम घुटती, भयावह बस्तियों और स्लम्स में कई बार देखा था, किन्तु विस्थापन से पूर्व वे कैसे परिवेश में रहते होंगे, किस तरह की ज़िन्दगी बिताते होंगे, इसका दृश्य अपने स्वच्छ, पवित्र खुलेपन में पहली बार अमझर गाँव में देखने को मिला। पेड़ों के घने झुरमुट, साफ़-सुथरे खप्पर लगे मिट्टी के झोंपड़े और पानी। चारों तरफ़ पानी। अगर मोटर रोड की भागती बस की खिड़की से देखो, तो लगेगा, जैसे समूची ज़मीन एक झील है, एक अन्तहीन सरोवर, जिसमें पेड़, झोंपड़े, आदमी, ढोर-डंगर आधे पानी में, आधे ऊपर तिरते दिखाई देते हैं, मानो किसी बाढ़ में सब कुछ डूब गया हो, पानी में धँस गया हो!

किन्तु यह भ्रम है...यह बाढ़ नहीं, पानी में डूबे धान के खेत हैं। अगर हम थोड़ी-सी हिम्मत बटोरकर गाँव के भीतर चलें, तब वे औरतें दिखाई देंगी, जो एक पाँत में झुकी हुई धान के पौधे छप-छप पानी में रोप रही हैं; सुन्दर, सुडौल, धूप में चमचमाती काली टाँगें और सिरों पर चटाई के किश्तीनुमा हैट, जो फ़ोटो या फ़िल्मों में देखे हुए वियतनामी या चीनी औरतों की याद दिलाते हैं। ज़रा-सी आहट पाते ही वे एक साथ सिर उठाकर चौंकी हुई निगाहों से हमें देखती हैं—बिलकुल उन युवा हिरणियों की तरह, जिन्हें मैंने एक बार कान्हा के वन्य स्थल में देखा था। किन्तु वे डरती नहीं, भागती नहीं, सिर्फ़ विस्मय से मुस्कराती हैं और फिर सिर झुकाकर अपने काम में डूब जाती हैं...यह समूचा दृश्य

इतना साफ़ और सजीव है—अपनी स्वच्छ मांसलता में इतना सम्पूर्ण और शाश्वत—कि एक क्षण के लिए विश्वास नहीं होता कि आनेवाले वर्षों में सब कुछ मटियामेट हो जाएगा—झोंपड़े, खेत, ढोर, आम के पेड़—सब एक गन्दी, 'आधुनिक' औद्योगिक कॉलोनी की ईंटों के नीचे दब जाएगा—और ये हँसती-मुस्कराती औरतें, भोपाल, जबलपुर या बैढ़न की सड़कों पर पत्थर कूटती दिखाई देंगी। शायद कुछ वर्षों तक उनकी स्मृति में अपनी गाँव की तसवीर एक स्वप्न की तरह धुँधलाती रहेगी, किन्तु धूल में लोटते उनके बच्चों को तो कभी मालूम भी नहीं होगा कि बहुत पहले उनके पुरखों का गाँव था—जहाँ आम झरा करते थे।

ये लोग आधुनिक भारत के नये 'शरणार्थी' हैं, जिन्हें औद्योगिकीकरण के झंझावात ने अपनी घर-ज़मीन से उखाड़कर हमेशा के लिए निर्वासित कर दिया है। प्रकृति और इतिहास के बीच यह गहरा अन्तर है। बाढ़ या भूकम्प के कारण लोग अपना घर-बार छोड़कर कुछ अरसे के लिए ज़रूर बाहर चले जाते हैं, किन्तु आफ़त टलते ही वे दोबारा अपने जाने-पहचाने परिवेश में लौट भी आते हैं। किन्तु विकास और प्रगति के नाम पर जब इतिहास लोगों को उन्मूलित करता है, तो वे फिर कभी अपने घर वापस नहीं लौट सकते। आधुनिक औद्योगिकीकरण की आँधी में सिर्फ़ मनुष्य ही नहीं उखड़ता, बल्कि उसका परिवेश और आवास-स्थल भी हमेशा के लिए नष्ट हो जाते हैं।

एक भरे-पूरे ग्रामीण-अंचल को कितनी नासमझी और निर्ममता से उजाड़ा जा सकता है, सिंगरौली इसका ज्वलन्त उदाहरण है। अगर यह इलाक़ा उजाड़ रेगिस्तान होता, तो शायद इतना क्षोभ नहीं होता;

किन्तु सिंगरौली की भूमि इतनी उर्वरा और जंगल इतने समृद्ध हैं कि उनके सहारे शताब्दियों से हज़ारों वनवासी और किसान अपना भरण-पोषण करते आए हैं। 1926 से पूर्व यहाँ खैरवार जाति के आदिवासी राजा शासन किया करते थे, किन्तु बाद में सिंगरौली का आधा हिस्सा, जिसमें उत्तर प्रदेश तथा मध्य प्रदेश के खंड शामिल थे, रीवा राज्य के भीतर शामिल कर लिया गया। बीस वर्ष पहले तक समूचा क्षेत्र विंध्याचल और कैमूर के पहाड़ों और जंगलों से घिरा हुआ था, जहाँ अधिकांशतः कत्था, महुआ, बाँस और शीशम के पेड़ उगते थे। एक पुरानी दंतकथा के अनुसार सिंगरौली का नाम ही 'सृंगावली' पर्वतमाला से निकला है, जो पूर्व-पश्चिम में फैली है। चारों ओर फैले घने जंगलों के कारण यातायात के साधन इतने सीमित थे कि एक ज़माने में सिंगरौली अपने अतुल प्राकृतिक सौन्दर्य के बावजूद—'काला पानी' माना जाता था, आसपास के समूचे प्रदेश से कटा हुआ, जहाँ न लोग भीतर आते थे, न बाहर जाने का जोखिम उठाते थे।

किन्तु कोई भी प्रदेश आज के लोलुप युग में अपने अलगाव में सुरक्षित नहीं रह सकता। कभी-कभी किसी इलाक़े की सम्पदा ही उसका अभिशाप बन जाती है। दिल्ली के सत्ताधारियों और उद्योगपतियों की आँखों से सिंगरौली की अपार खनिज सम्पदा छिपी नहीं रही। विस्थापन की एक लहर रिहन्द बाँध बनने से आई थी, जिसके कारण हज़ारों गाँव उजाड़ दिये गए थे। उस समय शायद अकेले डॉ. लोहिया थे, जिहोंने इसके विरुद्ध आवाज़ उठाई थी, किन्तु वह नेहरू-युग का स्वर्णिम क्षण था, जब 'विकास योजनाओं' के नक़्क़ारख़ाने में गांधी और लोहिया, दोनों ही अप्रासंगिक जान पड़ते थे। इन्हीं नई योजनाओं के अन्तर्गत सेंट्रल कोल फील्ड और नेशनल सुपर थर्मल पॉवर कॉर्पोरेशन का निर्माण हुआ। चारों तरफ़ पक्की सड़कें और पुल बनाए गए। सिंगरौली, जो अब तक अपने सौन्दर्य के कारण 'बैकुंठ' और अपने अकेलेपन के कारण 'काला पानी' माना जाता था, अब प्रगति के मानचित्र पर राष्ट्रीय गौरव के साथ प्रतिष्ठित हुआ।

कोयले की खदानों और उन पर आधारित ताप विद्युतगृहों की एक पूरी शृंखला ने पूरे प्रदेश को अपने में घेर लिया। जहाँ बाहर का आदमी फटकता न था, वहाँ केन्द्रीय और राज्य सरकारों के अफ़सरों, इंजीनियरों और विशेषज्ञों की क़तार लग गई; जिस तरह ज़मीन पर पड़े शिकार को देखकर आकाश में गिद्धों और चीलों का झुंड लग जाता है, वैसे ही सिंगरौली की घाटी और जंगलों पर ठेकेदारों, वन-अधिकारियों और सरकारी कारिन्दों का आक्रमण शुरू हुआ।

विकास का यह 'उजला' पहलू अपने पीछे कितने व्यापक पैमाने पर विनाश का अँधेरा लेकर आया था, हम उसका छोटा-सा जायज़ा लेने दिल्ली में स्थित 'लोकायन' संस्था की ओर से सिंगरौली गए थे। सिंगरौली जाने से पहले मेरे मन में इस तरह का कोई सुखद भ्रम नहीं था कि औद्योगिकीकरण का चक्का, जो स्वतंत्रता के बाद चलाया गया, उसे रोका जा सकता है। शायद पैंतीस वर्ष पहले हम कोई दूसरा विकल्प चुन सकते थे, जिसमें 'मानव सुख' की कसौटी भौतिक लिप्सा न होकर जीवन की ज़रूरतों द्वारा निर्धारित होती। पश्चिम जिस विकल्प को खो चुका था, भारत में उसकी सम्भावनाएँ खुली थीं, क्योंकि अपनी समस्त कोशिशों के बावजूद अंग्रेज़ी राज हिन्दुस्तान को सम्पूर्ण रूप से अपनी 'सांस्कृतिक कॉलोनी' बनाने में असफल रहा था। भारती की सांस्कृतिक विरासत यूरोप की तरह म्यूज़ियम्स और संग्रहालयों में जमा नहीं थी—वह उन रिश्तों से जीवित थी, जो आदमी को उसकी धरती, उसके जंगलों, नदियों—एक शब्द में कहें—उसके समूचे 'परिवेश' के साथ जोड़ती थीं। अतीत का समूचा 'मिथक संसार' पोथियों में नहीं, इन रिश्तों की अदृश्य लिपि में मौजूद रहता था। यूरोप में पर्यावरण का प्रश्न मनुष्य और भूगोल के बीच सन्तुलन बनाए रखने का है—भारत में यही प्रश्न मनुष्य और उसकी संस्कृति के बीच पारम्परिक सम्बन्ध बनाए रखने को हो जाता है। स्वातंत्र्योत्तर भारत की सबसे बड़ी ट्रेजेडी

यह नहीं है कि शासक वर्ग ने औद्योगिकीकरण का मार्ग चुना, ट्रेजेडी यह रही है कि पश्चिम की देखादेखी और नक़ल में योजनाएँ बनाते समय प्रकृति—मनुष्य और संस्कृति के बीच का नाज़ुक सन्तुलन किस तरह नष्ट होने से बचाया जा सकता है, इस ओर हमारे पश्चिम-शिक्षित सत्ताधारियों का ध्यान कभी नहीं गया। हम बिना पश्चिम को मॉडल बनाए—अपनी शर्तों और मर्यादाओं के आधार पर—औद्योगिक विकास का भारतीय स्वरूप निर्धारित कर सकते हैं, कभी इसका ख़याल भी हमारे शासकों को आया हो, ऐसा नहीं जान पड़ता।

भारतीय सन्दर्भ में यह सन्तुलन कितना मूल्यवान है और इस पर ज़रा-सी ठेस पहुँचते ही एक भारतवासी की जीवन-प्रणाली किस तरह से उन्मूलित और विकृत हो जाती है, सिंगरौली में होनेवाले 'औद्योगिक परिवर्तन' इसका विकट उदाहरण है। एक समय में जहाँ कृषि और सिंचाई के अपने सम्पन्न साधन थे, वहाँ आज जंगल कटने से लोगों को खेती की बात तो दूर, पानी पीने के लिए रिहन्द बाँध पर निर्भर करना पड़ता है। हम आधुनिक 'प्रगतिशील' बुद्धिजीवी अक्सर गाँवों में जाति-व्यवस्था की निन्दा करते हैं, किन्तु यह भूल जाते हैं कि इसी व्यवस्था के भीतर 'अधिकतर और दायित्व' की एक परम्परागत मर्यादा थी, जिसमें लोग बहुत सुखी न भी हों, अपने को सहज और सुरक्षित महसूस करते थे। 'लोकायन' के कार्यकर्ताओं ने अपनी रिपोर्ट में किसान और परजा (धोबी, चमार, नाई इत्यादि) के परस्पर-सम्बन्धों के बारे में एक बहुत ही महत्त्वपूर्ण बात कही है : "गाँव का किसान अपनी परजा के लिए कितनी ज़मीन देगा, इसका निर्धारण..." किसान की ज़मीन की हैसियत के आधार पर निश्चित होता था। इस प्रकार गाँव की 1/5 हिस्से की ज़मीन पर परजा लोगों का अधिकार रहता था। पर यह सब व्यवस्था औद्योगिकीकरण के कारण समाप्त हो गई है। तेलंगावा के 75-वर्षीय आदिवासी कोल का कहना था : 'बाबू अब का रहि गइल, पहिले खेती-पाती मिलत रहिल

मालकिन से और न खान पियन की चिन्ता नाहिन रहिल, पर बाबू आज एकऊ दिन बीमार रहई तो खाना दूसरे दिन नाहिन मिली।'

गाँव की परम्परागत व्यवस्था में एक आदिवासी क्या महसूस करता था और आज की औद्योगिक व्यवस्था में उसकी हालत क्या हो गई है...क्या हमारे शहरी मार्क्सवादी कभी इस अन्तर को देख पाएँगे?

सिंगरौली के घने जंगलों में बसे हज़ारों आदिवासी (कोल, पनिका, अगरिया) ख़ानाबदोश नहीं थे। उनके अनेक 'घरेलू' कारोबार थे। पहाड़ से लोहा निकालकर वे अनेक प्रकार के औज़ार बनाते थे, खादी के कपड़े बुना करते थे। रस्सी, सुतली, बान-जैसी घरेलू वस्तुओं को बनाकर रॉबर्टगंज के बाज़ार में बेचते थे। आज नई औद्योगिक परियोजनाओं के चलते वे अपने ही अंचलों में अपराधियों की तरह घूमते हैं। जिन पेड़ों में उनके देवता-ईश्वर बसते थे, अब उनकी जगह वन अधिकारियों और ठेकेदारों ने ले ली है। चूँकि जंगल में रहने का अधिकार उन्हें शताब्दियों से प्रकृति ने दिया है, सरकार के काग़ज़-पट्टों ने नहीं, इसलिए जंगलों से विस्थापित हो जाने के बाद उनके पास यह क़ानूनी हक़ भी नहीं कि वे किसी तरह के मुआवज़े या ज़मीन की माँग कर सकें। सिवाय इसके कि वे खेतिहर मज़दूर बनकर गुज़ारा करें या कोयला खदानों में कैज़ुअल मज़ूरी करके दिन में आठ-दस रुपये कमा लें, उनके पास आज जीवन-निर्वाह का कोई साधन नहीं बचा रह गया है।

सिंगरौली की यात्रा के दौरान हमें अनेक ऐसे परिवार मिले, जो पिछले पन्द्रह-बीस वर्षों में तीन-चार बार विस्थापित हो चुके हैं। कुछ लोग जो रिहन्द बाँध के कारण अपने घर-बार से उजाड़े गए, वही कुछ वर्षों बाद एन.टी.पी.सी. (नेशनल थर्मल पावर कॉर्पोरेशन) की योजना द्वारा दोबारा विस्थापित हुए और जब तीसरी बार उन्होंने जैसे-तैसे धरती के किसी कोने में अपने को बसाने की कोशिश की, तो आज 1984 में विंध्याचल सुपर थर्मल पावर के दुर्निवार पंजे उन्हें पुनः दबोचने के लिए आगे बढ़ आए हैं।

कभी-कभी सिंगरौली के विस्थापित आदिवासियों और किसानों की बदहवासी देखकर युद्ध में भागे उन शरणार्थियों की दशा याद हो आती थी, जो बढ़ती हुई सेनाओं से बचने के लिए आगे-आगे भागते जाते हैं, एक गाँव से दूसरे गाँव, एक जंगल से दूसरे जंगल। अब प्रश्न यह नहीं रहा कि वे अपने जीवन-काल में कभी अपने पुरखों के आवास-स्थल में लौट सकेंगे। वहाँ अब खेत और जंगल नहीं, धुआँ उगलती फैक्टरियाँ और औद्योगिक कॉलोनियाँ बस गई हैं। प्रश्न यह रह गया है कि उन्हें बाक़ी ज़िन्दगी गुज़ारने के लिए डेढ़ गज़ ज़मीन मिल पाएगी, जिसे वे 'अपना' कह सकें?

शक्तिनगर के विराट् विद्युत-उत्पादन स्टेशन के पास ही मटवई नाम का छोटा-सा गाँव है—या कभी था—क्योंकि जब हम वहाँ गए, तो वहाँ सिर्फ़ उड़ती हुई धूल और ख़ाली मैदान दिखाई दिये। कुछ महीने पहले वहाँ कोई जीती-जागती बस्ती या बाज़ार रहा होगा, इसकी कल्पना भी असंभव थी। सिंगरौली के प्रसिद्ध समाजवादी नेता और डॉ. लोहिया के शिष्य पंडित कार्तिक रामजी भी हमारे साथ थे। उन्हीं के मुँह से हमें मटवई गाँव के उजड़ने का इतिहास मालूम पड़ा।

इस इलाक़े में यह गाँव अपेक्षाकृत बड़े गाँवों की श्रेणी में आता था। कुल मिलाकर वहाँ ढाई सौ परिवार बसते थे। आबादी एक हज़ार लोगों से कुछ ज़्यादा थी। गाँव की बग़ल में ही बाज़ार था, जिसमें अधिकांश उन्हीं लोगों की दुकानें थीं, जो गाँव में रहते थे। सरकार ने गाँव और बाज़ार दोनों को ही—अपनी परियोजनाओं के अन्तर्गत—उखाड़ने का निर्णय ले लिया था और इस आशय का एक आदेश भी जारी कर दिया था।

आदेश के विरुद्ध गाँव के चार पढ़े-लिखे युवक जबलपुर के हाईकोर्ट में 'स्टे ऑर्डर' लेने गए थे किन्तु शक्तिनगर के अधिकारियों को शायद इसकी भनक पहले से ही मिल गई थी। जब 23 जून, 1984 को ये चार लोग गाँव के उजाड़ने के विरुद्ध हाईकोर्ट का आदेश लेकर पहुँचे, तो उन्होंने पाया कि समूचे गाँव और बाज़ार पर एक दिन पहले ही बुलडोज़र चल चुका है। सरकारी अधिकारियों की आँखों में हमारे न्यायालयों के क़ानूनी आदेशों के लिए कितनी इज़्ज़त है, यह इससे पता चलता है कि हाईकोर्ट का ऑर्डर पाने के बावजूद गाँव के घरों और बाज़ार की दुकानों को ढहाने का काम उस समय तक पूर्ववत् चलता रहा, जब तक सारी ज़मीन साफ़ और समतल नहीं हो गई। गाँव के निवासी मुजम्मिल हुसैन ने हमें बताया, "जब मैं 23 जून को जबलपुर से 'स्टे ऑर्डर' लेकर लौटा, तो पता चला कि मेरी दुकान ढहाई जा चुकी है; मेरा सामान ट्रक में भरकर गाँव से दूर नवजीवन कॉलोनी में फेंक दिया गया था और चूँकि मैं उस समय मौजूद नहीं था, मेरी बहुत-सी चीज़ें चोरी चली गईं, जिनका आज तक पता नहीं चला।" जब कुछ दिनों बाद गाँव के कुछ प्रतिनिधियों ने समूचे मामले को मध्य प्रदेश के मुख्यमंत्री के सामने रखा, तो उन्हें आश्वासन दिया गया कि ज़िले के कलक्टर को इस सम्बन्ध में 'उचित कार्रवाई' करने का आदेश दिया गया है। किन्तु महीने गुज़रते गए और कलक्टर की ओर से इस सम्बन्ध में कहीं, कोई कार्रवाई नहीं की गई।

यहाँ यह एक स्वाभाविक प्रश्न उठता है कि यदि आज देश का नागरिक न्यायालय के संरक्षण और मुख्यमंत्री के आश्वासन के बावजूद अपने अधिकारों की रक्षा नहीं कर पाता, तो लोकतंत्र की उन काग़ज़ी मर्यादाओं का क्या मूल्य रह जाएगा, जिसे कोई भी किसी भी समय स्वेच्छा से उसी तरह 'बुलडोज़' कर सकता है, जैसे घरों और दुकानों को? सिंगरौली में अनेक बार हमें यह सुनने को मिला कि जब-जब किसी ग़ैर-क़ानूनी, अन्यायपूर्ण घटना के विरुद्ध शिकायत की जाती है,

मुख्यमंत्री हमेशा कलक्टर को 'उचित कार्रवाई' करने का आदेश देकर अपने दायित्व से छुट्टी पा लेते हैं। वह आदेश दिया भी जाता है या नहीं, इसे पता चलाने का कोई रास्ता नहीं। और जब 'उचित कार्रवाई' नहीं होती, जैसा अधिकांश मामलों में नहीं होती, तो इसकी ज़िम्मेदारी किस पर है—मुख्यमंत्री पर या कलक्टर पर? आज की रुक्ष और क्रूर राजनीति के खेल में अर्जुन सिंह अपेक्षाकृत अधिक समझदार सहानुभूतिपूर्ण मुख्यमंत्री"* माने जाते हैं, इसलिए विश्वास नहीं होता कि अधिकांश मामलों को 'उचित कार्रवाई' के बहाने रफ़ा-दफ़ा कर दिया जाता होगा। क्या हम यह मान लें कि मुख्यमंत्री तो लोगों की जायज़ शिकायतों को दूर करने का 'आदेश' देते हैं, किन्तु उन्हीं के आदेशों का पालन स्थानीय अधिकारी नहीं करते? यदि ऐसा है, तो इन अधिकारियों के विरुद्ध ही क्यों नहीं कोई 'उचित कार्रवाई' की जाती?

मटवई गाँव के विस्थापित निवासियों के लिए एक नई कॉलोनी बनाई गई है—नवजीवन विहार। किन्तु ज़मीन के जो प्लॉट उन्हें दिये गए हैं, उनका कोई सरकारी पट्टा अभी तक उन्हें नहीं मिला है। एक दिन मिलेगा—ऐसा सरकार कहती है। कब मिलेगा, इसका कोई भरोसा या आश्वासन नहीं। यही शिकायत दूसरे क्षेत्रों में भी सुनने को मिली। सिंगरौली के विस्थापितों में यही एक डर बैठा है कि सब कुछ 'फ़िलहाल' के भरोसे टिका है, अभी बला टली, फिर कब आ दबोचेगी, इसका कुछ भी पता नहीं। सरकार ज़मीन देती है, लेकिन ज़मीन का स्वामित्व नहीं, इसका रहस्य मैं बहुत खोजने पर भी नहीं जान पाया। मुझे कुछ ऐसा लगता है कि स्वयं केन्द्रीय और राज्य शासन अधिकारी इस बारे में स्पष्ट नहीं हैं कि विभिन्न विद्युत परियोजनाओं के लिए उन्हें कितनी ज़मीन की ज़रूरत पड़ेगी। कभी-कभी ऐसा भी देखा गया है कि गाँवों को उजाड़ दिया जाता है, ज़मीन ख़ाली पड़ी रहती है और महीनों उस पर कोई काम शुरू नहीं होता।

* भूतपूर्व मुख्यमंत्री।

इसी अस्पष्टता और अनिश्चय के कारण सरकार एक तरह की अन्धाधुंध नीति अपनाती है। जब ज़रूरत पड़े, तब कोई गाँव, जंगल या ज़मीन का हिस्सा ख़ाली करवा दो, विस्थापित लोगों को कुछ और पीछे धकेल दो, किन्तु उन्हें कोई ऐसा पट्टा या काग़ज़ न दो, जिससे यदि बरस-दो बरस बाद उन्हें दोबारा विस्थापित करना पड़े, तो वे सरकार के रास्ते में कोई क़ानूनी अड़चन पैदा न कर सकें। विस्थापन और पुनर्वास की यह अद्‌भुत, तर्कहीन, अराजक प्रणाली हज़ारों लोगों के लिए एक दुःस्वप्न बन गई है। किसी को कुछ पता नहीं कि वह किस अनजान घड़ी में उखाड़ दिया जाएगा, किस अज्ञात जगह क्या दिया जाएगा?

सिंगरौली के विस्थापित परिवारों को सरकार की ओर से मुआवज़ा ज़रूर दिया जाता है, किन्तु जिस आधार पर दिया जाता है, वह काफ़ी अद्‌भुत है। जिन किसानों को अपनी ज़मीन से उजाड़ा जाता है, उन्हें लगान का तीस गुना पैसा मुआवज़े के रूप में देना स्वीकृत हुआ है, किन्तु लगान की दर पहले ही इतनी कम थी कि छीनी हुई ज़मीन और दिये जानेवाले पैसे के बीच कोई सन्तुलन नहीं बैठ पाता। किन्तु इससे कहीं अधिक शोचनीय बात—जिसकी ओर सरकार का ध्यान नहीं जाता—वह किसानों और आदिवासियों के 'सांस्कृतिक विस्थापन' की है। बरसों से जो लोग एक साथ गाँव में रहे हैं, वे देश के अलग-अलग कोनों में, नितान्त अजनबी परिवेश में, किस तरह अपने को अनाथ, अकेले और निराश्रित पाते हैं, क्या इस उन्मूलन-भाव को मुआवज़े के पैसों से दूर किया जा सकता है?

जब आदिवासियों को जंगलों से निकाला जाता है, तो उन्हें यह मुआवज़ा भी नहीं मिलता। चूँकि शताब्दियों से वे जंगलों पर आश्रित रहते आए हैं और लगान नहीं देते थे, इसलिए मुआवज़ा पाने का उन्हें कोई 'क़ानूनी अधिकार' नहीं है। यही नहीं, जबकि दूसरी जातियों को यह अधिकार प्राप्त है कि इनके विस्थापित परिवार के एक सदस्य को किसी सरकारी कारख़ाने में नौकरी दी जाएगी, अधिकांश आदिवासी इस

सुविधा से वंचित रह जाते हैं। जब 'लोकायन' के एक कार्यकर्ता ने इसका कारण पूछा, तो शक्तिनगर विद्युत स्टेशन के एक अफ़सर ने कहा, 'इन लोगों को क्या नौकरी दें! रात-भर शराब पीते हैं, दिन-भर आवारागर्दी... ये लोग हमारे किसी काम के नहीं।' शायद वे ठीक कहते हों, किन्तु क्या एक क्षण के लिए भी उन्होंने यह नहीं सोचा कि उजड़ने से पहले इन आदिवासियों को सरकारी नौकरी की ज़रा भी ज़रूरत नहीं थी। जिस शासन-व्यवस्था ने हज़ारों आदिवासियों को उनके वन्यस्थल से उन्मूलित करके सड़कों पर फेंक दिया है, उसी शासन का अधिकारी—जो शहर की सब सुविधाओं को भोगता है—उनके आलस्य और शराबख़ोरी की भर्त्सना करे, इससे बड़ी हास्यास्पद और क्रूर विडम्बना क्या हो सकती है?

ऐसे भी गाँव हैं, जिन्हें क़ानून की लकीर ने नहीं उजाड़ा, बल्कि जो विद्युतगृहों के अधिकारियों की घोर उदासीनता और स्वार्थपरकता के कारण ख़ुद-ब-ख़ुद उजड़ गए। तेलंगावा ऐसा ही एक गाँव है, जो शक्तिनगर विद्युत स्टेशन के नीचे ढलान पर बसा है। जब वहाँ गए, तो सारा गाँव भुतहा-सा वीरान पड़ा था। झोंपड़े ख़ाली पड़े थे। झोंपड़ों के फ़र्श, दीवारें, खपरैल तक पानी में भीगे थे। लगता था, रातों-रात बाढ़ आई हो और जल्दी में लोग जितना सामान बटोरकर ले जा सकते थे, ले गए, बाक़ी पीछे छोड़ गए। किन्तु यह कोई ऐसी 'बाढ़' नहीं थी, जिसे रोका न जा सकता हो। यदि शक्तिनगर पावर स्टेशन के अधिकारी चाहते, तो गाँव इस विपदा से बच सकता था। बरसों पहले जब पावर स्टेशन बना था, तो वहाँ से दूषित गरम पानी के डिस्चार्ज करने के लिए डेढ़ किलोमीटर लम्बी पाइप बनाई गई थी, ताकि बीच रास्ते में गुज़रते हुए पानी कुछ ठंडा हो गया जाए और जब रिहन्द नदी के रिज़र्वाटर में जाकर गिरे, तो मछलियों को कोई नुकसान न पहुँचे। किन्तु पाइप बनाते समय इस बात का ध्यान नहीं रखा गया कि बारिश में जब खेतों में पानी जमा हो जाएगा, तो पाइप के व्यवधान के कारण वह पूरी तरह से बह नहीं पाएगा और

एक नक़ली बाढ़ की स्थिति उत्पन्न हो जाएगी। पानी के निकास के लिए पाइप में जो सूराख़ बनाया गया था, वह इतना छोटा है कि समूचा पानी उसमें से नहीं निकल पाता। तेलंगावा के निवासियों के साथ यही हुआ। पिछली बरसात में एक रात तेज़ बारिश और जमा होता हुआ पानी निकास की कोई राह न पाकर गाँव पर ही चढ़ आया। सौभाग्य की बात थी कि समय रहते अधिकांश लोग अपना घर-बार छोड़कर भाग निकले।

इसी उजाड़ गाँव के आगे हम खड़े थे। ऊपर शक्तिनगर का विराट् पावर स्टेशन था, आधुनिक प्रगति का गर्वोन्नत प्रतीक। नीचे तेलंगावा के सूने, सुनसान खँडहर, जहाँ कुछ दिन पहले जीती-जागती बस्ती थी, वहाँ अब कुत्ते लोट रहे थे। हमें बताया गया कि जब गाँव के कुछ प्रतिनिधि अपनी विपदा की कहानी लेकर शक्तिनगर के अधिकारियों के पास पहुँचे, तो उनका सीधा-सा जवाब यह था : 'इस गाँव को तो उखड़ना ही था। यह अच्छा ही हुआ कि लोग अपने-आप चले गए।'

यदि औद्योगिकीकरण के नशे में शासन-सत्ता अपने देश के जीवन्त, हाड़-मांस के लोगों के प्रति इतनी सनकी और 'सिनिकल' हो सकती है, तो इस देश के प्राकृतिक जीवन—पानी, हवा, जंगलों के प्रति—वह कोई समझ, सूझ-बूझ और सहानुभूति बरतेगी, इसकी आशा करना ही व्यर्थ है। थर्मल पावर स्टेशनों का निर्माण तो ख़ूब ज़ोर-शोर के प्रचार के साथ हुआ है, किन्तु उनसे हमारे देश की नदियों और वायुमंडल में जो भयंकर प्रदूषण फैलता है, उसे रोकने के लिए हमारी शासन-सत्ता और अधिकारी कितने सचेत और क्रियाशील हैं, इसकी जानकारी किसी को नहीं मालूम। यदि हम कुछ देर के लिए 'औद्योगिकीकरण की अनिवार्यता' का तर्क मान भी लें, तो भी प्रश्न रह जाता है कि क्या हमें अपने देश की भूमि, जन-संस्कृति और पर्यावरण की नितान्त उपेक्षा करके उसी ढंग और पैमाने पर पश्चिम के औद्योगिक ढाँचे की नक़ल करनी होगी, जिसका विकास एक ख़ास ऐतिहासिक सन्दर्भ में हुआ था और जिसकी हमारे देश के

जातीय चरित्र से दूर की समानता नहीं? दुनिया की अन्य सभ्यताओं की तुलना में भारतीय संस्कृति का यह एक विशेष संस्कार रहा है कि उसने कभी मनुष्य को प्रकृति से ऊपर नहीं माना, बल्कि प्रकृति और मनुष्य के बीच एक ऐसे पवित्र और सन्तुलित सम्बन्ध की परिकल्पना की है, जहाँ दोनों एक-दूसरे के प्रतिद्वंद्वी नहीं, एक-दूसरे के पोषक हैं। यही कारण है कि जहाँ अन्य देशों में 'औद्योगिक क्रान्ति' के दौरान पुरानी जातियों और क़बीलों का बड़े पैमाने पर संहार हुआ, वहाँ भारत में हज़ारों वर्षों से आर्य जातियाँ और आदिवासी एक-दूसरे के साथ शान्तिपूर्वक रह सके हैं क्योंकि दोनों में चाहे कितनी सांस्कृतिक भिन्नता क्यों न रही हो—एक बात समान रही है—प्रकृति और परिवेश के प्रति गहरा आत्मीय लगाव।

पश्चिम में इसी लगाव के अभाव में पर्यावरण का भीषण संकट उत्पन्न हुआ है। कितना क्रूर व्यंग्य है कि भारत, जो अन्य देशों के लिए कम-से-कम पर्यावरण के मामले में एक उज्ज्वल आदर्श प्रस्तुत कर सकता था, आज पश्चिम से कहीं ज़्यादा निर्मम और नृशंस ढंग से अपनी प्राकृतिक सम्पदा की नोच-खसोट करने में लगा है। पश्चिम में कम-से-कम जंगलों के काटने अथवा जल या वायु को प्रदूषित करने के ख़िलाफ़ कुछ नियमों का तो पालन होता है। हमारे देश में तो राज्यमंत्री से लेकर जंगल के छोटे-से-छोटे अधिकारी को रिश्वत देकर समूचे जंगलों को ट्रकों पर लादकर कारख़ानों में झोंका जा सकता है। प्रदूषण के ख़िलाफ़ नियम अनेक हैं, किन्तु कोई भी नियम ऐसा नहीं जिसे बड़े-से-बड़े उद्योगपति से लेकर छोटे-से-छोटा ठेकेदार आसानी से न तोड़ सके। आज स्थिति यह है कि पश्चिम से विशेषज्ञ भारत आते हैं, ताकि पर्यावरण के महत्त्व के बारे में हमें शिक्षित कर सकें!

सिंगरौली के पास बीना एक छोटा-सा औद्योगिक नगर है। वहाँ हमारी मुलाक़ात एक युवा कर्मठ ट्रेड यूनियन नेता ओमप्रकाश मालवीय से हुई, जिन्होंने बीना के कोयला-खदानों के मज़दूरों को संगठित किया है।

उनसे मिलकर हमें सुखद आश्चर्य हुआ। न केवल मज़दूरों की अवस्था की बारे में, बल्कि अपने प्रदेश की खनिज सम्पदा और पर्यावरण के सम्बन्ध में उनकी गहरी जानकारी थी। उन्होंने हमें बताया कि बीना में बिड़ला के रेणुसागर पावर स्टेशन से निकलनेवाले धुएँ से इतना अधिक प्रदूषण होता है कि पचास प्रतिशत फ़सल पर सफ़ेद परत जमा हो जाती है, जिसके कारण फसल तो नष्ट होती ही है, लोगों के स्वास्थ्य पर भी बुरा प्रभाव पड़ता है। सार्वजनिक विरोध के बावजूद रेणुसागर की चिमनियों में अभी तक फ़िल्टर नहीं लगाया गया, जिससे हवा में फैलती विषैली गैस को रोका जा सके। रेणुसागर के उद्योगपति बिड़ला परिवार को हर साल बारह करोड़ रुपये का लाभ होता है, जबकि फ़िल्टर लगाने की लागत सिर्फ़ एक करोड़ है।

वायुमंडल की गन्दगी को दूर करना उद्योगपति का कर्तव्य भले ही न हो; आत्मा को स्वच्छ रखने का उत्तरदायित्व वह अच्छी तरह निभाता है। रेणुकूट में हमें एक विचित्र दृश्य दिखाई दिया; विंध्य पर्वतों से घिरे इस सुन्दर शहर के एक छोर पर बिड़ला जी ने अल्यूमिनियम का एक विशाल कारख़ाना खड़ा किया है। शहर के दूसरे छोर पर एक छोटी-सी पहाड़ी पर एक भव्य मन्दिर भी दिखाई देता है, जो किसी देवी-देवता के नाम से नहीं, हमेशा की तरह 'बिड़ला मन्दिर' के नाम से ही जाना-पहचाना जाता है। किन्तु इस बार इस तथ्य को रेखांकित करने के लिए कि 'मन्दिर मैंने ही बनवाया है?' मन्दिर के विशाल प्रांगण में एक तरफ़ घनश्यामदास बिड़ला और दूसरी तरफ़ उनकी धर्मपत्नी की विशाल मूर्तियाँ भी आमने-सामने खड़ी हैं, हाथ जोड़े एक-दूसरे का अभिवादन करती हुई। मन्दिर में खड़े हुए मेरी आँखें अनायास सामने की पहाड़ी पर जा टिकीं, जहाँ अल्यूमिनियम कारख़ाने की विशाल चिमनी समूचे शहर पर अपना काला, विषैला, धुआँ उगल रही थी। अचानक ख़याल आया कि चिमनी में फ़िल्टर न लगाकर बिड़ला जी ने पैसा बचाया होगा,

उसी से शायद यह मन्दिर भी बनवाया होगा, किन्तु क्या उन्हें यह ख़याल नहीं आया होगा कि बरसों बाद धुएँ की ज़हरीली परतें मन्दिर के उस विशाल प्रांगण को भी ढक लेंगी, जहाँ उनकी और उनकी पत्नी की भव्य मूर्तियाँ खड़ी हैं? और तब मुझे उस क्षण वह मन्दिर बहुत ही अधिक लज्जास्पद जान पड़ा। जब हम किसी धर्म के प्राकृतिक परिवेश की पवित्रता दूषित कर देते हैं, तो उसके बाहरी प्रतीक—चाहे वे मन्दिर हों या मूर्तियाँ—मरी हुई देह पर सोने के आभूषणों-से अश्लील जान पड़ते हैं।

मरी हुई देह? मुझे अचानक सुबह की घटना याद हो आई। और तब लगा, मृत्यु के भी अनेक चेहरे होते हैं। कुछ पत्थर में मढ़े हुए साफ़ और चिकने, कुछ सड़क के किनारे धूल में लिथड़े हुए...बदहवास चीख़ों के बीच सुन्न और हैरान। हम सुबह बीना से मोटरसाइकिल पर रेणुसागर देखने जा रहे थे। अचानक देखा, रास्ते पर एक ट्रक उलटी पड़ी है और नीचे मैदान में बारह-तेरह घायल मज़दूर औरतें अलग-अलग मुद्राओं में लेटी हैं, बैठी हैं, कराह रही हैं, रो रही हैं। आसपास कुछ दर्शक घेरा बनाकर खड़े थे, जिसमें पुलिस का एक सिपाही भी था किन्तु सब निश्चल और चुप थे। मोटरसाइकिल से उतरकर हम ट्रक के पास आए। पूछने पर पता चला कि ट्रक इन औरतों को कोयला-खदानों और कारख़ानों में काम के लिए ले जा रहा था। ड्राइवर अक्सर बहुत तेज़ी से ट्रक चलाते हैं, ताकि कम-से-कम फेरियों में ज़्यादा-से-ज़्यादा मज़दूरों को ले जाया जा सके। आश्चर्य था कि इस दुर्घटना में ड्राइवर को कोई चोट नहीं पहुँची थी, वरना वह इतनी जल्दी लापता कैसे हो जाता?

औरतों की हालत दयनीय थी। पता नहीं, किसको कितनी चोट पहुँची थी! ट्रक उलटते ही पीछे बैठी औरतें एक साथ नीचे आ गिरी थीं। हाथ, पैरों पर ख़ून के थब्बड़ धूप में चमक रहे थे, किन्तु जैसा हमारे देश में होता है—न पुलिस के सिपाही, न किसी दर्शक के दिमाग़ में यह ख़याल आया था कि इन्हें तुरन्त अस्पताल भिजवाने की व्यवस्था की जाए।

सौभाग्य से मालवीय जी हमारे साथ थे। उन्होंने एक ट्रक को ज़बरदस्ती रुकवाया, फिर हमने उन अधलेटी, अधबैठी कराहती औरतों को उठाकर किसी तरह ट्रक में डाला। मैंने देखा कि दर्शक, जो अब तक तटस्थ मुद्रा में खड़े थे, हमारा हाथ बँटा रहे थे और तब मैंने सोचा कि हिन्दुस्तान में कोई भी व्यक्ति ख़ुद अगुआई करने से कतराता है, किन्तु जब कोई आदमी हिम्मत बटोरकर पहल करता है, तो बाक़ी लोग अपनी उदासीनता छोड़कर उसकी मदद करने में आगा-पीछा नहीं देखते...।

ट्रक को अस्पताल पहुँचाया गया, किन्तु इस बीच पीछे रोने की आवाज़ और तेज़ हो गई थी। ट्रक के पिछवाड़े का दरवाज़ा गिराया गया, गुडमुड पोटलियों की तरह आपस में सिमटी, सिसकती औरतों को गोद में लेकर नीचे उतारा गया—सिवाय एक औरत के, जो एक कोने में शान्त पड़ी थी। मैंने प्रश्न-भरी निगाह से युवक को देखा, जो ट्रक पर खड़ा था।

'इसे नहीं उतारोगे?'

उसने चुपचाप सिर हिलाया, 'कोई ज़रूरत नहीं—यह तो बीच में ही ख़त्म हो गई।'

बहुत देर बाद जब हम बस में रेणुकूट जा रहे थे, इसी युवक ने मुझसे पूछा, 'आपको कैसा महसूस हुआ होगा?' मैं कुछ समझा नहीं। उसने धीरे से कहा, 'आपने जिस बुढ़िया को ट्रक में चढ़ाया था, वही नहीं रही, शायद आप आख़िरी आदमी थे, जिसने उसे छुआ था!'

सिंगरौली में वह हमारी अन्तिम शाम थी। उस रात रेणुकूट के स्टेशन पर हमने दिल्ली की ट्रेन पकड़ी थी। ट्रेन की खिड़की से मैं देर तक अँधेरे में विंध्याचल की धुँधली पहाड़ियों को सरकता हुआ देखता रहा।

और तब उस रात अपनी बर्थ पर ऊँघते हुए अचानक मुझे कुप्रीन की कहानी 'मोलोक' याद हो आई, जिसका अनुवाद मैंने मुद्दत पहले किया था। मुझे याद आया, 'मोलोक' शब्द का हिन्दी पर्याय मिलने में मुझे कितनी परेशानी हुई थी। दैत्य? दानव? बलि देवता? कोई ऐसी अति मानवीय शक्ति, जो धीरे-धीरे अपने शिकंजों में समूची चराचर सृष्टि को दबोच लेती है, हर व्यक्ति की नियति को ग्रसती हुई काली, लम्बी छाया, जिससे कोई छुटकारा नहीं...।

मुझे लगा, जिस शब्द का अर्थ मुझे बरसों पहले शब्दकोश में नहीं मिला था, उसका 'चेहरा' मैंने सिंगरौली में देख लिया था।

किन्तु इस चेहरे के पीछे एक फ़ोटोग्राफ़ भी है, जो मैं अपने साथ लाया हूँ, अमझर की एक दोपहर पानी से भरे धान के खेत के बीचोबीच अपने मित्र के कन्धों पर बैठा हूँ, सिर पर चटाई का हैट पहन रखा है और मेरे साथ काली, साफ़-सुन्दर आदिवासी लड़कियाँ भी खड़ी हैं—पानी में घुटनों तक डूबी हुई। उन्होंने भी हैट पहन रखा है—और वे मुझे देखकर खिलखिलाते हुए हँस रही हैं!

ढलान से उतरते हुए

मैं किसी शाम उनकी आँख बचाकर अकेला निकल जाता। चौड़े पत्थरों की ठंडी और बर्फ़ में लिथड़ी सड़क मेरे नीचे खट-खट बजती। मुझे भ्रम होता, कोई मेरा पीछा कर रहा है। मैं रुक जाता, पीछे मुड़कर देखता। कोई नहीं, न कोई सिपाही, न जासूस, न सिक्योरिटी पुलिस का गुप्तचर। क्रेमलिन के पीछे टेढ़ी-मेढ़ी गलियाँ, किसी नुक्कड़ पर फूलों की दुकान और सिर पर स्कार्फ़ बाँधे कोई भोली बूढ़ी औरत, बीच रास्ते में अथाह लोगों की भीड़। पता नहीं, वे कहाँ जा रहे थे, कहाँ से आ रहे थे? एक अजनबी, विदेशी शहर में वैसे भी हर व्यक्ति रहस्य का पुतला जान पड़ता है—और यदि वह रूस का कोई शहर हो—तो यह रहस्य एक रोमांच, एक चमकीली आशा, एक खोए हुए संसार में पुनर्जीवित होने लगती है, हम एक साथ दो दुनियाओं के अलग-अलग काल-खंडों में जीने लगते हैं—एक वह जो सामने है, मकान, गलियाँ, चलते-फिरते लोग, दूसरी वह जो हमारी स्मृतियों में जीती है, कभी किसी बूढ़े के साथ हो जाती है,

जिसे कभी चेख़ॅव की कहानी में देखा था या उस लम्बे बालोंवाली लड़की के साथ हो लेती है, जो तुर्गनेव की लिज़ा की याद दिलाती है—बिलकुल वैसी ही स्वप्निल, संगमरमर-सी सफ़ेद और थोड़ी-सी आकुल, आहत आँखें।

ऐसी ही एक दुपहर हम लेनिनग्राड में दोस्तोएव्स्की का घर देखने गए थे। नेवा की कैनाल बर्फ़ में जमी थी। हमने हज़ारों पुलों में से एक पुल पार किया, लम्बे, बीहड़ मकानों के बीच एक सूनी गली में आए, जहाँ उन्नीसवीं शताब्दी का समय भी बर्फ़ की तरह जम गया था। हमारी गाइड इशारे से एक दुमंजिला मकान दिखाती है, जिसकी अँधेरी सीढ़ियों पर एक बिल्ली हमें निहार रही थी। "क्या यहाँ दोस्तोएव्स्की रहते थे?" मैंने पूछा। उसने सिर हिलाया, "नहीं, यह वह मकान है, जिसमें रोसकोलनिकोव (दोस्तोएव्स्की के उपन्यास 'अपराध और सज़ा' का मुख्य पात्र) रहता था। यह ज़ीना देखते हो, वहीं से उतरकर वह उस दुकान में गया था, जहाँ उसने उन दो बूढ़ियों की हत्या की थी।"

हम कुछ क्षणों तक उस मकान को देखते रहे और तब मुझे लगा, बरसों बाद उपन्यास के लेखक और काल्पनिक पात्रों के बीच अन्तर करना कितना निरर्थक काम हो जाता है और यह बात कितनी अप्रासंगिक हो जाती है कि हम दोस्तोएव्स्की का जन्मस्थान देख रहे हैं या उसके नायक की कालकोठरी, जिसमें उपन्यास का जन्म हुआ था।

क्या इसी कारण से नाबाकोव ने महान् उपन्यास को दुनिया की 'महान् परी-कथाएँ' माना था? नहीं, हम अपनी गाइड और मित्र एवा से कोई भी प्रश्न नहीं पूछते, न नाबाकोव के बारे में, जो अपना देश छोड़कर चले गए थे, न बावेल के बारे में, जिनकी मृत्यु साइबेरिया के किसी अज्ञात कोने में हुई थी...लेकिन शहर और मकान वही है, जहाँ एक ज़माने में वे रहते थे, प्रेम करते थे, कहानियाँ लिखते थे।

एक दिन मास्को में चलते हुए एवा ने वह घर दिखाया था, जिसके अकेले कमरे में मॉयकोव्स्की ने आत्महत्या की थी। चुप, शान्त, शाम की धूप में झिलमिलाता दुमंज़िला मकान।

परी-कथा? सिर्फ़ उपन्यास ही परी-कथाएँ नहीं होते, कुछ शहर भी अपनी ईंटों, गलियों, मकानों में पूरा एक मायावी संसार लिये जीते हैं, हमारे लिए जो किताबी स्मृति है, एवा जैसी औरतों के लिए वह जीता-जागता इतिहास है, जहाँ से वह हर रोज गुज़रती है। "यह वह इमारत है, जिसमें स्टालिन के समय में राजनीतिक बन्दियों को इंटेरोगेशन के लिए रखा जाता था, सोल्ज़ेनित्सिन ने कारागृह की पहली रात यहाँ गुज़ारी थी..." हम ऊपर देखते हैं, एक लम्बी, भयानक, क़िलानुमा इमारत, जिसके नीचे लोहे की छड़ें लगी हैं। मेरे मराठी लेखक मित्र, न जाने क्या सोचकर, उस काली, ठंडी, ज़ंग लगी छड़ी को छूते हैं। सब कुछ वैसा ही है, बसें और ट्रामें चलती हैं, लोग फूलों की दुकानों से फूल ख़रीदते हैं, पार्क में पेड़ों के नीचे प्रेमियों के जोड़े दिखाई देते हैं। कोई सोच भी नहीं सकता कि कौन-सी इमारतों के पीछे किसने कितना कष्ट भोगा था। "भयानक बात यह नहीं है कि इतनी यातना है," एक बार मैंडलश्टाम ने अपनी पत्नी से कहा था, "भयानक बात यह है कि इतना सब कुछ होने के बावजूद ज़िन्दगी नॉर्मल गति में चलती रहती है।"

हमारे सिर टोपों से ढके हैं, हाथों में दस्ताने हैं, गले में मफ़लर... और यद्यपि इन सबके रंग अलग-अलग हैं—ये सब सफ़ेद दिखाई देते हैं, बर्फ़ की सफ़ेदी में चिट्टे और साफ़! हम एक-दूसरे का चेहरा भी नहीं देख सकते, ज़रा-सा बोलते हैं तो शब्दों की भाप मुँह से निकलकर चेहरों को ढक लेती है।

लेकिन इस जगह बोलने की ज़रूरत नहीं, यह एक पुराना गिरजा है जहाँ ठठ-के-ठठ लोग बूढ़े पेड़ों की तरह हिल रहे हैं, बाहर रात है और बर्फ़ मोस्क्वा नदी का सफ़ेद पाट। भीतर प्रार्थनारत लोगों की भीड़ है,

गिरजे में तिल रखने की जगह नहीं, इसलिए हम दरवाज़े की देहरी पर खड़े हैं, मोमबत्तियों और अगरबत्तियों के धुँधलाए आलोक में प्रार्थना के शब्द उन पर उठते हैं—एक अन्तहीन विलाप की तरह और गिरजे की दीवारों से टकराते हुए लहरों की तरह वापस लौट आते हैं। आधी रात की घड़ी में कोई गिरजा ठिठुरते हुए लोगों से इतना भरा होगा, एक ऐसे देश में, जहाँ पिछले साठ वर्षों से ईश्वर का कोई अस्तित्व नहीं, एक ऐसा रहस्य है, जिसकी कुंजी मार्क्स, लेनिन, किसी के पास नहीं। एवा ने बताया कि ये सब अपने मृतकों की आत्मा के लिए प्रार्थना कर रहे हैं। हर पीढ़ी के अपने मृतक हैं, लड़ाई के अलग, लेबर कैम्पों के अलग... उनकी प्रार्थना उतनी ही अनन्त है, जितने गुज़रे हुए सगे-सम्बन्धियों की याद, जिनका नाम किसी क़ब्र, रजिस्टर या स्मारक पर अंकित नहीं। हर स्त्री के हाथ में मोमबत्ती और फूलों का गुच्छा है। ऊपर पेडेस्टल से पादरी की घनी, गहरी आवाज़ सुनाई देती है—और फिर गाने का समवेत स्वर—ऊपर उठता हुआ...नीचे गिरता हुआ...।

मुझे एक दूसरा दिन स्मरण हो आया, जब हम मास्को की एक पुरानी सिमिट्री देखने गए थे। वहाँ चेख़ॅव की क़ब्र थी और दूसरे कोने में दूसरी क़ब्र दिखाई दी, काले पोलिथिन की चादर से ढकी हुई, पास जाने पर पता चला कि वह स्टालिन की पत्नी की क़ब्र थी, पोलिथिन का बचाव इसलिए कि कहीं गिरती हुई बर्फ़ उसे ख़राब न करे।

चेख़ॅव की क़ब्र पर न कोई कपड़ा था, न फूल, वह एक छोटे-से काले चेपल में काफ़्का की क़ब्र की तरह, लेकिन वहाँ माँ-बाप एक ही क़ब्र की सतहों में दबे थे, अपने बेटे के साथ, जो पहले चला गया था।

लेकिन ऐसे भी स्थान हैं, जहाँ मृत्यु को वैसे ही 'पकड़' लिया गया, जैसे वह आई थी, वह अब भी उन भिक्षुओं की देह को पकड़े है, जो पिछले चार सौ वर्षों से अपने-अपने तहख़ानों में सुरक्षित हैं। उनका हर अंग-प्रत्यंग जीवित जान पड़ता है, चेहरा, आँखें, हाथ, पास रखी हुई बाइबल, बर्तन; मानो वे अभी सो गए हों और अभी उठ जाएँगे। वे मध्यकालीन भिक्षुक हैं, जो एक ज़माने में कीव की मॉनेस्ट्री के नीचे तहख़ाने में रहते थे। उन दिनों रूस में कीव उतना ही बड़ा तीर्थ स्थान था, जितना हमारे यहाँ काशी है। यात्रियों और भिक्षुओं का पुण्यस्थल। मेरी शुरू से ही प्रबल और पुरानी इच्छा थी कि मैं वह शहर देख सकूँ जहाँ एक समय ईसाई और यहूदी इतनी बड़ी संख्या में जमा होते थे और दिन-रात हवा में गिरजों की घंटियाँ गूँजती थीं।

लेकिन तब किसने कल्पना की थी कि आज के रूस में धर्म भिक्षुओं को सचमुच, शाब्दिक-अर्थों में 'अंडर-ग्राउंड' जाकर देखने का मौक़ा मिलेगा? एक पुरानी मॉनेस्ट्री के नीचे बर्फ़ की असंख्य परतों को पार करते हुए हम उतरते गए, सबसे नीचे एक गेट दिखाई दिया, पुराने मठ का भूमिगत द्वार, जिसकी सीढ़ियाँ भिक्षुओं की कोठरियों की तरफ़ उभरती थीं। लगता था, हम एक गढ़हे के तले पर हैं और चारों तरफ़ एक भूल-भुलइयाँ फैली है, ज़मीन के नीचे धँसी हुई, दोनों तरफ़ छोटे-छोटे बक्सों-से तहख़ाने थे, जिनके भीतर भिक्षुक लेटे थे, साबूत, जीते-जागते, सम्पूर्ण मानव-शरीर, जिन्हें देखकर एक क्षण के लिए यह सोचना असम्भव लगता है कि वे महज़ कंकाल हैं, शताब्दियों से मृत और निष्प्राण; लेकिन समय ने एक भी खरोंच उनके शरीर पर नहीं छोड़ी है। नीचे का तापमान इतना कम है कि गुज़री हुई शताब्दियों ने उनकी देह को ज्यों-का-त्यों अछूता छोड़ दिया है। हमारे पीछे दर्शनार्थियों की इतनी लम्बी भीड़ थी कि हम हर 'सैल' के आगे लमहा-दो लमहा ही ठहर पाते थे, फिर आगे घसीट लिये जाते थे।

मेरे लिए यह असाधारण अनुभव था...जिन आस्थावान भिक्षुओं की देहों को प्रकृति ने सुरक्षित छोड़ दिया था, वहीं मास्को में विज्ञान की मदद से एक ऐसे राजनेता के मृत शरीर को सुरक्षित रखा गया था, जिसने हर धर्म को अन्धविश्वास माना था...विडम्बना सिर्फ़ यह थी कि उस मॉसोलियम और इस मॉनेस्ट्री, दोनों के आगे आस्थावान दर्शनार्थियों की लम्बी, अन्तहीन क़तार लगी थी...सिर्फ़ बरसों बाद भिक्षुओं की जमी देह और केमिकल्स से लिपटे लेनिन के मृत शरीर में कोई अन्तर नहीं था, दोनों ही अपने बक्सों में—आस्था और अनास्था के परे—रूस की बर्फ़ की तरह नश्वर और शाश्वत दिखाई देते थे।

रूस की सर्दियों की कितनी स्मृतियाँ हैं, बचपन में भूगोल की क्लास में हम टुंड्रा के जानवरों, स्टेपी के मैदानों, साइबेरिया की बर्फ़ के बारे में पढ़ते थे, फिर जब कुछ बड़े हुए तो भूगोल का स्थान पुश्किन ने ले लिया, मुझे अभी तक याद है, जब पहली बार मैंने उनकी वह लम्बी, मर्मान्तक प्रेम-कविता 'यूजिन ओनेजिन' पढ़ी थी...किताब में एक वुडकट तसवीर थी, लैम्प के नीचे तान्या पत्र लिख रही है और खिड़की के बाहर बर्फ़ गिर रही है...फिर धीरे-धीरे पुश्किन को छोड़कर हम पीटर्सबर्ग की 'सफ़ेद रातों' में चले आए, जहाँ दोस्तोएव्स्की के अभिशाप्त पात्र पुलों के पास नीचे झाँकते हुए दिखाई दे जाते थे। तब मुझे सीज़र पावेस का यह वाक्य याद हो आता था, जो उन्होंने अपनी डायरी में लिखा था : "हम हर चीज़ को दूसरी बार देखते हैं," और इसमें बड़ा सच है क्योंकि जिसे हम असली मानो में 'देखना' कहते हैं, उसे पहली बार हम बचपन की किताबों और दिवास्वप्नों में पहले से ही स्मृति में सँभाल रखते हैं...

यही कभी-कभी एक अजीब जादुई चमत्कार जान पड़ता है...लेनिनग्राड में जब एक रात मैं नेवा के पुल के पास खड़ा था और नीचे उतनी ही सफ़ेद बर्फ़ थी, जितनी गर्मियों की सफ़ेद रातें होती हैं तो मुझे लगा, एक लड़की पुल के दूसरे छोर पर खड़ी है और जब वह ज़रा नीचे झुकती है, कूदने के एक क्षण पहले हिचकिचाती हुई तो अचानक मुझे पुल के आर-पार एक अजीब हँसी सुनाई देती है और तब मैं एक क्षण के लिए निर्णय नहीं कर पाता; यह 'हँसी' पहली बार मैंने काम्यू के अन्तिम उपन्यास में सुनी थी, जो एमस्टरडम के बारे में था या पुल पर झुकी वह लड़की पीटर्सबर्ग की 'सफ़ेद रातों से बाहर आई थी, जिसे दोस्तोएव्स्की ने ऐन आत्महत्या की घड़ी में देखा था?

रूस ही शायद ऐसा देश है जहाँ हमारी अपनी ज़िन्दगी, पुराने पढ़े उपन्यास और इतिहास की मौजूदा घड़ी आपस में ऐसा उलझ जाते हैं, जिन्हें एक-दूसरे से अलग करना असम्भव है।

मौजूदा घड़ी का अनुभव उसी दिन होगा, जिस दिन हम भिक्षुओं के 'मृत आवास' से लौटेंगे, इसकी कल्पना किसी ने नहीं की थी। वह कीव का उतना ही भव्य और भयावह होटल था, जैसे हमारे यहाँ 'पंच नक्षत्रीय' होटल होते हैं। वह शहर की ऊँची हथेली पर टिका था, जहाँ से शहर की छतें और गिरजों की बुर्जियाँ दिखाई देती थीं। खिड़की के बाहर एक अवसन्न पीली दुपहर थी, न रोशनी, न अँधेरा, अप्रैल के महीने का अन्त था, किन्तु वसन्त के आसार कहीं दिखाई नहीं देते थे।

मॉनेस्ट्री से लौटने के बाद सिर्फ़ अपने होटल के कमरे में सोने की इच्छा थी, किन्तु न ठीक से नींद आई, न बाहर बर्फ़ गिरना बन्द हुई।

मैं शायद ऊँघ रहा हूँगा, जब बाहर दरवाज़े पर दस्तक सुनाई दी। मैं हड़बड़ाकर उठा तो देहरी पर एवा दिखाई दी। उसके पीछे मराठी कवि दिलीप चित्रे और कन्नड़ कथाकार अन्नतमूर्ति भी थे। हम सब एक साथ ही आए थे।

"खाने के लिए नहीं आएँगे?" एवा ने कहा और भीतर चली आई। उसे मालूम था, हम इतनी जल्दी नीचे नहीं उतरनेवाले, जब कभी बाहर जाने का प्रोग्राम नहीं होता था तो हम होटल के कमरे में बैठकर ही शाम गुज़ारना पसन्द करते थे। हमने अपनी कोन्याक बाहर निकाली जो हम मास्को से साथ लाए थे, ऐसे मौक़ों पर एवा भी हमारा साथ देती थी। उसका लड़का मास्को में अपने सौतेले पिता, एवा के दूसरे पति के साथ रहता था। कभी-कभी बातचीत के दौरान वह पुराने दिनों के संस्मरण सुनाया करती थी, दूसरी लड़ाई का ज़माना था, जब वह स्वयं छोटी बच्ची थी।

"जहाँ अब आप बैठे हैं, वह सब खँडहर थे...कीव से मास्को तक शरणार्थियों की क़तार बराबर चलती रहती थी।"

"तुम उन दिनों कहाँ थीं?"

"अपनी दादी के गाँव में...उन दिनों खाने की इतनी कमी थी कि हमारी दादी आधी रोटी हमें देती थी, बाक़ी रोटी छिपाकर अपने एप्रन में रखे रहती थीं...अजीब बात यह थी कि हमें अपनी हालत इतनी बुरी नहीं लगती थी...उलटे हमें इंग्लैंड और अमेरिका के बच्चों पर दया आती थी।"

"उन पर कैसी दया?" मैंने कुछ आश्चर्य से पूछा।

एवा मुस्कराने लगी, "आपको यह परीक्षा जान पड़ेगी, लेकिन भूखे लोगों पर भी प्रोपेगैंडा का कितना असर होता है, इसकी कल्पना आप नहीं कर सकते। हमारे यहाँ खाने की कमी क्यों न हो, प्रचार की कमी नहीं थी। उन दिनों सोवियत सरकार छोटी-छोटी पुस्तिकाएँ निकाला करती थीं। उनमें यह दिखाया जाता था कि कैसे पूँजीवादी देशों के बच्चे भूख से मर रहे हैं।

मुझे अब भी एक तसवीर याद है, एक सोवियत जहाज़ इंग्लैंड की किसी बन्दरगाह पर खड़ा है और कुछ सोवियत सेलर नंगे-भूखे बच्चों को अपने जहाज़ से फल और चाकलेट निकालकर बाँट रहे हैं।"

"तुम लोग इन बातों पर विश्वास कर लेते थे?"

"क्यों नहीं! क्या आज भी हमें नहीं बताया जाता कि सोवियत सेनाएँ अफ़ग़ानिस्तान को बचाने भेजी गई हैं?"

उन दिनों अफ़ग़ानिस्तान को लेकर एक अदृश्य-सी तनातनी फैली थी, सच्ची ख़बरें पता नहीं चलती थीं, इसलिए हवा में अफ़वाहें उड़ती रहती थीं। दुकानों में पहले भी चीज़ों का तोड़ा रहता था, अब स्थिति और ख़राब हो गई थी। एवा ने हाल की ही एक घटना बताई, जब स्कूल जाते हुए उसके लड़के ने देखा कि एक दुकान में साबुन मिल रहा है। उसके पास इतने पैसे नहीं थे कि क्यू में खड़ा हो सके। उसने माँ को फ़ोन किया। किन्तु जब तक एवा पैसे लेकर आई, सारा साबुन ख़त्म हो चुका था। सिर्फ़ दुकान के फ़र्श पर चूरा पड़ा था, जिसे लोग अपने थैलों में बटोर रहे थे, "कभी-कभी यहाँ टायलेट पेपर या टूथपेस्ट-जैसी चीज़ों के लिए भी क्यू लग जाती है...सच बात यह है कि हम लोग हर रोज़ इस तरह चीज़ें ख़रीदने निकलते हैं, जैसे आदिम युग में लोग शिकार के लिए निकलते थे। कभी शिकार हाथ लग जाता है, कभी ख़ाली हाथ लौटना पड़ता है। मैं तो जिस दुकान के आगे क्यू देखती हूँ, वहीं खड़ी हो जाती हूँ; कुछ-न-कुछ तो हाथ लगेगा ही...हज़ारों लोग इसी तरह अपने दफ़्तर या फैक्टरी से छुट्टी लेकर दुकानों की क्यू में खड़े रहते हैं, यदि कोई दुर्लभ चीज़ हाथ लग जाती है तो वह आदमी एक हीरो की तरह घर लौटता है!"

हम बैठे रहते हैं, सुनते रहते हैं, बातचीत और कोन्याक की गरमाई में समय का पता नहीं चलता। अचानक एवा उठ खड़ी हुई, खाने का आदेश दिया और हम स्कूल के बच्चों की तरह उसके पीछे लाइन बनाकर नीचे रेस्तराँ में चले आए।

रेस्तराँ में काफ़ी भीड़ थी, बड़ी मुश्किल से एक मेज़ ख़ाली मिली। चारों तरफ़ जगमगाती रोशनियों, भोजन की सुगंध और शराब की बोतलों के बीच हम यह भूल गए कि उसी दिन सुबह हम बर्फ़ में ठिठुरते हुए मॉनेस्ट्री के नीचे मृत भिक्षुओं को देखने गए थे। सबको भूख लगी थी और पास के मेज़ों पर वेटर जो एक के बाद दूसरी प्लेटें ला रहे थे, उसे देखकर यातना कुछ और बढ़ जाती थी।

हमारी मेज़ सबसे ज़्यादा उपेक्षित थी। बहुत देर तक हम अपने इशारों के बावजूद किसी वेटर की आँख नहीं पकड़ पाए। आख़िर एवा किसी तरह एक वेटरेस को पास बुलाने में सफल हुई। वह एक लम्बी लड़की थी और काफ़ी तुनुकमिज़ाज-सी दिखाई देती थी। लगता था, हमारे पास आने में उसे ज़रा भी ख़ुशी नहीं हुई है। 'क्या चाहिए?' उसने हमसे पूछा और एवा ने उसे मीनू पर वे सब चीज़ें बता दीं, जो हमने चुनी थीं कुछ देर बाद वह वापस लौटी और मीनू मेज़ पर रखकर एवा से कुछ कहा, एवा ने उत्तर में कुछ कहा, लेकिन लड़की निरासक्त-सी होकर सिर हिलाती रही। आख़िर एवा ने कुछ निराश होकर हमें देखा, 'यह कहती है, आपने जो कुछ मँगवाया है, वह सब ख़त्म हो गया, सिर्फ़ एक-दो चीज़ें बची हैं, जो हम मँगवा सकते हैं।' मैं इतनी लम्बी प्रतीक्षा से तंग आ गया था, कि वह जो कुछ भी ले आती, लंगर का प्रसाद समझकर खा लेता, किन्तु मेरे मित्र दिलीप चित्रे कवि ही नहीं, पत्रकार भी हैं, उनकी आँखों से कुछ भी नहीं बच सकता था। उन्होंने एवा को बताया कि जो खाना हमने मँगवाया था, बिलकुल वही दूसरी मेज़ के मेहमानों को परोसा जा रहा है। फिर ख़त्म कैसे हो गया? जब एवा ने यही बात अनुवाद करके वेटरेस से कही तो वह भभक पड़ी, उसने कुछ खीजकर एवा से कहा और एवा ने उत्तर में कुछ उससे कहा...हमें यह तेज़ वार्तालाप कुछ समझ में नहीं आया, सिर्फ़ यह देखने में आया कि एवा की आवाज़ बुरी तरह काँप रही है और वेटरेस मीनू पटककर भुनभुनाती हुई चली गई है।

"आपने जो खाना है, खाइए...मैं अपने कमरे में जाती हूँ," एवा ने कहा।

"लेकिन बात क्या हुई?" दिलीप ने पूछा।

एवा सुन्न बैठी थी और उसकी आँखों में आँसू झर-झर बह रहे थे।

"बात क्या हुई?" हमने दुबारा पूछा। लोग हमारी मेज़ की ओर देख रहे थे।

"दूसरे होटलों में ऐसा होता है, लेकिन आपके साथ?"

हम सचमुच अपराधी-से दीख रहे थे, "क्या कह रही थी?" दिलीप ने पूछा।

एवा को शान्त होने में कुछ देर लगी, रूमाल से आँख पोंछी, फिर अपने स्वर को साधने की कोशिश की।

"वही बात जो आपने कही थी, मैंने वेटरेस से कही...अगर दूसरों को वही खाना मिल रहा है तो इन्हें क्यों नहीं मिल सकता? कहने लगी, तुम तो इस देश की रहनेवाली हो, तुम्हें नहीं मालूम, यह खाना सिर्फ़ सफ़ेद लोगों के लिए है..."

इस बार हमारे सुन्न होने की बारी थी।

"क्या यहाँ भी सफ़ेद और काले में भेद बरता जाता है?"

इस बार एवा हमारे भोलेपन पर मुस्कराने लगी, "नहीं, नहीं, यहाँ यह सिर्फ़ व्यंग्य में कहा जाता है—सफ़ेद लोग वे माने जाते हैं, जो पार्टी या सरकार के ऊँचे अधिकारी हैं, बाक़ी लोग 'कालों' की श्रेणी में गिने जाते हैं।"

"हम तो वैसे भी काले और ऐसे भी..." मैंने कहा।

लेकिन दिलीप को यह हँसने की बात नहीं लगी। उन्होंने इसे हम सबका अपमान समझा (जो ठीक भी था)। वह उठ खड़े हुए और एवा से कहा कि हमें मैनेजर के पास जाकर सारी बात कहनी चाहिए।

पूरा रेस्तराँ पार करके हम काउंटर पर पहुँचे, जहाँ एक स्थूलकाय,

किसाननुमा, यूक्रेनियन महला बैठी थी, वह मैनेजर थी। एवा ने उत्तेजित स्वर में हमारी व्यथा सुनाई, शायद यह भी बताया कि हम कितने 'पहुँचे' हुए लोग हैं। बेचारी महिला कुछ सहम-सी गई। अपनी टूटी अंग्रेज़ी में उन्होंने कहा, "माफ़ कीजिए, वेटरेस ने कुछ और समझा होगा!"

"क्या समझा होगा?"

"उसे नहीं मालूम था कि आप विदेशी हैं।"

"क्या हम यूक्रेनियन दिखाई देते हैं?" दिलीप ने कहा।

वह हँसने लगी और साथ में हम भी।

"आप जाकर बैठिए, आपने जो ऑर्डर दिया था, वही आपको मिल जाएगा," उसने कहा।

हम वापस अपनी मेज़ पर लौट आए, कुछ देर बाद हमें सब वही मिल गया, जो हमने मँगवाया था। हम 'गोरों' की गिनती में आ गए थे।

लेकिन ड्रामे का अन्तिम सीन अभी बाक़ी था।

भोजन के बाद हम आराम से कॉफ़ी पीने लगे। इस बीच एवा को याद आया कि उसके कुछ सम्बन्धी कीव में हैं, जिनसे वह फ़ोन पर बात करना चाहती थी। वह होटल के रिसेप्शन-हॉल में चली गई, जहाँ टेलीफ़ोन-बूथ था। हम कुछ देर तक उसकी प्रतीक्षा करते रहे, जब वह नहीं लौटी तो हमें किसी नई आशंका ने पकड़ लिया—कहीं इस बीच कोई और घटना तो नहीं हो गई? हम रेस्तराँ के बाहर आए और कुछ बेचैनी से एवा को ढूँढ़ने लगे। अचानक हमने देखा, टेलीफ़ोन के पीछे एवा उसी वेटरेस के पास खड़ी है, जिसके साथ अभी कुछ देर पहले उसका झगड़ा हुआ था। लेकिन आश्चर्य यह था कि अब एवा नहीं, वह लड़की फ़ोन बूथ पर सिर टिकाकर रो रही थी।

हमें देखकर एवा भागती हुई हमारे पास आई। क्या कोई नया झगड़ा हुआ? लेकिन उसकी आँखें ख़ामोश थीं, जैसी कि हर विपत्ति में हमने रूसी आँखों को ख़ामोश पाया था।

"इस लड़की का भाई जाता रहा," एवा ने धीरे-से कहा।

"लेकिन कुछ देर पहले तक..."

"अभी-अभी मास्को से फ़ोन आया है...वह अफ़ग़ानिस्तान में था।" हम खड़े रहे, लड़की चुपचाप रो रही थी, सत्य से ज़्यादा विचित्र अफ़वाह और क्या हो सकती है?

कभी-कभी भ्रम होता कि हम मार्क्सवादी देश में नहीं, माया के लीला-जगत् में विचर रहे हैं, कौन-सी सीमा पर कल्पना-लोक शुरू होता है, यथार्थ की बाउंडरी ख़त्म होती है, कहना असम्भव था। यह माया-संसार अनेक स्तरों पर संचारित होता है। एक तरफ़ पूँजीवादी देशों की घोर-घोर निन्दा, दूसरी तरफ़ इन्हीं देशों की चीज़ों के लिए पागल-सी होड़। लेनिनग्राड की सड़कों पर चलते हुए हमेशा कुछ युवक पीछे लग जाते थे, "क्या आप डॉलर एक्सचेंज करवाएँगे?" साधारण दुकान में चीज़ें मुश्किल से मिलती थीं, लेकिन ऐसी दुकानें भी थीं, जिनमें वोदका, चॉकलेट, तरह-तरह की 'शराबें' और फल आसानी से उपलब्ध हो जाते थे—यदि उन्हें ख़रीदने के लिए डॉलर हों। समाजवादी देश में हर जगह रूबल का यथार्थ डॉलर की माया के आगे नतमस्तक दिखाई देता था...कुछ ऐसा लगता था कि 'समाजवादी यथार्थवाद' का सिक्का सिर्फ़ साहित्य में ही चलता है, बाहर की दुनिया में उसका कोई मूल्य नहीं।

लेकिन साहित्य कहीं-न-कहीं मायालोक को उखाड़ देता है—समस्त बन्धनों और दबावों के बावजूद—क्या इसीलिए किताबों की दुकानों में इतनी भीड़ दिखाई देती है? लगता है, हम पुस्तकों की दुकान में नहीं,

किसी चलते-फिरते मेले से गुज़र रहे हों। इतने पाठक, ज्ञान के जिज्ञासु शायद ही किसी देश में दिखाई दें। यह शायद रूसी संस्कार हैं, जो पीढ़ी-दर-पीढ़ी चला आता है, इसीलिए पुराने ज़माने में ज़ार जिस तरह लेखकों से भयभीत रहते थे, उसी तरह आज की सोवियत सत्ता कलम के जादू से संत्रस्त दिखाई देती है। क्या है यह जादू जिसके रहते बावेल और मेंडलश्टॉम को साइबेरिया में मरना पड़ा, बोरिस पास्तरनाक को बरसों चुप्पी में जीना पड़ा, सोल्ज़ेनित्सिन को ज़ोर-ज़बरदस्ती देश-निकाला देना पड़ा? क्या किसी रूसी लेखक से मिलकर हम इस रहस्य की थाह पा सकेंगे—कोई भी लेखक नहीं, लेखक संघ के कर्मचारी या अकादमी के सुविधाजीवी साहित्यकार नहीं—कोई ऐसा लेखक जो सत्ता और सुविधा के घेरे से बाहर—अपने अकेले, निजी यथार्थ में जीता हो? दिलीप ने अपनी डायरी में एक ऐसे लेनिनग्राड-निवासी कवि का पता नोट कर रखा था, जिनकी कुछ कविताएँ उन्होंने अंग्रेज़ी अनुवाद में पढ़ी थीं। हमारे सौभाग्य और एवा की मदद से उनका सुराग पता चलाते देर नहीं लगी और एक शाम वह हमारे होटल में आने के लिए राज़ी भी हो गए।

उस शाम हमने अपने होटल के कमरे में जो भी चीज़ें बाज़ार से हासिल की जा सकती थीं—चीज़, सलामी, वाइन—उन सबको मेज़ पर लगा दिया। प्रकाशनगृहों और लेखक संघ के औपचारिक वातावरण में अनेक लेखकों से मिलने का मौक़ा मिला था, किन्तु अपने 'घर' में चाहे वह होटल क्यों न हो, एक जीते-जागते युवा सोवियत कवि से मिलने का यह पहला अवसर था। हम सब थोड़ा-बहुत आशंकित और उत्तेजित थे।

वह आए लेकिन अकेले नहीं, एक महिला-मित्र उनके साथ थीं। बातचीत कुछ मुश्किल से शुरू हुई, दिलीप ने उन्हें बताया कि पहली बार उनकी कविताएँ उन्होंने पेंगुइन के संकलन में पढ़ी थीं।

वह यह जानकर काफ़ी ख़ुश हुए कि हिन्दुस्तानी लेखक येवतेशेंको औ वॉजनेसेंस्की के अलावा भी ऐसे सोवियत कवियों से परिचित हैं, जिन्हें पश्चिम में ज़्यादा लोग नहीं जानते। उन्होंने कुछ अमेरिकी, अंग्रेज़ी अनुवादकों का नाम बताया, जिनसे मैं और दिलीप ओयोवा में मिले थे। साहित्य का असर रहा हो या शराब का, कुछ ही देर में बातचीत चल निकली। ज़्यादा बातचीत दिलीप कर रहे थे इसलिए मैं ध्यान से रूदिन और उनकी मित्र को देखने लगा।

नहीं, उनका असली नाम रूदिन नहीं था, किन्तु वह तुर्गनेव के उपन्यास के एक जीवित पात्र दिखाई देते थे—मृदु, शालीन और शान्त। उम्र पैंतालीस-चालीस से ज़्यादा नहीं थी, लेकिन आँखों के नीचे झुर्रियों का जाल था और आँखें, चेहरे की मृदुता को झुठलाती हुई कुछ अजीब ढंग से इंटेंस और ज़्वरग्रस्त दिखाई देती थीं। जब वह बोलते थे या किसी प्रश्न का उत्तर देते थे, तो बार-बार अपने साथ बैठी महिला को देखने लगते थे और वह उन्हें सिर हिलाकर प्रोत्साहित करती रहती थी...कुछ देर में हम यह भी भूल गए थे कि किस भाषा में बातचीत हो रही है, उन्हें शायद थोड़ी-बहुत अंग्रेज़ी आती थी किन्तु कभी-कभी भ्रम होता था कि हम बातें कर रहे हैं और एवा अनुवाद का काम भूलकर सिर्फ़ हमें सुन रही है।

बातों में ही पता चला कि उनके तीन कविता-संग्रह प्रकाशित हो चुके हैं, किन्तु किसी संग्रह की एक भी प्रति दुकान में उपलब्ध नहीं है।

"क्या कविता-संग्रह इतनी जल्दी बिक जाते हैं?"

"कुछ कवियों के...जिन्हें लोग पढ़ना चाहते हैं, उनकी किताबें आसानी से मिलती नहीं..."

"फिर नया संस्करण नहीं छपता?"

"जल्दी नहीं...वैसे भी छपने में काफ़ी झँझटें पड़ती हैं।"

"कैसी झंझटें?"

वह कुछ सोचने लगे, फिर थोड़ा-सा मुस्कराए, "बीच में कई मंज़िलें पार करनी पड़ती हैं, अगर आप कहीं दुर्भाग्यवश बीच में अटक गए, तो कई वर्ष लग सकते हैं...सोल्ज़ेनित्सिन और पास्तरनाक ऐसे ही बीच में फँस गए थे और कभी बाहर नहीं निकल सके।"

"लेकिन अगर एडिटर को कविताएँ पसन्द हैं, तो क्या बाधा है?"

"सिर्फ़ एक एडिटर की पसन्द-नापसन्द काफ़ी नहीं है...हमारे यहाँ पूरी मशीन है, नीचे से ऊपर तक, अगर कविता के एडिटर ने आपकी पुस्तक एप्रूव कर दी तो वह फिर जनरल एडिटर के पास जाएगी, उसके बाद लेखक संघ के अधिकारी...सबसे अन्त में यदि सब कुछ ठीक हो भी जाए तो कोई गारंटी नहीं कि आपकी पुस्तक छप जाएगी...हो सकता है, सिक्योरिटी पुलिस के अधिकारी उसे पसन्द न करें..."

"सिक्योरिटी पुलिस? लेकिन उन्हें कविता के बारे में क्या मालूम?"

रूदिन ने झूठे आश्चर्य से हमें देखा, "नहीं...नहीं...उन्हें सब कुछ मालूम रहता है।"

"और यदि वह भी पसन्द कर लें..."

"तो फिर वह पांडुलिपि मास्को जाएगी, और फिर उसे वही मंज़िलें पार करनी होंगी जो उसने यहाँ की हैं।" उनके स्वर में कोई शिकायत नहीं थी, वह जैसे हमें एक ठंडा, कोरा तथ्य बता रहे हों, जिसके वह मुद्दत से आदी हो चुके थे, किन्तु फिर उनके चेहरे की उदास, असामयिक झुर्रियों को देखकर लगा कि कुछ तकलीफ़ें अपना इतिहास शिकवों में नहीं, आँखों के आसपास अंकित कर जाती हैं!

"हमें बताया गया कि काम्यू और काफ़्का की पुस्तकें भी आपके यहाँ प्रकाशित हुई हैं...क्या यह सच है?"

"हाँ, सच है!" पहली बार वह महिला बोलीं और हम कुछ चौंक-से गए। उनकी आवाज़ ऊँची थी, लेकिन वह मुस्करा रही थीं, "छपी ज़रूर हैं, लेकिन मिलती नहीं।"

"कैसे?" मैंने पूछा।

इस बार वह काफ़ी देर तक बोलती रहीं, शुद्ध रूसी में...हमने एवा को देखा, "वह कह रही है कि कुछ लेखकों को सिर्फ़ नाम के तौर पर प्रकाशित किया जाता है, किन्तु उनका प्रिंट-ऑर्डर माँग को देखते हुए बहुत कम होता है। दुकानदार अक्सर ऐसी किताबों को 'दुर्लभ' मानकर अपने सगे-सम्बन्धियों के लिए रख लेते हैं...बाक़ी प्रतियाँ छोटे क़स्बाती शहरों में भेज दी जाती हैं जहाँ लोगों को ऐसी किताबों में दिलचस्पी नहीं...इसलिए कभी-कभी ऐसी हालत हो जाती है कि वे किताबें जो मास्को या लेनिनग्राड की दुकानों में ढूँढ़े नहीं मिलती, वही दूर-दराज़ के गाँवों में बेकार पड़ी रहती हैं...ऐसा सिर्फ़ काफ़्का या काम्यू की किताबों के साथ नहीं, अनेक रूसी लेखकों की पुस्तकों के साथ भी होता है... मारिना स्वेतायोवा और मेंडलश्टाम के संकलन प्रकाशित हुए हैं, किन्तु उन्हें प्राप्त करना लगभग असम्भव है।"

"और वे लेखक जो बाहर चले गए हैं...सोल्ज़ेनित्सिन, बूनिन, रेमीज़ोव?"

रूदिन ने हताशा से सिर हिलाया, एक लम्बी, थकी-सी साँस ली, "बाहर जाने से कोई समस्या हल नहीं होती।"

"लेकिन यदि कोई लेखक कुछ भी प्रकाशित न कर सके?"

"तो भी क्या? सोल्ज़ेनित्सिन यहाँ रहते तो ज़्यादा असर पड़ सकता था।"

"लेकिन वह अपनी इच्छा से कहाँ गए?"

"उन्हें कोशिश करनी चाहिए थी..."

शायद वह ठीक कहते थे। कौन रूसी लेखक अपने देश को छोड़कर जाना चाहता है? बोरिस पास्तरनाक ने तो नोबल पुरस्कार लेना भी अस्वीकार कर दिया था, क्योंकि उन्हें डर था कि ऐसा करने से उन्हें अपने देश में नहीं रहने दिया जाएगा...कोशिश! लेकिन किस

सीमा के बाद हर कोशिश दीवार से सिर फोड़ना नहीं होगा, इसका निर्णय कौन करेगा?

कुछ देर हम चुपचाप पीते रहे। मुझे लगा, हम कोई सौ साल पहले के रूस में बैठे प्राणी हों—सर्दी की ठिठुरती रात में ज़िन्दगी का अर्थ टोहते हुए...।

"आप कभी देश के बाहर नहीं गए?" मैंने पूछा।

"नहीं, कभी नहीं," उन्होंने सिर हिलाया।

"अगर आपको बाहर जाने का मौक़ा मिले तो?"

"नहीं, नहीं..." उनके स्वर में एक गहरा संकल्प था, "मैं अपने को इस नगर से अलग नहीं देख सकता!"

उनकी सूनी आँखें होटल की खिड़की पर ठहर गईं। पर्दों के पीछे लेनिनग्राड पर बर्फ़ गिर रही थी, रात की चिरन्तन शान्ति में चुपचाप। "एक लेखक की ज़िन्दगी..." उन्होंने कहा, "वह और लोगों की तरह है। फ़र्क़ सिर्फ़ इतना है, लोग कुछ और सुनते हैं, वह कुछ और सुनता है..."

वह उठ खड़े हुए, हाथ मिलाया और फिर अचानक कुछ सोचकर हमें बारी-बारी से बाँहों में लपेट लिया।

वे दोनों रात की बर्फ़ में ओझल हो गए, लेकिन मैं कुछ देर होटल के पोर्च में खड़ा रहा। मुझे वह रात याद हो आई, जब हम मोस्कवा नदी के पीछे गिरजे में गए थे। लौटते हुए हमें लेनिन हिल दिखाई दी जहाँ बर्फ़ से ढली ढलान नीचे चली गई थी। एवा ने हमें बताया कि इसी हिल को देखकर चेख़ॅव ने वह स्मरणीय कहानी लिखी थी...। एक लड़की अपने मित्र के साथ उस ढलान पर स्की करने आती थी,

लड़का हमेशा चुप रहता था, लेकिन जब वे दोनों तेज़ी से स्कीस पर नीचे उतरते थे तो लड़की को सरसराती हवा में एक आवाज़ सुनाई देती थी, 'मैं तुमसे प्रेम करता हूँ'—लेकिन नीचे उतरकर उसे पता नहीं चलता था कि ये शब्द नीचे उतरते हुए लड़के ने उससे कहे हैं या यह महज़ उसके दिल का भ्रम है, जो सरसराती हवा में गूँजता है...?

क्या एक क्रान्ति की ट्रेजेडी भी यह नहीं है—लोग कुछ और चाहते हैं, इतिहास कुछ और कहता है, हम कुछ और सुनते हैं?

क्यों भारतीय संस्कृति को जीवित रखना ज़रूरी है?

देश-विभाजन के समय जो हिन्दू-मुस्लिम दंगे हुए थे, उनकी जड़ में पाकिस्तान की स्थापना थी, वह सिर्फ़ भूगोल का बँटवारा नहीं था, बल्कि एक ऐसी परम्परागत जीवन-शैली का कृत्रिम और अस्वाभाविक बँटवारा था, जिसके घातक परिणामों की परिकल्पना सिवाय गांधीजी को छोड़कर न कांग्रेस, न मुस्लिम लीग के नेता, न शायद अंग्रेज़ी सरकार कर सकती थी। वे दंगे एक अस्वाभाविक और अनैतिक प्रक्रिया के स्वाभाविक और अनिवार्य परिणाम थे। इतिहास में जब कोई प्रक्रिया अस्वाभाविक होती है, तो स्पष्ट ही उसके पीछे ऐसी शक्तियों का निहित स्वार्थ रहता है, जो मनुष्य को उसके सहज स्वभाव से हटाकर, स्खलित कर एक बाहरी छद्म लक्ष्य की ओर आकृष्ट करे—इस लक्ष्य को एक जाति का 'आदर्श' बनाकर प्रस्तुत कर सके। हिटलर के लिए यह 'लक्ष्य' जर्मनी से यहूदियों का सफाया करना था; मुहम्मद अली जिन्ना के लिए

यही लक्ष्य पाकिस्तान के 'आदर्श' में निहित था। इस कृत्रिम आदर्श को सच बनाने का सिर्फ़ एक ही उपाय है—मनुष्य में जो स्वाभाविक रूप से सच है—प्रेम, आत्मीयता, वफ़ादारी का भाव—उसे किसी भी तरीक़े से कृत्रिम और झूठा बनाया जा सके। इसके लिए सबसे सक्षम—और सबसे आदिम, प्रिमिटिव—शस्त्र है, मनुष्य के सहज, स्वभावगत लगावों और निष्ठाओं को शोषित और भ्रष्ट करना। फासीवाद जिस तरह एक व्यक्ति की सहज राष्ट्रीय भावना का भ्रष्ट रूप है, वैसे ही साम्प्रदायिकता मनुष्य की सहज धार्मिक भावना का विकृत और विद्रूप संस्करण। जिस तरह हर झूठ को विश्वसनीय बनाने के लिए उसमें सत्य का एक अंश मिलना ज़रूरी होता है, उसी तरह फासीवाद को सच बनाने के लिए राष्ट्रीयता का तत्त्व, कम्यूनिज़्म की बर्बरता को विश्वसनीय बनाने के लिए मानवीय समता का स्वप्न और हमारे देश में साम्प्रदायिकता को कारगर बनाने के लिए धर्म की परम्परागत भावना का बराबर दुरुपयोग और शोषण होता रहा है। यह इसलिए ज़रूरी है, क्योंकि इसके बिना मनुष्य को अपने स्वभाव के विरुद्ध यहूदियों, हिन्दुओं, सिखों और मुसलमानों को मारने, लूटने, उन्मूलित करने के लिए बाध्य नहीं किया जा सकता। इसीलिए भिंडराँवाले के लिए यह ज़रूरी था कि वह अपनी साम्प्रदायिक घृणा को स्वर्णमन्दिर की पवित्र आड़ में प्रतिपादित कर सके—स्वर्णमन्दिर, जो हमारी उच्चतम धार्मिक भावनाओं का प्रतीक है। सत्य को प्रचारित करने के लिए कभी झूठ का सहारा नहीं लेना पड़ता, किन्तु झूठ अपने को विश्वसनीय बनाने के लिए हमेशा सत्य का आश्रय ढूँढ़ता है।

जब तक हम आधुनिक युग की 'झूठे सच' की अद्‌भुत जादुई तर्क-प्रणाली को नहीं समझेंगे, तब तक पिछले दो वर्षों में पंजाब में जो हत्याकांड हुए और हाल में दिल्ली में जो बीभत्स शर्मनाक घटनाएँ हुईं, उनका रहस्य नहीं जान पाएँगे।

हिन्दुस्तान में धर्मावलम्बन है, जो सहज रूप से लोगों की जीवन-मर्यादा में रसा-बसा है। हमें उसे छद्म, साम्प्रदायिकता से अलग करना होगा, जो असहज है और बाहर से आरोपित की जाती है। इस दृष्टि से भारतीय चरित्र के लिए 'धर्मनिरपेक्षता' या 'सेक्यूलरिज़्म' भी असहज और आरोपित है। यह बात विरोधाभास जान पड़े—किन्तु सच है—कि एक धर्मावलम्बी भारतीय के लिए धर्म को सम्प्रदाय में संकुचित करना उतना ही अस्वाभाविक है, जितना धर्म के प्रति निरपेक्ष रहना; साम्प्रदायिकता और सेक्यूलरिज़्म, दोनों ही सहज धार्मिक मर्यादा के अपदस्थ और अवमूल्यित रूप हैं, जिनका भारतीय संस्कृति की धार्मिक मनीषा से कोई सम्बन्ध नहीं। यदि हमारे देश के हिन्दू इस मनीषा के अधिक निकट रहे हैं, तो इसलिए कि उन पर कभी ईसाइयों, सिखों और मुसलमानों की तरह किसी विशिष्ट धर्म-प्रतिष्ठान का प्रभुत्व नहीं रहा। किन्तु दूसरा बड़ा कारण यह भी रहा है कि पिछले सौ-डेढ़ सौ वर्षों के दौरान रामकृष्ण परमहंस, विवेकानन्द और गांधीजी ने हिन्दू धर्म को आत्मतुष्ट संकीर्णता से उबारकर एक वृहत्तर भारतीय संस्कृति से जुड़ने के लिए उत्प्रेरित किया।

आज सिख और मुसलमान—हिन्दुओं की अपेक्षा—अपने धर्म के प्रति कहीं ज़्यादा सचेत और संवेदनशील हैं, किन्तु दूसरी तरफ़ भारतीय संस्कृति की एकता को भारत देश की भौगोलिक अखंडता से जोड़ने के लिए एक हिन्दू उनसे कहीं अधिक सतर्क और चिन्तित दिखाई देता है। जब एक सिख या मुसलमान अपने उदात्त धार्मिक—भाईचारे के आदर्श से स्खलित होता है, तो उसका महज़ रुझान प्रतिष्ठानगत संकीर्णता की ओर होता है, जब एक हिन्दू अपनी समग्र धार्मिक-सांस्कृतिक चेतना से नीचे गिरता है, तो सम्प्रदायवादी होने के बजाय वह केवल 'आत्मरिक्त' हो पाता है, क्योंकि उसका धर्म उसके 'आत्मन' में ही निहित है—बाहर किसी धर्म-प्रतिष्ठान में नहीं। जो चीज़ हिन्दुओं को संस्कृति के क्षेत्र में

उदार बनाती है, वही चीज़ उन्हें कभी-कभी दूसरे धर्मों के प्रति उदासीन भी, जो चीज़ सिखों को प्रतिष्ठान-केन्द्रित होने के नाते सहज रूप से धर्मावलम्बी बनाती है, वही उन्हें दर्प और अभिमान के क्षणों में कभी-कभी भारतीय संस्कृति की समग्रता के प्रति पराया बनाती है, जिसके बीच उनका जन्म हुआ है। स्वर्णमन्दिर में भारतीय सेना के प्रवेश के औचित्य या अनौचित्य पर यहाँ बहस करना अप्रासंगिक है, किन्तु एक साधारण सिख के हृदय में उसके कारण जो क्लेश हुआ, मुझे नहीं लगता, किसी हिन्दू को उतना क्लेश होता, यदि उसके मन्दिर में इस तरह की कोई सैनिक कार्रवाई की जाती। किन्तु यह भी सच है कि शायद ही कोई हिन्दू अपने धार्मिक स्थान का चुपचाप राजनीतिक रूप से दुरुपयोग होते देखता, जैसा कि अधिकांश सिखों ने अपने गुरुद्वारों का होने दिया।

पंजाब में भिंडराँवाले और उसके गुट की सबसे बड़ी असफलता यही थी कि वे अपनी आतंकवादी कार्रवाइयों के बावजूद सिखों को अपने धर्म के उदात्त आदर्शों से स्खलित नहीं कर पाए। यही कारण है कि समस्त धमकियों और प्रलोभन के बावजूद पंजाब में हिन्दू-सिख दंगे नहीं हो सके। दंगों के पीछे हमेशा दो भावनाएँ एक साथ रहती हैं, दूसरों से भय और भय से उपजी घृणा। पंजाब में घृणा का पूरा अभाव था और यदि भय था तो सिखों और हिन्दुओं के बीच पारस्परिक भय नहीं, बल्कि दोनों का भिंडराँवाले और उनके मुट्ठी-भर आतंकवादियों से भय। अन्त में यह भय ही विनाशकारी सिद्ध हुआ। यदि हिन्दू और सिख, दोनों ही अपने भय पर विजय प्राप्त कर एक निडर, निर्भीक नीति अपना पाते, तो न आतंकवादी धर्म की क़िलेबन्दी के भीतर अपने को अपराजेय मानते, न ही अकाली दल और दिल्ली की शासन-सत्ता इस भय को आधार बनाकर अपनी सत्ता की शतरंज खेल पाते।

हम अक्सर अल्पसंख्यक या बहुसंख्यक साम्प्रदायिकता की बात करते हैं। मुझे यह बात ही सारहीन लगती है। प्रश्न सम्प्रदायों

की छोटी-बड़ी संख्या का नहीं, बल्कि छोटे-बड़े सम्प्रदायों से मिली एक ऐसी धर्मसम्पन्न संस्कृति का है, जिसमें सिख, हिन्दू, मुसलमान ही नहीं, हज़ारों-लाखों आदिवासी भी रहते हैं। ये सब सम्प्रदाय और जातियाँ हज़ारों वर्षों से एक विशिष्ट भौगोलिक परिवेश में रहते आए हैं; सिर्फ़ रहते नहीं आए—बल्कि इन्होंने एक-दूसरे के जातीय, धार्मिक और सामाजिक चरित्र को लेन-देन के सहिष्णु व्यवहार से अद्‌भुत रूप से समृद्ध बनाया है। यदि भारत की भौगोलिक अखंडता के प्रति मेरा इतना गहरा लगाव है, जो वह महज़ देशभक्ति या राष्ट्रीय भावना के कारण नहीं, बल्कि इसलिए कि बिना इस भौगोलिक परिवेश के यह बहुजातीय विविधधर्मा संस्कृति असम्भव होती, जिसे हम 'भारत' का नाम देते हैं। आज जब दूसरे देशों में धर्म के 'फंडामेंटलिज़्म' के जोश में एक इस्लामी देश ईरान में मुसलमानों का ही संहार होता है, कम्यूनिस्ट देशों में केन्द्रीय सत्ता छोटे-छोटे राष्ट्रों की संस्कृति और भाषा को नष्ट करती है, पश्चिमी देशों ने जहाँ उन्नीसवीं शताब्दी में अफ्रीकी, एशियाई संस्कृतियों को भ्रष्ट किया है—वहाँ आज भी एक 'पिछड़ा हुआ देश' है, जिसके भौगोलिक परिवेश में अनेक धर्मावलम्बी, आदिवासी, सम्प्रदाय और भाषाएँ एक साथ जीवित रह सकती हैं—मेरे लिए यह एक अनमोल और मूल्यवान सत्य है। चूँकि इस परिवेश में हिन्दू बहुसंख्यक हैं, तो क्या इस सत्य की रक्षा करना केवल हिन्दुओं का कर्तव्य है? यह प्रश्न हर अल्पसंख्यक जाति को अपने से पूछना होगा। किन्तु एक दूसरा प्रश्न भी है—इन अल्पसंख्यक जातियों को यदि इस देश में तनिक मात्र भी भय या अवमानना या अपमान या अपनी जातीय अस्मिता के नष्ट होने का ख़तरा उत्पन्न हो जाता है, तो क्या इस भौगोलिक परिवेश की सांस्कृतिक पवित्रता बची रहेगी? और इस प्रश्न का उत्तर हर हिन्दू को देना होगा।

ऊपर मैंने हिन्दुओं की आत्मरिक्ति की बात कही है। यह स्थिति है, जब मनुष्य धार्मिक आस्था की बात तो दूर, किसी भी मर्मशील,

जीवनदायी प्राणदान मूल्य से ख़ाली हो जाता है। एक साम्प्रदायिक व्यक्ति में धार्मिक आस्था फिर भी मौजूद रहती है, चाहे अपने भ्रष्ट, संकीर्ण, विकृत रूप से ही सही, किन्तु एक आस्थाहीन व्यक्ति के लिए 'असाम्प्रदायिक' बनना बहुत आसान है, क्योंकि उसमें धार्मिकता का यह भरा-पूरा मानसिक परिवेश ही ग़ायब है, जो बुरे क्षणों में साम्प्रदायिकता को जन्म देता है। इसलिए जब उत्तरी भारत का कोई मध्यवर्गीय हिन्दू अपने को सिखों या मुसलमानों की अपेक्षा अधिक धर्मनिरपेक्ष कहता है, तो इसलिए कि उसने जीवन में धर्म के मूल्य और गरिमा को जाना ही नहीं—वह असल में धर्मनिरपेक्ष नहीं, उन सब मानवीय, आस्थावान, जीवनदायी मूल्यों के प्रति निरपेक्ष है, जिनसे धार्मिक आस्था बनती है। जिस तरह धर्म का निकृष्ट रूप संकीर्ण साम्प्रदायिकता है, उसी तरह धर्मनिरपेक्षता का विकृत रूप है—सनकी, स्वार्थपरक मूल्यहीनता। पिछले तीस वर्षों में भारत में जिस भौतिक, परजीवी, आधुनिक जीवनशैली का विकास हुआ है, उसी के भीतर साम्प्रदायिक असहिष्णुता और धर्मनिरपेक्षी भौतिकता के विषैले तत्त्व जन्मे और पनपे हैं।

क्या दोनों के सचित्र प्रमाण हमें पंजाब की हत्याओं और दिल्ली के दंगों में नहीं दिखाई देते? विभाजन के समय जो हिन्दू-मुस्लिम मारकाट हुई थी, उनके पीछे एक ठोस ऐतिहासिक पीठिका थी। वे एक भयानक राष्ट्रीय ट्रेजेडी के परिणाम थे। हिंसा तब भी थी, तब भी वह अक्षम्य थी, किन्तु उस हिंसा के पीछे गहरी, घायल, आहत, प्रतिहिंसात्मक भावनाएँ थीं—मानवीय भावनाएँ अमानवीय कृत्यों को जन्म देती हुई—घृणा, प्रतिहिंसा, आक्रोश, अन्धी पीड़ा, बदला लेने की संहारात्मक इच्छा—ये भावनाएँ ग़लत, अनुचित, अनैतिक होते हुए भी 'मानवीय' थीं, क्योंकि उनके पीछे लाखों लोगों की व्यक्तिगत जातीय ट्रेजेडी दबी थी। वह साम्प्रदायिकता ग़लत होते हुए भी ख़ून और दिल और दु:ख से उत्पन्न हुई थी।

पंजाब में निहत्थे निर्दोष हिन्दुओं और निरंकारियों की हत्याओं के पीछे कौन-सी पीड़ा, कौन-सा नरसंहार, ट्रेजेडी छिपी थी? ये हत्याएँ साम्प्रदायिक भी नहीं कही जा सकतीं, क्योंकि इनमें धर्म की विकृत भावना नहीं, लोलुप सत्ता की सेक्यूलर महत्त्वाकांक्षा थी। खालिस्तान की माँग और आतंकवादी हत्याएँ धर्म की भावना से बिलकुल शून्य थीं, धर्म के नाम पर वे स्वार्थपरक सत्ता की ग़ुलामी करती थीं। सत्ता की सहायक आधुनिक टेक्नोलॉजी होती है, मोटरसाइकिलों पर बैठकर बन्दूक़ों से गोली चलाना, आतंकवादियों ने यह विधि सिख धर्म ग्रंथों से नहीं, आधुनिक यूरोप की विकसित और आक्रामक टेक्नोलॉजी से प्राप्त की थी—न निहत्थों पर गोली चलाना वीरता की निशानी थी, न हत्या करके गुरुद्वारों में छिप जाना किसी साहस का सबूत; इन जघन्य और कायर कार्रवाइयों की अन्तिम परिणति इन्दिरा गांधी की नृशंस हत्या में हुई; यह हत्या प्रधानमंत्री के सिख अंगरक्षकों द्वारा हुई, जिन पर वह विश्वास करती थीं। इतिहास की विडम्बना देखिए, दो शताब्दियों पहले गुरु गोविन्द सिंह की क्रूर हत्या एक ऐसे मुसलमान ने की थी, जिन पर वह भी विश्वास करते थे। मैं बरसों से इन्दिरा गांधी की नीतियों से असहमत रहा हूँ, किन्तु जिस स्थिति में उनकी हत्या हुई, उसके भीषण परिणामों की कल्पना करना असम्भव है।

एक भीषण परिणाम हमने हाल में देखा—दिल्ली के दंगों में। दिल्ली के दंगे हिन्दुओं के आक्रोश की ही अभिव्यक्ति होते, तो भी उन्हें समझा जा सकता था। किन्तु इन्दिरा गांधी की दुखद हत्या का फ़ायदा उठाकर जिस पैमाने पर सिखों की दुकानों, मकानों को जलाया गया, उनके कारख़ानों को लूटा गया, वह उस भौतिक लिप्सा, मानसिक छिछोरेपन और हिन्दुओं की गहरी आत्मरिक्ति का जीता-जागता प्रमाण है, जिसका ज़िक्र मैंने ऊपर किया था। यदि पंजाब में हिन्दुओं की हत्याओं के पीछे धार्मिक शून्यता और कायरता थी, तो दिल्ली के दंगे हिन्दुओं की उस

'धर्मनिरपेक्ष' और आक्रामक मानसिकता की निशानी थे, जो न इन्दिरा गांधी के प्रति प्रेम, न अपने देश की संस्कृति की अखंडता को बचाने की चिन्ता से उत्पन्न हुए थे। निहत्थे सिख भाइयों को मारना, गुरुद्वारों को जलाना, दुकानों का माल लूटकर अपने घर ले जाना—ये आज के दंगों के नये, लिप्सा-लोलुप बर्बरता के भौतिक आयाम हैं, जिनका धर्म, देश और संस्कृति से कुछ लेना-देना नहीं।

किन्तु हिंसा और कायरता के पाँव नहीं होते, इन दंगों को भी आसानी से रोका जा सकता था, यदि पुलिस और प्रशासन के अधिकारी अपनी अक्षम्य निष्क्रियता का परिचय न देते।

आज हमारे चारों ओर शून्य है। कुछ ऐसा लगता है कि जो शून्य हम अपने भीतर बरसों से छिपाते आए थे, वह आज हमसे बाहर छिटककर चारों तरफ़ हवा में, सड़कों पर, एक-दूसरे के रिश्तों में आकर बस गया है। पंजाब में अलगाव और असहिष्णुता की भावनाएँ, इन्दिरा गांधी की हत्या, दिल्ली के दंगे—ये भी शून्य को भरने के रास्ते हैं। ऐसे रास्ते, जो एक दिन भारतीय समाज और संस्कृति, उसके समूचे भौगोलिक परिवेश को खंडित और विशृंखलित कर देंगे। पिछले हज़ारों वर्षों के दौरान अनेक धर्म, जातियाँ और संस्कृतियाँ नष्ट हुई हैं—यदि भारतीय संस्कृति को अपनी वर्तमान आत्मशून्यता के कारण मरना ही है, तो क्या उसे बचाना ज़रूरी है? इस प्रश्न का उत्तर इस देश के हर नागरिक, धर्मावलम्बी और निवासी को देना होगा। यदि उत्तर देते समय उन्हें एक क्षण के लिए भी यह लगता हो कि कृष्ण, बुद्ध, नानक, कबीर, परमहंस और गांधी की इस संस्कृति में सचमुच कुछ ऐसा है, जो अनमोल है, दुनिया में अन्यत्र कहीं दुर्लभ है, जो हज़ारों वर्ष पुरानी—किन्तु हमेशा शाश्वत—अन्तर्दृष्टियों की वाहक है, तो उसे अक्षुण्ण और अखंडित रखने का कर्तव्य हर उस भारतीय का हो जाता है, जो अपने व्यक्तित्व और धर्म की नियति इस देश के साथ जुड़ा देता है। आत्मशून्य को भरने का यह भी एक रास्ता है।

क्या आज संकट की इस घड़ी में हम इसे वरण करने का साहस जुटा पाएँगे? क्या हम अपने शासक, सत्ताधारियों और विपक्षी दलों को यह सोचने पर मजबूर करेंगे कि इस रास्ते के अलावा आज बाक़ी सब रास्ते आत्मघात की ओर जाते हैं?

एक पुरानी कहानी याद आती है—एक शिशु और दो झगड़ती माँओं की कहानी, दोनों को यह दावा है कि वह ही शिशु की असली माँ हैं। सम्राट् सोलोमन का फ़ैसला यह है कि शिशु को दो हिस्सों में काटकर दोनों को ही बाँट दिया जाए। आज देखना है कि फ़ैसले के विरोध में असली माँ की पीड़ा किसकी आत्मा से बाहर निकलती है—सिख, हिन्दू या मुसलमान की आत्मा से या वह प्रेम और पीड़ा में घुली-मिली सचमुच एक सामूहिक चीख़ होगी, जिसमें असली या नक़ली का भेद करना असम्भव होगा?

रास्ते पर

अभी उपन्यास लिखते हुए—आधे वाक्य के बीच—मेरी नज़र डायरी पर पड़ गई। एक अजीब-सा सुख और कृतज्ञता का भाव उमग आया। यह डायरी मेरी कितनी यात्राओं और यातनाओं में साथ रही है; पिछले कई दिनों से मैंने इसे छुआ भी नहीं, फिर भी आँखों के सामने पड़ते ही एक आत्मीय, अवसाद-भरा रिश्ता जग जाता है; कौन कहता है, अचर चीज़ें अजीवन्त होती हैं। हमारी पुरानी कॉपियाँ, टाइमपीस, फ़ाउंटेनपेन, ग्रामोफ़ोन—हमारी ऐश-ट्रे और पुराना स्वेटर—इन सबके भीतर उनकी वफ़ादारी एक स्नेह-सिक्त दीये-सी जलती रहती है। वे अपने अकेलेपन को हम पर शहीद कर देती हैं ताकि उनके साथ रहकर हम सुरक्षित महसूस कर सकें।

जब मैं गांधीजी के बारे में सोचता हूँ, तो कौन-सी चीज़ सबसे पहले ध्यान में आती है? लौ-जैसी कोई चीज़—अँधेरे में सफ़ेद, न्यूनतम जगह घेरती हुई, पतली, निष्कम्प और पूरी तरह से स्थिर प्रतिज्ञ; फिर भी जलती हुई, इतनी स्थिर, कि वह जल रही है, इसका पता नहीं चलता। मोमबत्ती जलती है—लेकिन लौ? मैं जब कभी उनका चित्र देखता हूँ तो मुझे अपनी हर चीज़ भारी और बोझ लदी जान पड़ती है—अपने कपड़े, अपने देह की मांस-मज्जा, अपनी आत्मा भी और सबसे ज़्यादा—अपना अब तक का सब लिखा हुआ।

इसके साथ याद आता है गोएटे का कथन, जो उन्होंने आइकरमान से कहा था, "हर स्थिति—नहीं, हर क्षण—अनमोल है; वह समूचे शाश्वत का परिचय देता है।"

गांधीजी इससे ज़रूर सहमत होते—दरअसल यह उनके जीवन की परिभाषा थी।

एक लम्बे अरसे से अवाँगार्द कला के प्रति मेरे भीतर एक गहरी विरक्ति-सी जम गई है; हमेशा आगे चलना ही महत्त्वपूर्ण दिशा में चलना नहीं होता; और कला में 'आगे' क्या होता है, यह उससे कहीं ज़्यादा सन्दिग्ध है, जिसे हम इतिहास में 'विकासमान' कहते हैं। किन्तु अवाँगार्द की आलोचना करते समय मैं अक्सर उस जोखिम के बारे में भूल जाता था, जिसे—आज नहीं—चालीस वर्ष पूर्व अमेरिकी कलाकारों ने उठाया था। उन दिनों के बारे में आज एक बहुत सुन्दर चीज़ डिसेंट में पढ़ी। जॉन एगबरी लिखते हैं :

उन दिनों (1950) की अवाँगार्द कला मुझे सचमुच बहुत उत्तेजित करती थी। कलाकार को प्रयोग करते समय यह महसूस होता था कि

वह किसी अथाह अँधेरे गड़हे के धुर किनारे पर खड़ा है। दूसरे शब्दों में—यदि वह लगी-बँधी लीक से थोड़ा भी अलग होना चाहता था, तो उसे अपने जीवन को—कलाकार की हैसियत से अपने जीवन को—मुट्ठी में भींचकर चलना होगा। पोलोक-जैसे चित्रकार को अपना सर्वस्व इस दाँव पर लगाना पड़ा होगा कि वह अमेरिका का सबसे महान् चित्रकार है, क्योंकि अगर वह यह नहीं है, तो वह कुछ भी नहीं है—तब उसके चित्र पर पड़े छींटे महज़ घर पर सफ़ेदी करनेवाले एक अदक्ष राजगीर के छींटों से ज़्यादा मतलब नहीं रखेंगे। पोलोक को कभी-कभी यह आशंका ज़रूर कचोटती होगी कि शायद वह कलाकार है ही नहीं कि उसने अपनी सारी ज़िन्दगी, (जैसा एक बार फ्लॉबेयर ने ज़ोला के बारे में कहा था) "कला के ग़लत रास्ते पर घिसटते हुए गुज़ार दी," किन्तु विरोधाभास यह है कि यह आशंका ही पोलोक के चित्रों में इतनी ज़बरदस्त जीवन्तता ले आती है। वह जैसे हारने की अन्तहीन सम्भावनाओं के ख़िलाफ़ जुआ खेल रहे हों। अधिकांश दुस्साहसी कर्म किसी-न-किसी अर्थ में काफ़ी सुन्दर होते हैं और यह दुस्साहस ही है जो प्रयोगधर्मा कला को सुन्दर बनाते हैं, इसी अर्थ में धर्म भी सुन्दर होते हैं क्योंकि उनमें भी यह सम्भावना रहती है कि उनका आधार भी शायद—कुछ नहीं है।

आकाश पर छितरे हुए बादल हैं, काफ़ी सफ़ेद, कुम्हलाया हुआ दिन, एक मैले-से संताप में लिपटा हुआ...या यह महज़ मेरे मन की ही छाया है—सुबह की देह को भोंकता, चींथता अवसन्न और लुटा-पिटा अवसाद? जिन लोगों का कोई बहुत प्रिय सम्बन्धी मर जाता है या छोड़कर चला जाता है,

वे दूसरे दिन सुबह इसी तरह जागते होंगे, पहाड़-सी पीड़ा और पूरा दिन और बाक़ी ज़िन्दगी...।

"अमीर लोगों के लिए आकाश सिर्फ़ एक अतिरिक्त चीज़ है, प्रकृति का वरदान। किन्तु ग़रीब लोग आकाश को ऐसे देखते हैं, जैसा वह सचमुच में है—एक अन्तहीन और असीम कृपा का विस्तार।" (अल्बैर कामू)

कल रात उसने एक स्वप्न देखा। उसने एक ऐसा अपराध किया है, जिसके लिए उसे मृत्यु-दंड मिला है। मृत्यु फाँसी से नहीं—गला घोंटकर दी जाएगी। उसके भाई कहीं आसपास हैं। वह उसकी 'यात्रा' के लिए टिफ़न—काग़ज़ में लिपटी रोटियाँ—लेकर आए हैं। वह अपने भाई से अलग-थलग बहुत घबराया हुआ खड़ा है। घबराने की कोई बात नहीं, कोई अज्ञात व्यक्ति उससे कहता है, मरने के बाद तुम्हारी आत्मा को एक दूसरी देह में भर दिया जाएगा, जैसे किसी चीज़ को एक बर्तन से निकालकर दूसरे बर्तन में रख दिया जाता है और वहाँ तुम जीवित रहोगे। फिर अचानक वह अपने को एक लम्बे गलियारे में पाता है; वह उसमें चलता जाता है और उसके अन्तिम छोर पर जाकर देखता है कि सामने एक हरा, समतल घास का लॉन फैला है—पेड़ों की छायाओं से ढका हुआ, हालाँकि पेड़ कहीं दिखाई नहीं देते। उसे देखकर न जाने क्यों उसे वर्जीनिया वुल्फ़ की याद आती है और उसी याद के साथ एक असह्य, गहरी पीड़ा का अहसास होता है कि अब वह उस लॉन को कभी अपनी उस देह से नहीं देख सकेगा—जिसमें वह अब है—और यह ख़याल उसे इतना आतंकपूर्ण, और कष्टदायी जान पड़ता है कि—उसकी आँख खुल जाती है।

आह—यह सिर्फ़ स्वप्न था! वह राहत की साँस लेता है किन्तु जागने के बाद भी बहुत देर तक उसे यह बात अजीब लगती रहती है कि—स्वप्न में उसे एक क्षण भी अपनी आसन्न मृत्यु की अनिवार्यता पर शंका नहीं हुई थी।

जीवन में अकेलेपन की पीड़ा भोगने का क्या लाभ यदि हम अकेले में मरने का अधिकार अर्जित न कर सकें? किन्तु ऐसे भी लोग हैं जो जीवन-भर दूसरों के साथ रहने का कष्ट भोगते हैं ताकि अन्त में अकेले न मरना पड़े।

गर्मी की दुपहर : रेस्तराँ के टेरेस से पूरे दिन का सैलाब सिर-सिर करता हुआ बह रहा है। सड़क के पार पेड़ों की हिलती फुनगियाँ, मकानों की छतें, एरियल पोल! मैं धूप के फैलाव में हूँ, दो आँखें देखती हुई। यह असाधारण अनुभव है—जब चीज़ों के बीच की दीवार ढह जाती है और समूची सृष्टि दुपहर की धूप में खुलती जाती है—सबके सामने अपने को खोलती हुई, एक अखंडित, सर्वव्यापी प्रवाह, धूप में, फुनगियों पर हवा में; योगी इसी तरह देखते होंगे; लेकिन इस तरह दुनिया को देखने के लिए पत्थर की तरह निस्संग होना चाहिए—जैसे इस क्षण मैं हूँ—ख़ाली, रिक्त, सूना और हल्का—समूची पीड़ा को धूप में बदलता हुआ, धूप को अन्तहीन दुपहर में, लू में, धूल में, हिलते हुए पेड़ों में...।

सृष्टि को ऐसे क्षणों में देखना एक गोपनीय चमत्कार है, कुछ वैसे ही, जैसे जंगल में किसी जानवर को माँद में सोते हुए देखना...।

जब हम प्यार करते हैं, तो स्त्री को धीरे-धीरे उस दीवार के सहारे खड़ा कर देते हैं, जिसके पीछे मृत्यु है; हम दीवार के सहारे उसका सिर टिकाकर उसे सहलाते हैं, चूमते हैं, बातों में उसे बहलाते हैं, बराबर यह आशा लगाए रहते हैं—कि वह कहीं मुड़कर दीवार के पीछे न झाँक ले। जब हम कहानी लिखते हैं—या उपन्यास—तो एक फ़िल्म चलने लगती है—इस फ़िल्म में छूटे हुए मकान हैं और मरे हुए मित्र, बदलते हुए मौसम हैं और लड़कियाँ, खिड़कियाँ, मकड़ियाँ हैं और वे सब अपमान हैं जो हमने अकेले में सहे थे और बचपन के डर हैं और क्रूरताएँ हैं जो हमने माँ-बाप को दी थीं और माँ-बाप के चेहरे हैं, छत पर सोते हुए और छतें हैं, जुलाई की रातें हैं, रेलों की आवाज़ें हैं और हम यह एक अदृश्य स्क्रीन पर देखते रहते हैं मानो यह सब किसी दूसरे के साथ हुआ है, हमारे साथ नहीं—हम अपनी नहीं, किसी दूसरे की 'फ़िल्म' देख रहे हैं; यह 'दूसरा' ही असल में लेखक है, मैं सिर्फ़ स्क्रीन हूँ, पर्दा, दीवार,...लेकिन अँधेरे में हम साथ-साथ बैठे हैं; कभी-कभी हम दोनों एक हो जाते हैं, तब पन्ना ख़ाली पड़ा रहता है और दीवार पर कुछ भी दिखाई नहीं देता!

मरीना स्वेतायेवा का गद्य। एक फड़फड़ाती, सजीव, पारदर्शी प्राणवत्ता,

जहाँ वेदना अपना नीला जाल बुनती है; अपनी सहेली की मृत्यु पर उनका शोक एक ऐसी मर्मभेदी विलाप-कथा है, जिसका हर शब्द एक बीते हुए ज़माने के लहू-कीचड़ में सना, बिलखता हुआ बाहर निकलता है। क्या इस गद्य की तुलना किसी और से हो सकती है? हम 'काव्यात्मक गद्य' की बात कहते हैं किन्तु मारिना अकेली कवि थीं जिन्होंने कविता के जोखिम-भरे हाशिए पर अपने गद्य को गढ़ा था। कुछ इस तरह उसका कायाकल्प किया था कि जिस सत्य को आज तक हम कविता में देखते आए थे, वह अचानक गद्य के भीतर सुलगता हुआ दिखाई देता है; वह गद्य की सुरक्षित देह को घसीटते हुए कविता की अँधेरी खाई तक ले आती हैं, एक चमकती, काँपती हुई शिला पर, जो धुर रसातल (abyss) के छोर पर टिकी है; ज़रा-सा एक क़दम लेते ही वह नीचे अँधेरे में गिर सकती है, एक क़दम पीछे जाते ही वह सीधी-सपाट बन जाती है, किन्तु मारिना स्वेतायोवा इन दो क़दमों के बीच एक असह्य और असाध्य उठान पर खड़ी रहती हैं—न अपना सधापन खोती हैं, न नीचे फिसलती हैं; उनका गद्य नीचे खाई की अतल 'कविता' को खींचकर ऊपर ले आता है, जैसे कुछ देर पहले उनकी कविता गद्य को खींचकर खाई तक ले आई थी—वहीं दोनों मिलते हैं, धुर ऊपर, जहाँ चोटी पर, पहुँचते ही मेरा सिर चकराने लगता है—और मैं हताश होकर किताब पर अपना सिर टिका लेता हूँ...।

ऐसा गद्य जीवन की समग्र, संचित पीड़ा, ईमानदारी और हमदर्दी—प्रेम—ऐसा प्रेम जो असहनीय और अकथनीय है—उन सबको समेटकर कलम की नोक पर ले आता है जिस पर हर शब्द छलनी होता हुआ टपाटप ख़ून की तरह बहता—जिसे मैं सुनता हूँ—किताब पर सिर टिकाए।

और वह किताब से सिर उठाता है—क्या कोई ऊपर आ रहा है? किसी ने घंटी बजाई है? कोई सीढ़ियाँ चढ़ रहा है, तभी तो रोशनदान से उठकर कबूतर उड़ता है, क्योंकि वह तभी उड़ता है जब किसी की आहट सुनता है—कोई मित्र, कोई पत्र? हल्की-सी फुसफुसाहट, दरवाज़े पर झिझके-से पैर—नहीं, यह पड़ोस का लड़का है, जो इस छत पर अपनी गिरी हुई गेंद उठाने आया है। नहीं, कोई नहीं है। आज कोई नहीं आएगा...।

और फिर वह अपनी डेस्क पर रखी किताब पढ़ने लगता है, वहीं से, जहाँ से कबूतर की फड़फड़ाहट ने उसकी शाम को तोड़ा था।

ईसाई धर्म के एकेश्वरवाद ने अन्ततः कम्यूनिज़्म के सर्वसत्तावाद को जन्म दिया है—तानाशाही के बीज इस अन्धविश्वास में निहित हैं कि 'एक' सर्वोपरि है और वह 'एक' सिर्फ़ 'अनेक' को नष्ट करके ही स्थापित हो सकता है। यह संयोग नहीं है कि जिस धर्म में अनेक देवता पूजे जाते हैं, वहाँ लोकजीवन में भी अनेक विश्वासों को फलने-फूलने का परिवेश सुलभ होता है। यदि हम इस सत्य को पहचान पाते, तो लोकतंत्र को एक औसत वोट में अवमूल्यित न करते—क्योंकि इस सामान्य आदमी की तानाशाही उतनी ही घातक हो सकती है, जितनी एक ईश्वर की आराधना।

हमें यह नहीं भूलना चाहिए कि अतीत में जिन 'सामान्य' आदमियों ने एक ईश्वर के नाम पर जिहाद किया था, उन्हीं सामान्य आदमियों ने—हमारे समय में—हिटलर और लेनिन के नाम पर लाखों का नरसंहार किया है।

कीट्स के पत्र। कितनी ताज़ा, कितनी ख़ुशी, हरी-भरी कल्पनाशीलता की दूब और चरागाह और ओस में नहाई, धूप में चमकती विचारों की रासलीला है इन पत्रों में। उन्नीस वर्ष की आयु में—जब ये पत्र लिखे गए—उनमें कितनी गहरी सूझ-बूझ और समझ—समझ जो बौद्धिकता के बोझ से मुक्त है—किन्तु प्रखर बोध से सम्पन्न है, कितनी व्यापक सहानुभूति और उत्सुकता, विट और विनोदशीलता!...कीट्स के पत्रों को पढ़ते हुए लगता है कि हम किसी ठंडे, साफ़ पहाड़ी झरने में अपनी देह का ताप और थकान धो रहे हैं। कीट्स और शेक्सपियर में यह अद्भुत समानता है : दोनों सोचते हैं, लेकिन चिन्तक नहीं हैं, दार्शनिक नहीं हैं, लेकिन हर पल साक्षात्कार करते हैं...।

वह घर आए; कहने लगे, कहानी-संकलन में एक ख़ाली पन्ना बचा रहता है; क्या मैं पुस्तक किसी को समर्पित करना चाहूँगा?

मैं सोचने लगा; कुछ समझ में नहीं आया। पुरानी कहानियों की यह किताब किसके लिए क्या मानी रखेगी? फिर पुराने घर की याद आई—जहाँ वह रहती थीं—जहाँ ये कहानियाँ लिखी गई थीं और वह दूसरे कमरे में बैठी रहती थीं और हालाँकि घर वही है, जहाँ मैं रहता हूँ, वह चली गईं, जब मैं यहाँ नहीं था...।

मैंने अपनी पीली कवरवाली कॉपी निकाली और पूरे कोरे पन्ने पर लिख दिया : 'माँ की स्मृति में' और तब ख़ाली, शून्य सफ़ेदी पर यह वाक्य इतना ही छोटा जान पड़ा, जितना वह ख़ुद थीं। दुनिया में उनकी जगह वही थी, जैसे किताब के ख़ाली पन्ने पर उनका नाम...!

वह हर किताब का पन्ना मोड़ देता है ताकि अगली बार जब वह पढ़ना शुरू करे तो याद रहे, पिछली बार कहाँ छोड़ा था। एक दिन जब वह नहीं रहेगा, तो इन किताबों में मुड़े हुए पन्ने अपने-आप सीधे हो जाएँगे—पाठक की मुकम्मिल ज़िन्दगी को अपने अधूरेपन से ढकते हुए...।

वर्जीनिया वुल्फ़ की डायरी पढ़ते हुए जो बात एकदम आँखों को छूती है—वह है हर दिन का बदलता मौसम। डायरी के अधिकांश पन्ने मौसम से शुरू होते हैं—हवा, आकाश का रंग, पेड़ों के तेवर। लन्दन में 4 अप्रैल, 1929 के दिन क्या मौसम रहा होगा, यह हम उनकी डायरी खोलकर पता चला सकते हैं।

किन्तु हम? हम कितनी बार खिड़की से बाहर झाँककर उत्सुकता से देखते हैं—आज का दिन कैसा होगा? यह शायद हमारा दोष नहीं है—गर्मियों के दिन लगभग एक-जैसे रहते हैं—धूल से भरा अवसन्न आकाश, दुपहर की लू, शाम का उदास पीलापन...सिर्फ़ अक्टूबर के बाद दिनों के चेहरे पर थिरकन आती है। यूरोप की जलवायु में हर परिवर्तन एक साफ़ और तीखे संकेत को लेकर आता है और प्रकृति का स्वभाव कुछ इतना नाज़ुक है कि रोशनी, कम रोशनी, बादल की छाँह और पत्तों का रंग वह तुरन्त रजिस्टर कर लेता है। बरसों पहले जब मैं प्राग में था, तो पतझर में पहली बार इसका अहसास हुआ था कि हर दिन दूसरे दिन से कितना अलग हो सकता है...।

क्या यह कारण नहीं है कि हमारी कहानियों, उपन्यासों में मौसम का उल्लेख इतने उदासीन, उखड़े भाव से मिलता है, जैसे वह सिर्फ़

पृष्ठभूमि हो...एक जीता-जागता परिवेश नहीं, जिसके बीच घटनाएँ घट रही हों! पाठक को सूचना-भर मिलती है कि 'वह गर्मियों की दुपहर थी', किन्तु हिन्दुस्तानी गर्मी महज़ शब्द से उठकर कहानी के वायुमंडल में नहीं आती—अपने ताप, पसीने, प्यास और क्रूर, निर्मम तितीरेपन के साथ। अज्ञेय का 'शेखर' शायद पहला उपन्यास था जिसमें घटनाओं के सूत्र के साथ-साथ आसपास का परिवेश भी अपनी छाप छोड़ता जाता था। 'मानसबल का वक्ष, रात' बरसों पहले पढ़ा हुआ यह वाक्य आज भी मेरी नसों को झनझना जाता है।

हर रोज़ कोई मेरे भीतर कहता है, तुम मृत हो। यही एक आवाज़ है, जो मुझे विश्वास दिलाती है कि मैं अब भी जीवित हूँ।

जिस दिन मैं यह सोचकर भी लिखता रहूँगा कि इसे पढ़कर सब लोग—मेरे मित्र और हितैषी अफ़सोस करेंगे—और आलोचक हँसी उड़ाएँगे—तभी मैं सफलता के चक्कर से मुक्त होकर कुछ ऐसा लिख पाऊँगा—जिसका कोई अर्थ है।

मैं हमेशा अकेलेपन पर शोक करता रहा हूँ—लेकिन अकेलेपन का सौन्दर्य और सात्त्विक ऋजुता? इसका छोटा-सा किन्तु सम्पूर्ण अनुभव आज शाम हुआ...सर्दियों का अँधेरा और तीन तरफ़ से बन्द मेरा

कमरा—सिर्फ़ दरवाज़े के परे कुछ तारे दिखाई दे जाते हैं, बाहर बिलकुल शान्ति है और मैं प्रूस्त पढ़ रहा हूँ। न बच्चे, न गृहस्थी, न कोई मित्र—कोई नहीं। मैं और मेरी किताब; प्रूस्त के हर लम्बे वाक्य में मेरी टूटती साँसों के पैराग्राफ़ और उनके इर्द-गिर्द मँडराती भावनाओं का बवंडर जमा होता जाता है—और उसके परे कुछ नहीं, सिर्फ़...मेरी सिगरेटें; मेरी छत और किताबें...।

मैं बाहर ठहरे और सर्द अँधेरे को देखता हूँ और मुझे लगता है कि जापानी भिक्षुक ऐसे ही शान्त और ध्यानावस्थित क्षणों में अपनी कुटिया में बैठे हायकू लिखा करते होंगे...।

कितनी दुःख की बात है कि जब हम अकेले रहते हैं, तो हम उस मौक़े को खो देते हैं, जब हम तटस्थ होकर अपने छोटे-से-छोटे अनुभवों, और सेंसेशन को दर्ज कर सकते थे—आख़िर यही एक 'मुआवज़ा' है जो अकेलापन हमें दे सकता है, किन्तु हम उसकी अवहेलना करके एक अजीब-सी धुंध में चलते रहते हैं; जिनकी उदासी पर यह धुंध वैसे ही जमा होती रहती है, जैसे सर्दियों में नदी के ऊपर कुहरा...और तब मुझे लगता है कि प्रूस्त ही एकमात्र ऐसे अकेले लेखक थे जो अपनी निगाहों की नुकीली नोक से इस धुंध को क्षण-प्रतिक्षण छीलते रहते थे और उसके पीछे बिलकुल जीवन्त और जीवित अवस्थाओं को पकड़ लेते थे, उन्हें अपनी कॉपी पर चिपकाते थे—जैसे वे जीवित और फड़फड़ाती तितलियाँ हों—लेकिन उसका स्पर्श इतना पैना और निर्मम होने के बावजूद इतना हल्का था कि वे हूबहू अपनी उड़ान के साथ उनके पन्ने पर आकर बैठ जाती थीं, अपने सजीव और विविध रंगों के साथ; कहीं भी उनके

पंखों पर कलम की खरोंच नहीं दिखाई देती, जिनकी नोक पर प्रूस्त ने उन्हें पकड़ा था!

जब हम अपने अतीत के बारे में सोचते हैं, तो अविश्वसनीय क़िस्म की हैरानी होती है कि हम ऐसी मूर्खतापूर्ण ग़लतियाँ कैसे कर सकते थे, जिन्हें हम आज इतनी सफ़ाई से देख सकते हैं—हम अपनी आज की नियति को कितनी आसानी से टाल सकते थे—एक चिट्ठी भेजकर, फ़ोन पर कुछ शब्द कहकर, दूसरे शहर जाकर—लेकिन हमने ऐसा कुछ नहीं किया—मानो इन दिनों हम किसी स्वप्न-सरीखी धुंध में चल रहे थे—किसी तर्कपूर्ण निर्णय के परे—जहाँ हमारा कोई बस नहीं था...।

विडम्बना यह है कि आज जो मैं तर्क और चेतना की रोशनी में रहा हूँ—वर्षों बाद यह भी एक धुँधला स्वप्न जान पड़ेगा, और आज जो मैं निर्णय ले रहा हूँ—वे तब—भविष्य में—उतने ही मूर्खतापूर्ण जान पड़ेंगे, जितना अतीत में किये हुए बाक़ी सब फ़ैसले...।

मैंने अरसा पहले दिल्ली के चिड़ियाघर के एक पिंजरे में चीते को देखा था। लगभग सौ गज़ लम्बा पिंजरा था, जिसमें वह घूम रहा था, एक तरफ़ से दूसरी तरफ़ और फिर वापस—वहीं—जहाँ से उसने दौड़ शुरू की थी। वह न चल रहा था, न भाग रहा था—सिर्फ़ एक बिजली थी, जो पिंजरे के एक छोर से दूसरे छोर तक लपलपाती हुई कौंध जाती थी।

वह पिंजरे को नहीं समझ पा रहा था, न आसपास की दुनिया को, न मुझे जो उसे देख रहा था। उसकी बेचैनी अन्तहीन थी। एक अन्धी हताश, बेकाबू विक्षिप्त आँधी में वह जैसे अपनी खोई हुई प्रकृति के ख़ज़ाने को ढूँढ़ रहा हो...।

धीरे-धीरे वह मेरी आँखों से ओझल हो गया और उसकी जगह मुझे अपना कमरा दिखाई दिया, जहाँ पिछले बीस वर्षों से मैं वैसे ही घूम रहा था, जैसे उस दिन मैंने चिड़ियाघर में चीते को देखा था...।

जब रात को नींद नहीं आती और जीने की पीड़ा असह्य हो जाती है, तो मैं आशवित्स (कांसन्ट्रेशन-कैम्प) के बारे में सोचने लगता हूँ—यहूदी बच्चियों की चप्पलें और लड़कियों के कटे हुए बालों का ढेर...बंगाल के अकाल के बारे में, जब मैं बहुत छोटा था, किन्तु अख़बार की तसवीर में एक मरी हुई माँ के स्तनों को चूसती हुई बच्ची को देखा था, सोवियत लेबर कैम्प में मेंडलश्टाम की हड्डियों का ढाँचा और भोपाल में मरी हुई एक मुसलमान बच्ची, जो गाय की लोथ के साथ लेटी है—कितना अजीब है! इन सब दृश्यों को देखकर मेरा इंसोमनिया दूर होने लगता है और मैं दूसरे की व्यथा के सिरहाने सिर टिकाकर सोने लगता हूँ...।

जब पहली बार मनुष्य बाहरी अन्तरिक्ष में गया था, तो उसने कैमरा से हमारी धरती की तसवीर ली थी। समूचे स्पेस के अन्तहीन फैलाव में—

एक छोटी-सी दुनिया—लाखों वर्षों से पागल की तरह चक्कर लगाती हुई; विश्वास नहीं होता था, कि सौरमंडल के लाखों-करोड़ों ग्रहों में यह एक बूँद-सरीखा बिन्दु है जिसमें मैं रहता हूँ...।

अपनी धरती को बाहर से देखना—उसे देखकर हमें अपने दुःख, शिकायतें, पीड़ाएँ—कितने क्षुद्र जान पड़ते हैं! पहली बार महसूस होता है कि हमारा अकेलापन—अन्तरिक्ष में घूमती इस धरती के अथाह अकेलेपन से छिटककर हममें आ टपका है, जिसके कारण वह अन्तरिक्ष में उतनी ही अकेली है, जितना हम—इस दुनिया में।

मैंने बहुत अरसे तक धरती की इस गोल बिन्दी का फ़ोटो अपनी दीवार से चिपकाए रखा था—जब मुझे किसी बात पर गहरा क्लेश होता था—तो उसे देखकर वह अपने-आप लुप्त हो जाता था। ख़ाली स्पेस में घूमती हुई वह धरती मुझे उतनी ही शान्ति देती थी, जितनी एक संत की निर्वैयक्तिक ध्यानावस्थित अवस्था...।

मेरे लिए—कौन महान् लेखक है? वह लेखक, जो हमें तर्क और चेतना के अन्तिम बॉर्डर पर ले जाता है, जिसके परे पागलपन शुरू होता है। एक महान् कलाकृति वह पासपोर्ट है, जो हमें उस बॉर्डर को लाँघने की सुविधा देता है—किन्तु एक बार उस प्रदेश में आकर जब हम पीछे मुड़कर देखते हैं—तो हमें पता चलता है—कि पागलपन का प्रदेश वह नहीं है जहाँ कलाकृति के दरवाज़े से प्रवेश किया है बल्कि वह था, जिसे हम अभी-अभी लाँघकर आए हैं...।

जब हमारा कोई आत्मीय-सम्बन्ध टूट जाता है तो असह्य पीड़ा के क्षणों में हम अपने को यह दिलासा देते हैं—कि एक स्वप्न था और अब हम पहली बार जाग्रतावस्था में अपने को देख रहे हैं...किन्तु जब हम दुबारा प्रेम करने लगते हैं...तो पता चलता है, कि जब हम जागे थे, तो इसलिए कि दूसरा व्यक्ति हमारा स्वप्न छोड़कर अपने यथार्थ में चला गया है—और हम बत्ती बुझाकर नये सिरे से दूसरा स्वप्न देखने लगते हैं...।

जिसे हम जाग्रतावस्था कहते हैं—वे सिर्फ़ पीड़ा के क्षण हैं—दो प्रेम-स्वप्नों के बीच।

जिन्हें हम अपने जीवन के 'सृजनात्मक क्षण' कहते हैं, वे घोर कृतघ्नता के क्षण हैं—वे चाहे प्रेम के हों या लेखन के...।

जब हम किसी ऐसे व्यक्ति के साथ होते हैं, जिससे हम प्रेम करते हैं, तो सहसा एक अद्‌भुत और असाधारण इमोशन की प्रतीति होती है, जिसके रहते वह सम्बन्ध और भी अधिक गाढ़ा, और भी अधिक सम्पूर्ण जान पड़ने लगता है...किन्तु तब हम यह भूल जाते हैं कि यह इमोशन उस अनुभव की मात्र छाया है, जिससे पहली बार हमारा साक्षात्कार एक अन्य व्यक्ति के प्रेम से उपजा था, जो अब नहीं है...।

यह कुछ वैसी ही कृतघ्नता है, जैसे किसी शाम किसी संगीतकार का रिकॉर्ड सुनते हुए हम इतने डूब जाते हैं, अभिभूत हो जाते हैं कि मन के भीतर एक असम्भव और पागल-सी आकांक्षा होती है—कि जो हम रिकॉर्ड को सुनते हुए महसूस कर रहे हैं, क्या कभी अपने लेखन में ला सकते हैं?

फिर बहुत-से बरस बीत जाते हैं, और किसी शाम, अनजाने शहर में कोई कहानी लिखते समय एक ऐसा चमत्कारिक संयोग होता है—कि वही अनुभव जो उस शाम हमें हुआ था—ख़ुद-ब-ख़ुद अपने अँधेरे, विस्मृत कोने से सरककर हमारे शब्दों में आ जाता है, किन्तु तब लिखते समय, न हमें वह शाम याद आती है, न अपना अकेला कमरा, न उस रिकॉर्ड का दर्द...।

असली संत और सम्पूर्ण क्रान्तिकारी सिर्फ़ वही लोग हो सकते हैं, जो माँ के पेट से निकलते ही चारों तरफ़ दुनिया को देखते होंगे, और घोर निराशा में चीख़ मारकर रोते होंगे...।

क्योंकि हर बच्चा पैदा होते ही चीख़ता है—संत और क्रान्तिकारी बनने की सम्भावनाएँ हर व्यक्ति में मौजूद रहती हैं...।

परसों शाम हम पुराना क़िला के सामने छोटी, सँकरी झील के आगे बैठे रहे; पीछे मोटर-गाड़ियों का शोर यहाँ तक आते-आते बिलकुल धीमा पड़ जाता था—और ऐसा भ्रम होता था—कि हम दिल्ली में नहीं, किसी और समय और शहर में बैठे हैं। थोड़ी दूर पर पुरुष-स्त्री के जोड़े बैठे दिखाई दे जाते थे। पुराने क़िले की भग्न और टूटी दीवारों के भीतर मेरे अतीत की कितनी परतें जमा हैं, एक के ऊपर टिकी हुई—आदिम युग के फ़ॉसिल इसी तरह अलग-अलग युगों के कंकालों से बनते होंगे—

ऊपर से देखने पर एक चट्टान, भीतर लाखों वर्ष की हड्डियाँ, एक समय को दूसरे समय से जोड़ती हुई...।

अब उसकी दीवारों पर सर्दियों की धूप चमक रही थी। शायद यही दिन थे जब बरसों पहले इन टूटी प्राचीरों के बीच घूमते हुए पहली बार 'पत्थर और बहता पानी' का ख़याल आया था। हम जब कोई अपना पुराना निबन्ध या कहानी पढ़ते हैं, तो वह जगह, वह 'साइट' याद आ जाती है, जहाँ पहली बार उसका बीज उगा था; किन्तु कभी-कभी किसी 'जगह' को देखकर भी अपना पुराना लिखा हुआ याद आता है—जैसे किसी खोए हुए व्यक्ति को देखकर अपना पुराना दु:ख—और तब पता चलता है कि मरने से पहले हमने अपनी ज़िन्दगी का कितना हिस्सा—जीते-जी—किन-किन अजीब जगहों और व्यक्तियों में दफ़ना दिया है—उन यहूदी बन्दियों की तरह—जो नात्सी अफ़सरों के आदेश पर—मरने से पहले अपनी क़ब्र ख़ुद तैयार किया करते थे...।

आज सुबह ही एकरमान की 'गोएटे से बातचीत' पढ़कर समाप्त की; यह किताब मैं धीरे-धीरे पिछले वर्षों से पढ़ता रहा हूँ, किन्तु आज अन्तिम पन्ने को पढ़ते ही बरबस मेरी आँखें गीली हो आईं, जैसे कोई बहुत आत्मीय व्यक्ति हर शाम मुझसे बातें करने आता था और अब कभी नहीं आएगा! अन्तिम पृष्ठ गोएटे का अन्तिम दिन भी है; जब एकरमान उनकी मृत्यु की ख़बर सुनकर उस कक्ष में गए, जहाँ उनका शव रखा था, तो लिखते हैं : "मेरे सामने उनकी पूरी देह लेटी थी—अपने पूरे सौन्दर्य के साथ। उसे देखकर मेरे भीतर इतना गहरा उल्लास उमड़

आया कि एक क्षण के लिए मैं भूल गया कि उनकी अमर आत्मा हमेशा के लिए उसे छोड़कर चली गई है। मैंने उनके दिल पर हाथ रखा—वहाँ गहरी ख़ामोशी थी—मैंने अपना सिर मोड़ लिया ताकि अपने दबे हुए आँसुओं को बेरोक-टोक बहने दूँ।"

यह अजीब है, हमारे सपनों में वही चेहरे दिखाई देते हैं, जो कभी बहुत पास थे, किन्तु जो अपने को दिन के उजाले में छिपाए रखते हैं। वे सिर्फ़ नींद की ओट में ही हमारी पीड़ा को लाँघकर सामने आते हैं।

किन्तु जिन लोगों की पीड़ा हम दिन में भोगते हैं, वे सपनों में कहीं नहीं दिखाई देते—जैसे ताज़े घावों से उन्हें कोई वास्ता नहीं...! अगर रात और दिन इतनी सहानुभूति से हमारे दु:खों को आपस में न बाँट लेते, तो हमारा जीना असम्भव हो जाता।

हर लेखक पर अपने पूर्ववर्ती लेखकों का प्रभाव पड़ता है—कोई शब्द, किसी कविता की पंक्ति, कोई पुरानी पढ़ी हुई कहानी—अलग-अलग दिशाओं से आती अनुगूँजें एक अनूठे रचना-अनुभव में दूसरा जन्म ले लेती हैं—उस बच्चे की तरह, जिसकी चाल पिता की याद दिलाती है, हँसी बूढ़ी दादी की, ग़ुस्सा उन बुआ का, जो बरसों पहले मर गईं और दम्भ किसी परदादे का जो आधी शताब्दी पहले किसी शहर के थानेदार थे और कभी-कभी एक अजीब तरह की उदासी जो सिर्फ़

विधवा मौसी में ही पाई जाती थी। बच्चे ने उन सबको नहीं देखा—किन्तु वे सब उसमें मौजूद हैं और चमत्कार यह है कि उसका जीवन अपना है और उसमें वह बिलकुल अकेला है—एक कलाकृति की तरह!

सतपुड़ा के पहाड़ उदास दिखाई देते हैं—जैसे छोड़े हुए घर! हज़ारों वर्ष पहले उनकी कन्दराओं में लोग रहते थे, जो पता नहीं, कहाँ चले गए?

हिमालय अपनी विराटता में अछूते और अलंघ्य जान पड़ते हैं, किन्तु आज हज़ारों पर्वतारोही उनकी पवित्रता को रौंदकर विजय-मुद्रा में लौट आते हैं...।

मनुष्य आज जैसा है, उसे देखकर सतपुड़ा की पहाड़ियाँ ज़रूर अपने भाग्य पर ईर्ष्या करती होंगी।

फ्लॉबे कहा करते थे कि वह एक ऐसा उपन्यास लिखना चाहते हैं, जिसमें कुछ न हो रहा हो, कुछ न घट रहा हो...।

यह भी आकांक्षा हो सकती है कि कोई कुछ ऐसा उपन्यास लिखे, जिसमें सब कुछ घट रहा है, सब कुछ हो रहा है—लेकिन जिसका अर्थ शून्य में निहित है, ज्ञान के परे है...।

बौद्ध धर्म शून्य के इर्द-गिर्द दुनिया रचता है—उपनिषद-दर्शन आत्म के इर्द-गिर्द माया-संसार।

एक लेखक आत्म से शुरू करके शून्य की ओर जा सकता है, किन्तु जो अपने को शून्य-से-शून्य करता है, उसे 'आत्म' तक पहुँचने के लिए अपनी समूची संस्कृति को बदलना होगा—वरना वह सिर्फ़ प्रयोगशील लेखक बनकर रह जाएगा...।

यह अकारण नहीं कि बौद्ध धर्म 'सुधारवादी' था, हिन्दू दर्शन नहीं। सुधार की बात अलग रही, वह धर्म भी नहीं बन सका। यह भी अकारण नहीं कि पश्चिम के बुद्धिजीवी हिन्दू दर्शन की अपेक्षा बौद्ध धर्म की ओर अधिक आकर्षित होते हैं—अपने को शून्य में समाहित करना उतना कठिन नहीं, जितना माया के बीच अपने 'आत्म' से साक्षात्कार करना।

उपन्यास लिखना एक तरह से आँख-मिचौनी का खेल है—किन्तु उसके नियम उस खेल से बिलकुल उलटे हैं, जो हम बचपन में खेलते थे; लिखते हुए हम घंटों इधर-उधर भटकते रहते हैं। जो ढूँढ़ रहे हैं, वह कहीं दिखाई नहीं देता; फिर अचानक वह किसी झाड़ी की ओट में, किसी चट्टान के पीछे बैठा दिखाई दे जाता है, किन्तु यह वह नहीं है जिसे हम ढूँढ़ रहे थे। यह वह है, जो हमारी तलाश में बैठा था...।

पुराने शहर पुराने घरों की तरह होते हैं। पुराने क़िले में वह ज़ीना दिखाई देता है, जहाँ हुमायूँ सीढ़ी से फिसलकर गिरे थे; यह वह ज़ीना है, जिसके नीचे सर्दियों की धूप में बाबू बैठा करते थे। यह वह सड़क है, जिस पर दारा शिकोह को अन्तिम दिन इतनी भीड़ के बीच बेइज़्ज़त करके घुमाया गया था—और उनके मित्र रो रहे थे। यह गली का वह लैम्प-पोस्ट है, जहाँ मैं अपने मित्रों के साथ घंटों बातें किया करता था और यह वह खिड़की है, जहाँ से मेरी बहन बाहर झाँका करती थी,

और यह वह झरोखे हैं, जहाँ से जहानआरा जमना को देखती थीं—जो हमेशा बहती रहती थीं...। हम उसी जमना में नहाकर—वापस लौटते हुए सारा परिवार दरीबा जाता था—सुबह की ताज़ा बेड़वियाँ खाने...।

वही घर, वही क़िले, वही पुरानी धूप, वही जमना...दुनिया कितनी पुरानी है—लाखों लोग जो कभी जीवित थे, हँसते-बोलते थे, छिपकर प्रेम करते थे, जंगल में चले जाते थे—आज कहीं नहीं हैं। लेकिन जब मैं लोगों को देखता हूँ, तो उनमें कोई थकान नज़र नहीं आती—जैसे वे पहली बार जी रहे हों...! सिर्फ़ गर्मी की किसी दुपहर—जब मैं बाहर देखता हूँ, सूनी गली और पीले आकाश को—तो दुनिया सचमुच बहुत बूढ़ी और थकी जान पड़ती है!

मैं जब अकेले में सोचता हूँ—यह मैं हूँ, यह क्षण मेरा है, यह मेरी जगह है; कोई मुझे इससे नहीं छीन सकता...तो एक गहरी राहत और ख़ुशी होती है—मैं स्वतंत्र हूँ और पूरी तरह अपनी स्वतंत्रता चख सकता हूँ।

किन्तु जिस दिन कोई ऐसा क्षण आएगा, जब मैं यह सोच सकूँगा कि न यह मैं हूँ, न यह क्षण मेरा है, न मेरी अपनी कोई जगह है, न मैं जीवित हूँ, न मनुष्य हूँ...इसलिए जो नहीं हूँ, उसे कौन मुझसे छीनकर ले जा सकता है? जिस दिन मैं यह सोचूँगा, उस दिन मैं मुक्त हो जाऊँगा—अपनी स्वतंत्रता से मुक्त, जो अन्तिम ग़ुलामी है...।

मुक्ति और स्वतंत्रता में कितना महान् अन्तर है!

हम एक ऐसी सभ्यता में रहते हैं, जिसने सत्य को खोजने के लिए सब रास्तों को खोल दिया है, किन्तु उस पाने की समस्त सम्भावनाओं को नष्ट कर दिया है।

जब हम अपनी आस्थाओं की धरती से मृत्यु को देखते हैं—तो वह कितनी सह्य और सहज जान पड़ती है! जब हम मृत्यु—अपनी मृत्यु की ज़मीन से—अपनी आस्थाओं को देखते हैं, तो वे कितनी ग़रीब और सन्दिग्ध दिखाई पड़ती हैं...!

मैं चूँकि हमेशा अपनी आस्था और मृत्यु के बीच भटकता रहता हूँ—न मुझमें आस्थावान का सुख उपलब्ध है, न आस्थाहीन व्यक्ति की साहसपूर्ण पीड़ा—मैं केवल सुन्न हो सकता हूँ, जब हर चीज़ अर्थहीन जान पड़ती है अथवा दुर्लभ क्षणों में एक्स्टेसी का अनुभव—जब सब चीज़ें सहसा एक अलौकिक आलोक में सही और सच्ची दिखाई देने लगती हैं...इन दो चरम क्षणों के बीच सन्देह ही ऐसा है, जो शाश्वत रहता है—और मुझे नहीं छोड़ता...।

सड़क पर चलते हुए दूसरी ओर से भीड़ का एक रेला आता है—चीख़ता हुआ, फ़ब्तियाँ कसता हुआ, गालियाँ देता हुआ—और हम सहसा आतंकित हो जाते हैं, किन्तु यदि हम थोड़ा-सा साहस बटोरकर सिर उठाएँ—और भीड़ में हर व्यक्ति का चेहरा देखें—तो वह इतना मानवीय,

इतना निरीह, इतना दयनीय दिखाई देता है कि हमारा आतंक एक क्षण में बह जाता है...वैसे ही जब कोई बड़ा दु:ख आता है, तो पहले क्षण वह हमें सराबोर कर देता है और हम सोचते हैं कि हम उसे नहीं सह पाएँगे—किन्तु यदि हम उस दु:ख को छोटे-छोटे टुकड़ों में बाँटकर अलग-अलग देखें, तो वह इतना भयानक नहीं जान पड़ता—हर दु:ख का छोटा अंश भीड़ का वह चेहरा है, जिससे हम आँखें मिला पाए थे और वह हमें छोड़कर आगे बढ़ गया था...।

दु:ख की तानाशाही यह है कि वह अपने को बँटने नहीं देना चाहता; तानाशाही का आतंक यह है कि वह सब चेहरों को एक में नत्थी कर देता है...।

जब मैं अपने विगत जीवन के बारे में सोचता हूँ—तो वे सब घर याद आते हैं, जहाँ मैं रहा था, नये शहर और लम्बी यात्राएँ और पुराने मित्र, लोगों के चेहरे, जो बरसों पहले इस दुनिया को छोड़कर चले गए और वे लोग, जो अब भी इस दुनिया में हैं, लेकिन जो हमारी ज़िन्दगी में कभी नहीं आएँगे—पढ़ी हुई किताबें, छोड़े हुए घर, छूटे हुए रिश्ते...कोई अन्त है? उनके बारे में सोचता हूँ, तो अपनी ज़िन्दगी कितनी लम्बी जान पड़ती है...!

लेकिन जब मैं अपने से पूछता हूँ, कि इतनी लम्बी ज़िन्दगी ने मुझे क्या सिखाया—तो लगता है कि मैंने अपना जीवन अभी शुरू ही नहीं किया। मैं उन लोगों में हूँ, जो मृत्यु के क्षण तक अपने जन्म की प्रतीक्षा करते रहते हैं।

कहते हैं कि वे लोग जो इस जीवन में अपनी अधूरी आकांक्षाओं के बीच मर जाते हैं—वे अतृप्त आत्माएँ ही प्रेत बन जाती हैं—इस जीवन और दूसरी योनि के बीच भटकती रहती हैं...।

लेखक वह है, जो अपने जीवन-काल में प्रेतात्माओं के बीच भटकता रहता है और अपने उपन्यासों-कहानियों में—उन्हें दूसरा जीवन देकर—अपनी अधूरी और अभिशप्त आकांक्षाओं से मुक्ति पा लेता है। यह वह तभी कर सकता है कि वह जीते-जी स्वयं मर सके; दूसरों को पुनर्जीवन देने के लिए—चाहे वे उपन्यास के काल्पनिक पात्र क्यों न हों—अपना मृत होना अनिवार्य है।

जीकर भी मृत होना—यह मेरी सबसे बड़ी महत्त्वाकांक्षा रही है—और चूँकि मैं इसे कभी पूरी नहीं कर सका—इस अधूरी आकांक्षा का प्रेत मेरे और मेरे लेखन के बीच दिन-रात भटकता रहता है...।

हर छोटा लेखक मौलिक होने की चेष्टा करता है, जहाँ वह अपने पूर्ववर्ती लेखकों से अलग कुछ लिख सके...किन्तु जो सही अर्थों में 'मौलिक' होता है, वह हमेशा अपने प्रिय, महान् लेखकों की नक़ल करना चाहता है—किन्तु लिखने की घड़ी में—वे महान् लेखक विनयशील, शालीन मित्रों की तरह उससे विदा ले लेते हैं और उसे अकेले कमरे में छोड़ देते हैं—जो उसका नरक है—और मौलिकता का उद्गम स्रोत भी।

कौन कहता है कि दुनिया एक रहस्य है? वह एक किताब की तरह खुली है, हर चीज़ एक-एक अक्षर की तरह अंकित है; आश्चर्य की बात यह है कि हम हर अक्षर के पीछे कोई अर्थ ढूँढ़ना चाहते हैं, जो नहीं है। यदि कोई अर्थ है—तो वह अक्षर नहीं, क्षर है।

यह चिन्ता कितनी निरर्थक है कि इस किताब का रचयिता कौन है—और यह जिज्ञासा कितनी अश्लील कि इसकी नियति क्या है और वह कहाँ ख़त्म होती है? यह कुछ उतना ही हास्यास्पद है जितना वह व्यक्ति जो उपन्यास के प्रथम और अन्तिम पृष्ठों को पढ़कर उसके भीतर की 'कहानी' समझने का उपक्रम करता है...।

पश्चिम के धर्मावलम्बियों और मार्क्सवादियों के बीच यह एक अद्‌भुत समानता है—दोनों ही इस सृष्टि के अहंकारी और अधैर्यशील पाठक हैं—एक उसका अर्थ आदि में खोजता है, दूसरा उसके अन्तिम पन्ने पर—बीच का टेक्स्ट सिर्फ़ माध्यम है—एक माया-संसार—जिसे लाँघकर वे अन्तिम सत्य तक पहुँचना चाहते हैं।

कितना बड़ा व्यंग्य है कि संत और संन्यासी—जो सृष्टि के हर अक्षर को सत्य और पवित्र मानता है—उसे मिस्टिक या रहस्यवादी माना जाता है—किन्तु जो व्यक्ति समूची सृष्टि के सत्य को धर्म या इतिहास के कुहरे में रहस्यावृत्त करता है, उन्हें आस्तिक और वैज्ञानिक बनने का गौरव मिलता है...।

यदि समूची सृष्टि सत्य है, तो हम अपनी यातना का अर्थ भी कहीं बाहर नहीं खोजते और उससे छुटकारा पाने के झूठे प्रलोभनों से भी छुटकारा पा लेते हैं। सुख को अपने से बाहर कहीं ढूँढ़ा जा सकता है—यह उतना ही बड़ा भ्रम है, जितना यह कि कोई बाहरी शक्ति हमें इस सृष्टि के सत्य को उपलब्ध करा सकती है। हम जिसे 'ईविल' कहते हैं, वह इसी प्रलोभन से उत्पन्न होता है, कि हमसे बाहर कोई सुख है और इस सृष्टि के बाहर कोई सत्य है।

जब फाउस्ट ने अपनी खिड़की के बाहर किसी अदृश्य अँधेरे में सत्य को पाने की आकांक्षा की थी, तभी उस क्षण मेफ़िस्टोफेल्स प्रकट हुआ होगा। उसी तरह—जब मनुष्य ने अपने से बाहर अपनी यातना से मुक्ति पाने का लालच किया होगा, तब इस दुनिया में पहली बार 'ईविल' की छाया पड़ी होगी...।

पाप और ईविल कुछ नहीं—सिर्फ़ मुक्ति के झूठे प्रलोभन हैं। हमारे समय में क्रान्ति चूँकि सबसे बड़ा प्रलोभन प्रस्तुत करती है, हर क्रान्तिकारी को सफल होने के लिए कभी-न-कभी डेविल की शरण में जाना पड़ता है...।

मनुष्य के भीतर जो 'पशु' है, उसकी तुलना बाहर के किसी भी पशु से नहीं की जा सकती। जंगल के पशु अपनी हिंस्रता में भी सहज रूप से पशुवत् रहते हैं, अपनी प्रकृति की मर्यादा में आबद्ध; मनुष्य पशु से ऊपर उठने का बहाना करता है—और जब गिरता है—तो उसकी क्रूरता प्रकृति की सब मर्यादाओं को तोड़ती जाती है—इसलिए वह अपने स्वभाव में पाशविक है—पशुवत् नहीं।

किन्तु जब वह दुर्लभ क्षणों में सचमुच ऊपर उठ जाता है, तो देवता भी उससे ईर्ष्या करते होंगे—क्योंकि उसके भीतर का 'ईश्वर' भी स्वर्ग के सब देवताओं से अलग है; देवता कभी नीचे गिरने का जोखिम नहीं उठाते, जिस तरह पशु कभी ऊपर उठने की चेष्टा नहीं करते।

इसलिए मनुष्य अपने में कुछ नहीं—वह देवता से बड़ा हो सकता है, या पशु से नीचा—सहज रूप से मनुष्य नहीं—मानववाद मनुष्य का सबसे बड़ा इल्यूज़न है!

जहाँ मनुष्य का 'मनुष्यत्व' ही इतना अनिश्चित है, वहाँ उसके भीतर का 'अहं' कितना सन्दिग्ध होगा, इसकी कल्पना मुश्किल नहीं है; किन्तु यही सबसे दुःसाध्य है; अपने 'मैं' से मुक्ति पाने का सिर्फ़ एक ही रास्ता है—अपने मनुष्यत्व से मुक्ति पा सकना...। मनुष्य वह फल है, जिसमें उसका 'मैं' एक कीड़े की तरह बैठा रहता है...।

क्या आज भी हम हवा में उसके सड़ने की सड़ाँध नहीं सूँघ सकते? शायद नहीं—क्योंकि हम स्वयं उस दुर्गंध का अंश हैं।

एक लेखक—अपने सर्वोत्तम और सौभाग्यशाली क्षणों में—संन्यासी और शिकारी, दोनों ही होता है। संन्यासी प्रेम करता है—सृष्टि के जीवों, प्राणियों, वस्तुओं से—हर गंध उसे लुभाती है, हर दृश्य उसके लिए प्राणवान है, हर स्वर कोई रहस्यमय अर्थ लिये आता है। वह सबके लिए आसक्त है—क्योंकि किसी एक से नहीं बँधा है—इसलिए उसकी आसक्ति से इतनी गहरी तटस्थता उपजती है।

संन्यासी के लिए जो सृष्टि है—शिकारी के लिए वही जंगल है—असंख्य आवाज़ों, पदचापों, छिपी हुई साँसों और उड़ती हुई गंधों से घिरा हुआ...वह एक-एक को पहचानता, देखता, सुनता और सूँघता हुआ आगे बढ़ता जाता है—और फिर अचानक अपना ध्यान एक गंध, एक आवाज़, एक 'ट्रेल' पर केन्द्रित कर देता है; फिर वह सब भूल जाता है, सब भटकनों और भटकावों को छोड़ सिर्फ़ एक का पीछा करता है—जब तक उसे पा नहीं लेता।

संन्यासी की निस्संगता से ही शिकारी की एकाग्रता उत्पन्न होती है—एक महान् कलाकृति में सर्वस्व के प्रति लगाव और एक के प्रति एकाग्रता, दोनों ही देखे जा सकते हैं।

एक अकेले व्यक्ति और संन्यासी के अकेलेपन में भारी अन्तर है—एक अकेला व्यक्ति दूसरों से अलग होकर अपने में रहता है; एक संन्यासी अपनेपन से मुक्त होकर दुनिया में जीता है।

मैं अभी तक इस दूसरे अकेलेपन में जाने की सामर्थ्य नहीं जोड़ पाया हूँ...।

अगर मैं दुःख के बग़ैर रह सकूँ, तो यह सुख नहीं होगा; यह दूसरे दुःख की तलाश होगी; और इस तलाश के लिए मुझे बहुत दूर नहीं जाना होगा; वह स्वयं मेरे कमरे की देहरी पर खड़ा होगा, कमरे की ख़ाली जगह को भरने...।

कला एक शोक है, एक वियोग, अपने भीतर खिंची रक्तिम भूमध्य रेखा—एक फाँक। जब हम उसके भीतर झाँकते हैं, तो हमें उसकी छाया में अपने छुटे और बिछुड़े हुए अंग दिखाई देते हैं—वे पंख, जिन पर पक्षी उड़ता है; वह आँख, जिसमें दोनों आँखों की नज़र मिलती है; वह आत्मा, जो कभी देह में वास करती थी...। हम नीचे झाँकते हैं और उसकी छाया में एक क्षण के लिए सब छुटे-बिछुड़े अंग हमसे दुबारा जुड़ जाते हैं—उन पहाड़ों की तरह जो लाखों वर्ष पहले किसी भौगोलिक दुर्घटना के कारण बीच में कट गए थे—लेकिन दोनों तरफ़ की कटी हुई चट्टानें नीचे बहते पानी की छाया में—एक-दूसरे से जुड़ी दिखाई देती हैं।

हमें किसी कलाकृति में कौन-से स्थल सबसे अधिक अभिभूत करते हैं? वह नहीं, जिनमें कलाकार ने अपनी अनोखी और अद्‌भुत अन्तर्दृष्टियों को दर्ज किया है; वे संस्कृति के अंश हैं, जिन्हें उसने अर्जित किया है; कला में अर्जित अन्तर्दृष्टि से परे एक दूसरा सत्य है, जिसे अंकित नहीं किया जाता है, जैसे जंगल में दौड़ता हुआ हिरण, गाता हुआ वनवासी, माँद में स्वप्न देखता हुआ सिंह—किसी कॉपी में अपना अनुभव नहीं दर्ज करता...ऐसे अनुभव प्रकट होते हैं, ओझल हो जाते हैं—वे केवल उस कलाकार के पास आते हैं जो अपने अहं से मुक्त प्रकृति का ही हिस्सा जान पड़ता है—तब वे उससे डरते नहीं; उसे सूँघते हैं, चाटते हैं—और जब आश्वस्त हो जाते हैं, कि यह कवि और लेखक मनुष्य न होकर समूची सृष्टि का ही अंग है,

तो उसके भीतर अपने को सुरक्षित महसूस करते हैं, उसके ख़ून में समा जाते हैं, उसकी धमनियों में धड़कते हैं...।

और हम—पाठक, श्रोता, दर्शक—जब कभी किसी कविता, पेंटिंग या संगीत रचना में—उनकी झलक पा लेते हैं, तो वह प्रकृति का अप्रत्याशित चमत्कार जान पड़ता है—जिसे कलाकार ने जन्म नहीं दिया—सिर्फ़ अपने भीतर से गुज़र जाने का 'सेफ़ कंडक्ट' प्रदान किया है...।

हमें समय से गुज़रने के साथ-साथ अपने लगावों और वासनाओं को उसी तरह छोड़ते चलना चाहिए, जैसे साँप अपनी केंचुल छोड़ता है और पेड़ अपने पत्तों और फलों का बोझ...। जहाँ पहले प्रेम की पीड़ा वास करती थी, वहाँ सिर्फ़ ख़ाली गुफा होनी चाहिए, जिसे समय आने पर संन्यासी और जानवर छोड़कर चले जाते हैं...।

बूढ़ा होना—क्या यह धीरे-धीरे अपने को ख़ाली करने की प्रक्रिया नहीं है? अगर नहीं, तो होनी चाहिए—ताकि मृत्यु के बाद जो लोग तुम्हारी देह को लकड़ियों पर रखें, उन्हें कोई भार महसूस न हो और अग्नि को भी तुम पर ज़्यादा समय न गँवाना पड़े, क्योंकि तुमने जीवनकाल में ही अपने भीतर वह सब कुछ जला दिया है, जो लकड़ियों पर बोझ बन सकता था...।

फेलिस के नाम काफ़्का का पत्र :

'मुझे अपने लेखन के लिए जो चीज़ चाहिए—वह है एकान्त। किन्तु एक संन्यासी का एकान्त नहीं, वह काफ़ी नहीं होगा; मुझे चाहिए—एक मृतक का एकान्त। इस अर्थ में लेखन मेरे लिए एक ऐसी नींद है, जो मृत्यु से भी ज़्यादा गहरी है और जिस तरह हम मृतक को उसकी क़ब्र से खींचकर बाहर नहीं ला सकते, उसी तरह रात की घड़ी में मुझे अपनी डेस्क से खींचकर कोई नहीं ले जा सकता।'